Die frühen Skalden-Lieder

Ragnarsdrapa, Thorsdrapa, Husdrapa Darradarliod, Sonatorrek u.a.

Band 78 der Reihe „Die Götter der Germanen"

Bücher von Harry Eilenstein:

- Astrologie (496 S.)
- Photo-Astrologie (64 S.)
- Tarot (104 S.)
- Handbuch für Zauberlehrlinge (408 S.)
- Physik und Magie (184 S.)
- Der Lebenskraftkörper (230 S.)
- Die Chakren (100 S.)
- Meditation (140 S.)
- Drachenfeuer (124 S.)
- Krafttiere – Tiergöttinnen – Tiertänze (112 S.)
- Schwitzhütten (524 S.)
- Totempfähle (440 S.)
- Muttergöttin und Schamanen (168 S.)
- Göbekli Tepe (472 S.)
- Hathor und Re:
    - Band 1: Götter und Mythen im Alten Ägypten (432 S.)
    - Band 2: Die altägyptische Religion – Ursprünge, Kult und Magie (396 S.)
- Isis (508 S.)
- Die Entwicklung der indogermanischen Religionen (700 S.)
- Wurzeln und Zweige der indogermanischen Religion (224 S.)
- Der Kessel von Gundestrup (220 S.)
- Cernunnos (690 S.)
- Christus (60 S.)
- Odin (300 S.)
- Die Götter der Germanen (Band 1 – 80)
- Dakini (80 S.)
- Kursus der praktischen Kabbala (150 S.)
- Eltern der Erde (450 S.)
- Blüten des Lebensbaumes:
    - Band 1: Die Struktur des kabbalistischen Lebensbaumes (370 S.)
    - Band 2: Der kabbalistische Lebensbaum als Forschungshilfsmittel (580 S.)
    - Band 3: Der kabbalistische Lebensbaum als spirituelle Landkarte (520 S.)
- Über die Freude (100 S.)
- Das Geheimnis des inneren Friedens (252 S.)
- Von innerer Fülle zu äußerem Gedeihen (52 S.)
- Das Beziehungsmandala (52 S.)
- Die Symbolik der Krankheiten (76 S.)

Kontakt: www.HarryEilenstein.de / Harry.Eilenstein@web.de
Impressum: Copyright: 2011 by Harry Eilenstein – Alle Rechte, insbesondere auch das der Übersetzung, vorbehalten. Kein Teil des Buches darf ohne schriftliche Genehmigung des Autors und des Verlages (nicht als Fotokopie, Mikrofilm, auf elektronischen Datenträgern oder im Internet) reproduziert, übersetzt, gespeichert oder verbreitet werden.
Herstellung und Verlag: BoD - Books on Demand, Norderstedt
ISBN: 9783741272189

Die Themen der einzelnen Bände der Reihe „Die Götter der Germanen"

1. Die Entwicklung der germanischen Religion
2. Lexikon der germanischen Religion
3. Der ursprüngliche Göttervater Tyr
4. Tyr in der Unterwelt: der Schmied Wieland
5. Tyr in der Unterwelt: der Riesenkönig   Teil 1
6. Tyr in der Unterwelt: der Riesenkönig   Teil 2
7. Tyr in der Unterwelt: der Zwergenkönig
8. Der Himmelswächter Heimdall
9. Der Sommergott Baldur
10. Der Meeresgott: Ägir, Hler und Njörd
11. Der Eibengott Ullr
12. Die Zwillingsgötter Alcis
13. Der neue Göttervater Odin   Teil 1
14. Der neue Göttervater Odin   Teil 2
15. Der Fruchtbarkeitsgott Freyr
16. Der Chaos-Gott Loki
17. Der Donnergott Thor
18. Der Priestergott Hönir
19. Die Göttersöhne
20. Die unbekannteren Götter
21. Die Göttermutter Frigg
22. Die Liebesgöttin: Freya und Menglöd
23. Die Erdgöttinnen
24. Die Korngöttin Sif
25. Die Apfel-Göttin Idun
26. Die Hügelgrab-Jenseitsgöttin Hel
27. Die Meeres-Jenseitsgöttin Ran
28. Die unbekannteren Jenseitsgöttinnen
29. Die unbekannteren Göttinnen
30. Die Nornen
31. Die Walküren
32. Die Zwerge
33. Der Urriese Ymir
34. Die Riesen
35. Die Riesinnen
36. Mythologische Wesen
37. Mythologische Priester und Priesterinnen
38. Sigurd/Siegfried
39. Helden und Göttersöhne
40. Die Symbolik der Vögel und Insekten
41. Die Symbolik der Schlangen, Drachen und Ungeheuer
42. Die Symbolik der Herdentiere
43. Die Symbolik der Raubtiere
44. Die Symbolik der Wassertiere und sonstigen Tiere
45. Die Symbolik der Pflanzen
46. Die Symbolik der Farben
47. Die Symbolik der Zahlen
48. Die Symbolik von Sonne, Mond und Sternen
49. Das Jenseits
50. Seelenvogel, Utiseta und Einweihung
51. Wiederzeugung und Wiedergeburt
52. Elemente der Kosmologie
53. Der Weltenbaum
54. Die Symbolik der Himmelsrichtungen und der Jahreszeiten
55. Mythologische Motive
56. Der Tempel
57. Die Einrichtung des Tempels
58. Priesterin – Seherin – Zauberin – Hexe
59. Priester – Seher – Zauberer
60. Rituelle Kleidung und Schmuck
61. Skalden und Skaldinnen
62. Kriegerinnen und Ekstase-Krieger
63. Die Symbolik der Körperteile
64. Magie und Ritual
65. Gestaltwandlungen
66. Magische Waffen
67. Magische Werkzeuge und Gegenstände
68. Zaubersprüche
69. Göttermet
70. Zaubertränke
71. Träume, Omen und Orakel
72. Runen
73. Sozial-religiöse Rituale
74. Weisheiten und Sprichworte
75. Kenningar
76. Rätsel
77. Die vollständige Edda des Snorri Sturluson
78. Frühe Skaldenlieder
79. Mythologische Sagas
80. Hymnen an die germanischen Götter

Inhaltsverzeichnis

I   Das Wesen der Dichtkunst — 5
II   Die Lieder in der höfischen Form — 35

1. Bragi Boddason: Ragnarsdrapa („Preislied für Ragnar") — 37
   Thema: a) *Einleitung* — 39
   b) *König Jörmunrek* — 41
   c) *Freya; Hedin und Högni* — 46
   d) *Gefion* — 52
   e) *Thor und Jörmungandr* — 53
   f) *Thaizi* — 59
   g) *Trivaldi* — 60
   h) *Schluß* — 62

2. Ulfr Uggason: Husdrapa („Haus-Preislied") — 64
   Thema: a) *Heimdall und Loki* — 68
   b) *Thor und Jörmungandr* — 73
   c) *Baldurs Tod* — 76

3. Eysteinn Valdason: Thor-Lied — 79
   Thema: Thor und Jörmungandr

4. Eilifir Godrunason: Thorsdrapa („Preislied für Thor") — 82
   Thema: Thor und Geirröd

5. Thjodolfr von Hvinir: Haustlöng („Herbst-lang") — 132
   Thema: a) *Idun und Thiazi* — 137
   b) *Thor und Hrungnir* — 151

6. anonym: Hrafnagaldr Odhinns („Odins Rabenzauber") — 165
   Thema: Baldurs nahender Tod

III   Die Lieder in einer einfachen Form — 193

7. anonym: Darradarliod („Walküren-Lied") — 197
   Thema: die Schlacht von Clontarf

8. anonym: Eiriksmal („Erinnerung an Erik Blutaxt") — 205
   Thema: Loblied auf König Erik Blutaxt

9. Eyvindir Skaldaspillir: Hakonarmal („Erinnerung an König Hakon") — 210
   Thema: Loblied auf König Hakon den Guten

10. Egil Skallagrimsson: Sonatorrek („Sohnes-Klage") — 220
    Thema: Klage über den Tod zweier Söhne

11. anonym: Die Ruine — 231
    Thema: Vergänglichkeit

Themen-Verzeichnis — 235

I Das Wesen der Dichtkunst

Ein Gedicht unterscheidet sich deutlich von einem Prosatext. Es sind aber keinesfalls die „kurzen Zeilen" und auch nicht der Endreim, der einen Text zu einem Gedicht werden läßt. Das Wesentliche an einem Gedicht ist, daß es „schwingt", daß alle seine Teile in einem Einklang miteinander stehen – ein Gedicht ist sozusagen „Sprachmusik".

Dieses „Schwingen" kommt dadurch zustande, daß sich Elemente der Sprache in Gedichten in regelmäßigen Abständen wiederholen. Diese Wiederholungen müssen nicht immer exakt gleich sein wie der Takt in der Musik – sie sind innerhalb eines klaren Rahmens, der aber vielfältige Möglichkeiten zuläßt, variabel.

Diese vielfältigen Möglichkeiten, einen Text zum „schwingen" zu bringen, haben die Skalden der Germanen zu einem weitaus größeren Maß ausgeschöpft als es in der späteren deutschen Lyrik üblich gewesen ist.

Zeilenanzahl und Zeilenlänge

Die einfachsten Form der Wiederholung ist die Bildung gleichlanger Sätze, die ähnlich aufgebaut sind und die zu Strophen mit immer der gleichen Anzahl von Zeilen gruppiert werden. Diese Strophen sollten auch inhaltlich eine Einheit bilden.

Wenn dieses Prinzip etwas stärker formalisiert wird, erhält man Zeilen mit gleicher Länge, also Verse. Die Länge dieser Verse kann entweder nach der Zahl ihrer Worte, nach der Zahl der Silben oder nach der Zahl der betonten Silben bestimmt werden. Während in der heutigen Dichtkunst meistens die Zahl der betonten Silben gezählt wird, prüften die Skalden die Anzahl der Silben.

Versmaß

Aus der Anordnung der unbetonten Silben um die betonte Silbe herum ergeben sich die verschiedenen Versmaße, die meistens mit ihren griechischen Namen bezeichnet werden. In der folgenden Übersicht bedeutet „b" eine betonte Silbe und „u" eine unbetonte Silbe.

Die am stärksten durch ein Versmaß geformten Gedichte bestehen nur aus einem einzigen Versmaß. Wenn dies z.B. der Trochäus („b – u") ist, wechseln stets betonte und unbetonte Silben miteinander ab. Ein Vers aus vier Trochäen hätte dann die Betonungsfolge „b – u – b – u – b – u – b – u".

Name	Übersetzung	Betonungen			Stellung	Charakter	Beispiel
Trochäus	„Läufer"	b	u		im ganzen Vers	fließend	<u>Ha</u>·se
Daktylus	„Finger"	b	u	u	im ganzen Vers	tragend	<u>Ko</u>·li·bri
Jambus	„deftiger Humor, Satire"	u	b		im ganzen Vers	steigernd	Ver·<u>such</u>
Anapäst	„zurückschlagen"	u	u	b	im ganzen Vers	nachdrücklich	Har·mo·<u>nie</u>
Spondäus	„Trankopfer"	u	u		nur am Anfang	sammelnd	(unbetonte Hilfsverben u.ä.)
Tribrachys	„dreimal kurz"	u	u	u	Ersatz für Jambus oder Trochäus	entspannend	

Jedes dieser Versmaße hat einen eigenen Charakter, sodaß man durch die Wahl des Versmaßes die Aussage des Gedichtes unterstreichen kann. Bisweilen kann auch ein Widerspruch zwischen Inhalt und Versmaß sinnvoll sein – z.B. wenn in dem Gedicht gerade jemand lügt oder mühsam seinen Zorn unterdrückt.

Gedicht und Lied

Auf der gleichen Anzahl von Silben pro Zeile und der gleichen Verteilung der betonten Silben in diesem Vers beruht auch die Möglichkeit, Gedichte zu singen. Die Textgrundlage für ein Lied ist stets ein Gedicht. Die Gesangsmelodie ist ein zusätzliches Element, um ein Gedicht zum Schwingen zu bringen – das Singen ist mit Abstand das stärkste Mittel, um einen Text zum „Klingen" zu bringen.

Endreim

Das auffälligste Merkmal eines Gedichtes sind meistens seine Reime, die allerdings nicht bei jedem Gedicht vorhanden sind, da die Minimalanforderung an ein Gedicht, eben das „Schwingen" des Textes, auch nur durch die Anordnung der Worte und die Verteilung der betonten Silben in den Versen erreicht werden kann. Die Resonanz von sich reimenden Worten ist jedoch so markant, daß sie viel zu der Resonanz der verschiedenen Verse miteinander beitragen kann – das „Klangvolumen" der „Sprachmusik" wird durch die Reime deutlich größer.

Diese Reime bauen auf dem Rhythmus der Verse, der auf der Verteilung der betonten Silben beruht, und auf dem Takt der Verse, der auf der Anzahl von Worten, Silben oder betonten Silben pro Zeile beruht, auf und geben der „Sprachmusik" eine größere klangliche Fülle.

Der einzige Reim, der heutzutage in der deutschen Sprache in der Regel benutzt wird, ist der Endreim. Er kommt auch in fast allen Liedern vor. Der Endreim steht am Ende eines Verses und wird am Ende eines der folgenden Verse wiederholt. Der wiederholte Teil des letztes Wortes, also der Endreim, besteht aus dem letzten Vokal und den ihm folgenden Konsonanten. Bei diesen Reimen klingen auch Konsonanten, die sich recht ähnlich sind wie d/t, m/n, v/w, g/b u.ä. Auch Konsonantenverdopplungen stören in der Regel nicht die Resonanz der beiden Reime miteinander.

„Odin zog durchs L<u>and</u>
unbemerkt und unerk<u>annt</u>."

(Anmerkung: Odin zog oft verkleidet durch das Land.)

Die Beispielsätze in diesem Kapitel (wie der eben angeführte über Odin) sind keine Übersetzungen von germanischen Originalen, sondern frei erfunden. Sie beschreiben jedoch stets Vorstellungen, die aus den Mythen der Germanen bekannt sind.

Manchmal wird auch der vorletzte Vokal mit dem ihm folgenden Vokal und Konsonanten wiederholt:

*„**Sif**, gib unserem Getreide Deinen **S**<u>**egen**</u>,*
***Sif**, schütze uns auf allen W<u>egen</u>."*

(Anmerkung: Sif ist die Korngöttin und beschützt die Menschen.)

Die Germanen scheinen Reime, die nur aus einem End-Vokal bestehen wie in „Schn<u>ee</u> – S<u>ee</u>" so gut wie nie als Reimsilben benutzt zu haben.

Stabreim

Es gibt jedoch auch ganz andere Reimformen als den Endreim. Der bekannteste von ihnen ist der Stabreim, bei dem mehrere Worte pro Zeile mit demselben Buchstaben beginnen. Eine Bitte an den Asen Tyr könnte man z.B. in folgende Worte mit Stabreim und Endreim fassen:

> „**T**yr, schenk' mir Kraft für meine **T**aten,
> gib' mir Geduld beim **W**arten,
> verleih' mir **W**eisheit auf meinen **W**egen
> und **L**icht im Herzen in meinem **L**eben!"

(Anmerkung: Tyr ist der ursprüngliche Göttervater der Germanen gewesen und zeichnet sich sowohl durch seinen kriegerischen Charakter als auch durch seine Weisheit aus.)

Diese Reimform wird zwar im Allgemeinen nicht mehr benutzt, aber sie findet sich doch ab und zu noch in Redewendungen:

> „bei **N**acht und **N**ebel"

Die Germanen betrachteten bezüglich des Stabreimes alle Vokale als einen einzigen Laut. In den folgenden beiden (nicht übermäßig geistreichen) Versen würden in den Augen (bzw. in den Ohren) der Skalden alle Worte miteinander stabreimen:

> „**Y**ggdrasil **a**m **ä**ußersten **E**nde **u**nserer **a**lten **E**rde
> ist **o**hnegleichen **u**nd **e**in **Ä**stestrecker **ü**ber **a**lle **ö**stlichen **E**benen."

(Anmerkung: „Yggdrasil" ist der Weltenbaum.)

Die Stabreime stehen in diesen Beispiel-Versen an beliebigen Stellen. Der Effekt des Stabreimes wird jedoch größer, wenn der Stabreim stets an derselben Stelle steht:

> „**T**hor **T**hursen-**T**öter, führe meine **H**and!
> **T**hor **T**hrym-**T**äuscher, leite mich durchs **L**and!
> **L**oki **L**isten-**L**odur, zeig' mir neue **W**ege!
> **L**oki **L**aufey-**L**iebling, führ' mich über schmale St**ege**!"

(Anmerkung: Die Thursen sind die Riesen; Thrym ist einer dieser Riesen; Lodur ist ein Beiname des Loki; Laufey ist Lokis Mutter.)

Der Stabreim entfaltet seine Wirkung erst dann richtig, wenn er mindestens dreimal auftritt und der Bereich, in denen diese drei Reime stehen, nicht länger als ca. 16 Silben, d.h. zwei Zeilen lang ist.

Dadurch, daß der Stabreim den Anfang eines Wortes betont, erweckt er den Eindruck von Initiative und Tatkraft. Der heute meistens übliche Endreim hingegen rundet das Vorangegangene ab und ist daher eher „ergebnisorientiert" und setzt einen

Schlußpunkt unter das Gesagte – der Endreim ist von seiner Wirkung her gesehen sozusagen der „Beweis" der Richtigkeit des vorher Gesagten.

Satzbau

Die eben angeführten vier Verse über die beiden Asen Thor und Loki illustrieren noch ein weiteres Element, das einen Text zum Schwingen bringen kann: der gleiche Aufbau aller vier Sätze. Diese Sätze sind alle aus den folgenden fünf Elementen aufgebaut:

      1. der Name des angerufenen Gottes,
      2. ein zweiteiliger Beiname des angerufenen Gottes,
      3. ein Verb, das eine Bitte an den Gott ausdrückt,
      4. der Bezug auf den Anrufenden (mir, mich, meine),
      5. der Gegenstand der Bitte.

Diesen Satzbau kann man auch als „inhaltlichen Reim" auffassen. Er wurde von den Germanen kaum benutzt, aber in den frühen Texten insbesondere der Ägypter und Sumerer spielte er eine große Rolle. Dieser „inhaltliche Reim" setzte zwei Sätze in Analogie zueinander und ersetzte auf diese Weise oft die logischen Partikel wie „als, weil, wie, nichtsdestotrotz" u.ä.

Ein beliebter inhaltlicher Reim in den Lobpreisungen des Pharaos war z.B.:

*„Pharao im Palast
  Sonne am Himmel."*

Eine solcher inhaltlicher Reim zeigt ohne viele Worte, daß hier der Pharao der Sonne verglichen wird – der Pharao ist schließlich der „Sohn der Sonne".

Vollreim und Halbreim

Neben dem Endreim und dem Stabreim gibt es auch noch andere Reime, die von den germanischen Skalden benutzt worden sind. Die wichtigste Unterscheidung ist dabei die zwischen Vollreim und Halbreim.

Bei einem Vollreim wird der letzte Vokal mit den ihm folgenden Konsonanten wiederholt – in seltenen Fällen gehört zu dem Vollreim auch noch ein oder mehrere Konsonanten vor dem Vokal.

Bei einem Halbreim werden nur die Konsonanten nach diesem Vokal wiederholt – in dem wiederholenden Wort steht ein anderer Vokal vor den wiederholten Konsonanten. Man kann den Halbreim daher auch als einen Vollreim mit verändertem Vokal ansehen. Für diese Betrachtungsweise spricht, daß vor den Halbreim-Konsonanten immer ein Vokal stehen muß. Der kleinstmögliche Halbreim ist ein einzelner Konsonant hinter einem Vokal; die häufigste Größe sind zwei Konsonanten.

Zur leichteren Unterscheidung werden im folgenden die Halbreime nur unterstrichen, während die Vollreime unterstrichen und zusätzlich kursiv geschrieben werden. Zu einem Halbreim gehört manchmal auch noch ein Konsonant vor dem Vokal, der dann ebenfalls unterstrichen wird.

Grundarten der Reime		
Reim	*1. Wort*	*2. Wort*
Stabreim	**H**and	**H**immel
Vollreim	H*and*	S*and*
Halbreim	Ha<u>nd</u>	Mu<u>nd</u>
Stabreim und Vollreim	**G**reifh*and*	**G**rönl*and*
Stabreim und Halbreim	**H**a<u>nd</u>	**H**u<u>nd</u>

Der Halbreim erscheint zunächst einmal etwas ungewohnt, aber er wird auch im Deutschen bisweilen benutzt wie z.B. in der Redewendung „von der Ha<u>nd</u> in den Mu<u>nd</u>".

Der Vollreim und in geringerem Maße auch der Halbreim rufen den Eindruck von Stimmigkeit und Richtigkeit hervor.

<u>Stellung der Reime im Vers</u>

Diese Voll- und Halbreime müssen keineswegs immer am Zeilenende stehen wie in den heutigen deutschen Gedichten. Die Skalden haben komplexe Regeln für die Stellung dieser Reime in den Versen erdacht. Auch in der Redewendung „von der Ha<u>nd</u> in den Mu<u>nd</u>" stehen beide Reimworte in einer einzigen Zeile.

*„**B**aldur, **B**<u>ester</u> der Asen*
Ziel von Lokis Gel<u>äster</u>,
komme w<u>ieder</u> im Frühjahr,
ich singe Deine L<u>ieder</u>!"

(Anmerkung: Baldurs Tod ist auch ein Bild für den Herbst; seine Wiederkehr nach dem Ragnarök ist entsprechend ein Bild für den Frühling.)

Die Germanen benutzten auch Reime innerhalb eines Verses, die dann in etwa wie folgt klangen:

„**S**if, **s**chütte K*orn* aus Deinem H*orn*,
 bring **B**l*üte*n in Deiner G*üte*,
 laß Fl*achs* und Labkraut w*achs*en,
 fülle die L*aube* mit Tr*aube*n!"

(Anmerkung: Mit „Sifs Horn" ist ein Füllhorn gemeint. Aus Flachs gewinnt man Leinen. Labkraut diente als Ferment bei der Käseherstellung.)

<u>Größe der Reim-Muster</u>

Für die Stellung des Reimes gibt es sehr viele Möglichkeiten. Die Germanen benutzten als Verteilungsschema für die Reime in ihren Dichtungen maximal zwei Zeilen einer Strophe. Es ließen sich zwar durchaus Reim-Muster entwerfen, die sich über mehr als zwei Zeilen erstrecken, aber diese Muster wären beim Zuhören so komplex, daß sie sich nicht mehr mühelos erfassen ließen – wodurch dann der poetische Effekt, also das „Schwingen" des Textes verlorengehen würde.

<u>Anfangsreim, Binnenreim und Endreim</u>

Die Reime müssen auch keineswegs immer am Ende eines Wortes stehen wie bei dem von uns gewohnten Endreim an einer Zeile. Wenn man sich an der Stellung eines Reimes innerhalb eines Wortes orientiert, gibt es Anfangsreime, Binnenreime und die gewohnten Endreime.

Stellung des Reimes im Wort			
Reim		*1. Wort*	*2. Wort*
Anfangsreim	Vollreim	Winter	winden
	Halbreim	Straße	Strom
Binnenreim	Vollreim	Schwerter	Wertung
	Halbreim	Gewandung	wenden
Endreim	Vollreim	Hand	Sand
	Halbreim	Hand	Mund

Da man natürlich z.B. auch eine Silbe am Wortende auf eine Silbe in der Wortmitte reimen lassen kann, ergeben sich vielfältige Reimmöglichkeiten. Da sich an zwei Vollreime auch noch ein Halbreim anschließen kann, ergibt sich eine fast unbegrenzte Möglichkeit von Reim-Mustern.

In der folgenden Bitte an den Wintergott Ullr ist „Sch**ild**gott" in Bezug auf „m**ild**er" ein Vollreim. Das anschließende „b**ald**" ist in Bezug auf diese beiden Worte ein Halbreim. Die Zeile erhält durch die drei Stabreim-Paare noch zusätzlichen Klang: „**m**ild – **m**ir", „**Sch**ildgott – **Sch**nee" und „**b**ring – **b**ald".

*„Ullr, **m**ild**er** **Sch**ildgott, **b**ring' **m**ir **b**ald den **Sch**nee!"*

(Anmerkung: Ullr ist u.a. der Schnee-, Winter- und Skigott.)

In der folgenden Bitte an Freya finden sich neben dem Halbreim vier Worte, die stabreimen.

*„**F**rey**a**, **F**ylgi**a**-Asin, **f**liege als **F**alke zu mir!"*

(Anmerkung: Freya ist die Mutter der Seelenvögel („Fylgias"), als die die Toten im Jenseits wiedergeboren werden.)

Der Stabreim, der Endreim und die Voll- und Halbreime innerhalb einer Zeile haben eine verschiedene Wirkung:

Wirkung der lyrischen Möglichkeiten	
lyrisches Mittel	*Wirkung*
Stabreim	Initiative, Tatkraft
einheitliches Versmaß	Richtigkeit
Vollreime in einer Zeile	Schlüssigkeit der Bewegung (starke Wirkung)
Halbreime in einer Zeile	Schlüssigkeit der Bewegung (schwache Wirkung)
Endreim	abschließender Beweis, Ergebnis

spezielle Stellungen des Reims im Vers

Die Germanen haben einige der vielen möglichen Stellungen der sich reimenden Silben in einem Vers systematisch benutzt: den „Fernreim", den „Trollreim", den „Nahreim" den „Zitterreim", den „Stotterreim" und den „Dreifachreim". Die fünf letzten Namen sind die Bezeichnungen der germanischen Skalden für dieses Reim-Muster.

Snorri Sturluson hat in dem Kapitel „Hattatal" in seiner „Edda" hundert verschiedene Strophenformen beschrieben. Ihre kommentierte Übersetzung findet sich in Band 77 dieser Reihe.

Fernreim

Beim „Fernreim" stehen die beiden reimenden Silben am Anfang und am Ende der Zeile:

„Ullr ist der Ase des Jul."

(Anmerklung: „Jul" ist die Wintersonnenwende, die die Mitte des Winters, die die Jahreszeit des Ullr ist, bildet.)

Trollreim

Beim „Trollreim" stehen die beiden reimenden Silben in der Mitte und am Ende der Zeile:

„Wenn Loki naht, kommt Schnee auf die Saat."

(Anmerkung: In diesem Beispielsatz wird Loki als Gegenspieler des Sommer-Baldur, d.h. als Winter-Gott aufgefaßt.)

Nahreim

Beim „Nahreim" stehen die beiden reimenden Silben in zwei aufeinanderfolgenden Worten:

„Widar mit dem Schuh gibt dem Wolfsfürst Ruh'."

(Anmerkung: Der Gott Widar tötete beim Ragnarök den Fenriswolf.)

Zitterreim

Beim „Zitterreim" werden die beiden reimenden Silben nur durch eine einzige Silbe voneinander getrennt:

„*Die **T**oten tauchen zu Ran am dunklen **T**ang entlang.*"

(Anmerkung: Ran ist die Meeres- und Totengöttin der Germanen.)

Stotterreim

Beim „Stotterreim" besteht der erste Wort nur aus der sich reimenden Silbe, auf das sofort das zweite reimende Wort folgt, das mit der Reim-Silbe beginnt, sodaß die Silbe zweimal direkt hintereinander folgt und der Eindruck des „Stotterns" entsteht. In dem folgenden Satz befinden sich gleich fünf „Stotterreime":

„*Da kann man manchmal ja Jahre bei beiden Zwergen Schwerter für Fürsten am Amboß schmieden.*

(Anmerkung: Das Schwert des Göttervaters Tyr und verschiedene andere berühmte Schwerter wie z.B. „Tyrfing" („Tyr-Finger") sowie die verschiedenen magischen Gegenstände der Asen wurden von zwei Zwergen geschmiedet.)

Dreifachreim

In einem „Dreifachreim" reimen sich drei Silben aufeinander:

„***H**eimdall mit dem **H**orn kennt der **N**ornen **B**orn.*"

Der Kreativität sind bezüglich der Reim-Formen wirklich keine Grenzen gesetzt …
Wirklich zu schwingen beginnt solch ein Reim-Muster jedoch erst dann, wenn es über eine größere Anzahl von Versen hinweg oder in mehreren Strophen beibehalten wird.

Vokalreim

Es gibt auch noch andere Möglichkeiten, um das „Schwingen" eines Textes zu erreichen. Eine von ihnen ist z.B. die Häufung von gleichen Vokalen oder die Wiederholung bestimmter Vokalfolgen. Diese Reim-Methode wurde von den

Germanen jedoch kaum benutzt.

In den folgenden fünf Versen, die eine Anrufung des Kundalini-Feuers sind, werden die Vokale benutzt, um klanglich das Bild eines Aufsteigens vom Wurzelchakra ganz unten zum Scheitelchakra ganz oben hervorzurufen.

Die erste Zeile ist vom dunklen „u" des Wurzelchakras geprägt,
die zweite Zeile vom etwas helleren „o" der beiden Bauchchakren,
die dritte Zeile erreicht mit dem klangvollen „a" die Mitte des Herzchakras,
das schon recht helle „e" des Hals- und Kopfchakren prägt die 3. Zeile und
den Abschluß in der fünften Zeile bildet der hellste Vokal, das „i" im Scheitelchakra.

Neben diesen „Hauptvokalen" wurde neben dem weitgehend tonlosen „e" nach Möglichkeit nur Vokale benutzt, die dem jeweils prägenden Vokal klanglich nahestehen.

Jede dieser Zeile enthält in der Mitte und am Ende der Zeile einen Vollreim, der den prägenden Vokal der jeweiligen Zeile enthält.

*„Aus der Tiefe d**umpf**, aus dem unteren R**umpf**!*
*Durch die heil'ge Silbe **Om**: **O**d komm, strahle k**omm**!*
*Kundalini-Flammenstr**ahl**, fahre auf zum Asens**aal**!*
*bring auf Deinen W**egen** mir der Mächte S**egen**!*
*Ziehe gleich dem Bl**itz** hin zu Kethers S**itz**!"*

In den folgenden Versen wird die mißliche Lage eines Menschen beschrieben, der vor einem Wolf auf einen Baum geflohen ist und nun beschließt, den Wolf mithilfe von Runenmagie zu vertreiben.

Die Vokale der betonten Silben in den Versen haben stets die Folge „u – o – a – e – i", d.h. sie steigen von dem Vokal mit dem dunkelsten Klang (u) zu dem Vokal mit dem hellsten Klang (i) hin auf, was den Versen einen optimistischen Charakter gibt – es besteht also Hoffnung für den Menschen auf dem Baum.

Ohne den Endreim würden diese Verse vermutlich nicht „klingen", da diese Art von Reim oder, etwas technischer formuliert, von „akustischer Analogie" recht ungewohnt ist.

*„**U**nten der Wolf am Stamm der B**irken**,*
*W**u**nd hockend auf dem Astwerk, ich s**inne**,*
*W**u**t und Zorn, auch Angst – ein Weg, wie ich entr**inne**?*
*R**u**nenglut: Tod dem Wolf, den Zauber will ich w**irken**!"*

Refrain

Eine gut bekannte Form der Resonanz innerhalb eines Gedichtes ist die Wiederholung einer oder mehrerer Zeilen, die dann einen Refrain bilden. Einige alte Liedformen bauen vor allem auf dieser Struktur auf, wobei dann der variable Text von einem Vorsänger gesungen wird, während bei dem Refrain alle mitsingen. Der Refrain ist ausgesprochen gemeinschaftsbildend.

Es gibt noch eine Steigerung der Refrain-Lieder und -gedichte: das Mantra und den Chant. Dies sind gesprochene oder gesungene Verse oder einzelne Strophen, die sehr oft wiederholt werden und dadurch mit der Zeit eine Resonanz zu sich selber aufbauen – gewissermaßen eine „stehende Welle", wie man in der Akustik sagen würde.

Das Mantra und der Chant fehlen in der germanischen Dichtung anscheinend vollständig und auch der Refrain tritt nur selten auf. Die Skalden benutzten allerdings gerne die Wiederholung von bestimmten Formeln, die den dramatischen Effekt steigern. So beginnt z.B. im Wegtams-Lied Odin seine Fragen an die Seherin Wala, die er aus dem Jenseits herbeibeschworen hatte, immer mit denselben zwei Zeilen:

„Schweig nicht, Wala, ich will dich fragen
Bis alles ich weiß. Noch wüßt' ich gerne:
..."

Daraufhin erhält er von der Wala eine Antwort, die ebenfalls immer mit demselben Vers endet:

„ ...
Genötigt sprach ich, nun will ich schweigen."

Änderung des Reim-Musters

Es gibt auch Gelegenheiten, in denen man das Reim-Schema ändern kann, wenn dies den Inhalt der Strophe unterstreicht. So könnte man z.B. in einem Streit zwischen Thor und Loki die Reden der beiden Asen in verschiedenen Reim-Mustern verfassen, die ihren jeweiligen Charakter betonen.

Dies wäre dann zwar ein Bruch in dem „Schwingen" des Textes, der aber nicht als Störung, sondern als Bereicherung empfunden wird, da er den Inhalt klanglich verdeutlicht. Damit dieser „Reim-Bruch" seine Dynamik entfalten kann, ist es jedoch notwendig, daß zwischen beiden Reimmustern regelmäßig und oft genug gewechselt wird.

Dieses Prinzip findet sich in einer sehr großen Anzahl von Lieder und auch in den heutigen Songs, die sehr oft aus zwei unterschiedlichen Melodieteilen mit deutlich verschiedener Stimmung aufgebaut sind. Dieses Prinzip haben vor allem die Beatles in der Musik populär gemacht.

Von den Germanen ist dieser Wechsel des Reimschemas allerdings nicht in nennenswertem Maße benutzt worden.

Wortwahl

Es gibt noch zwei weitere Aspekte von Lyrik, die sich auf die Wortwahl in den Gedichten beziehen.

Der erste dieser beiden Aspekte hat den Namen „Dichtung" geprägt, der wörtlich „Verdichtung" bedeutet. In einem Gedicht wird der Inhalt auf das Wesentliche reduziert, sodaß jedes einzelne Wort mit Bedacht gewählt wird und eine Bedeutung erhält.

Der zweite dieser beiden Aspekte bezieht sich auf eine spezielle Form der Analogie, in der Worte durch andere ausgetauscht werden, die in einem meist gleichnisartigen Zusammenhang mit dem Bezeichneten stehen oder eine Assoziation zu ihm sind.

Die Germanen benutzten in ihren Dichtung sehr oft Umschreibungen, statt „die Dinge beim Namen zu nennen" – zumindest erscheint dies einem heutigen Leser zunächst einmal so. Da die Skalden jedoch stets Umschreibungen aus Mythen und Gleichnissen wählten, die ihren Zuhörern gut bekannt waren, sind diese Umschreibungen für die damaligen Zuhörer der Skalden keine „Rätsel" gewesen, sondern eher kunstvolle Assoziations-Auslöser. Dadurch haben diese Umschreibungen dieselbe Funktion wie Adjektive – sie bringen Farbe in die Beschreibung.

Heiti

Es gab zwei grundlegende Arten von Umschreibungen. Die einfachere von ihnen hieß „Heiti" („Name"). Bei ihr wurde ein Wort durch ein ähnliches ersetzt: z.B. „Kessel" durch „Becher", „Schiff" durch „Roß" oder „Hügelgrab" durch „Berg".

Kenning

Die komplexere Form der Umschreibung benutzte zwei Worte und wurde „Kenning" („Gekennzeichnetes") genannt. Mithilfe einer Kenning war das Wecken von differenzierteren Assoziationen möglich. Beliebte Kenningar waren z.B. „Walstraße" für „Meer", „Wogenroß" für „Schiff", „Schulterklippe" für „Kopf", „Kinnwald" für „Bart", „Stirnsterne" für „Augen", „Kampfgänse" für „Pfeile", „Bienenwolf" für „Bär" und „Riesentöter" für „Thor".

Manche Kenningar benutzten auch Szenen aus den Mythen, sodaß diese Kenningar nur verständliche waren, wenn die Zuhörer die betreffende Mythe kannten. Solch eine Kenning ist z.B. „Verderben der Zwerge" für die Sonne, da die Zwerge zu Stein erstarrten, wenn die Sonne auf sie fiel.

In gewisser Weise zählt auch „Kampfgänse" als Umschreibung für „Pfeile" zu dieser Art von Kenningar, da diese Umschreibung nur verständlich wird, wenn man weiß, daß man für die Federn am Ende der Pfeile damals Gänsefedern benutzte.

Es werden auch heute noch Kenningar benutzt wie Drahtesel, Kinnwald, Flughafen, Biergeschwür (dicker Bauch), Kugelporsche (VW Käfer), Dachhase (Katze), Nasenfahrrad (Brille) usw.

In Band 75 dieser Reihe werden ca. 14.000 verschiedene Kenningar nach Themen sortiert aufgeführt.

Mehrfach-Kenning

Einige dieser Kenningar sind „Mehrfach-Kenningar", d.h. es wird eine Sache mit etwas zweitem umschrieben und die umschriebene Sache ist wiederum eine Umschreibung für das eigentlich Gemeinte. Ein Beispiel dafür ist „Ullrs Fahrzeug" für „Ullrs Schiff", womit schließlich „Schild" gemeint ist. Die Benutzung von „Fahrzeug" für „Schiff" ist eine „Heiti" – beide Dinge wurden aus Holz hergestellt.

Solche komplexeren Kenningar funktionierten natürlich nur, wenn die von den Skalden benutzte Kenning („Ullrs Fahrzeug") eine Kenning umschrieb, die bereits allen geläufig war („Ullrs Schiff"), sodaß alle Zuhörer sofort über diese zweistufige Assoziation zu dem Gemeinten fanden („Schild").

Dieser Kenning liegt auch Assoziation des Schildes mit dem Gott Ullr zugrunde – dieser Ase wurde „Schild-Gott" genannt. Dieser Schild ist zudem ursprünglich die Sonnenscheibe gewesen, mit der Tyr als Sonnengott-Göttervater über den Himmel fuhr – daher ist dieser Schild sowohl mit Ullr als auch mit einem Fahrzeug assoziiert gewesen. In der Edda wird beschrieben, daß vor der Sonne auf ihrem Streitwagen eine Schild steht, damit die Sonne mit ihrer Hitze nicht die ganze Erde verbrennt.

Wenn ein Germane seinen Skalden die Kenning „Ullrs Fahrzeug" benutzen hörte, entstanden in ihm eine ganze Gruppe von Assoziationen zu Ullr, zu Streitwagen, zum Sonnenschild, zum Sonnengott Sol und evtl. auch zu seinem Bruder, dem Mondgott Mani, zu Tyr usw.

Tvikent

Wenn eine der beiden Umschreibung in einer Doppel-Kenning ebenfalls eine

Kenning war, ergaben sich dadurch Umschreibungen aus drei Worten wie z.B. „Fütterer der Kriegs-Möwen" für „Fütterer der Raben" für „Krieger" (die Raben waren Aasfresser).

Solche Kenningar heißen Tvikent („doppelt Gekennzeichnetes"). Dieser Name ist eine Verkürzung von „Tvi-Kenning" („Zwiefach-Kenning").

Solch eine Tvikent ist dann am besten verständlich, wenn sowohl die primäre Kenning („Fütterer der Raben" für „Krieger") als auch die sekundäre Kenning („Kriegs-Möwen" für „Raben") den Zuhörern bereits aus anderen Liedern bekannt ist.

Ein großer Teil dieser Kenningar wird wahrscheinlich den Charakter von weit verbreiteten Redewendungen gehabt haben.

Mehrfach-Kenningar sind im heutigen Deutsch nicht mehr üblich, obwohl sie sich leicht konstruieren ließen. So könnte man z.B. das „Nasen-Fahrrad" leicht zu „Nasen-Drahtesel" erweitern …

Rekit

Wenn in einer solchen Kenning mehr als drei Worte benutzt wurden, hießen sie „Rekit". Mehr als sieben Worte für eine einzige Kenning zu benutzen wurde von den Skalden im Allgemeinen als nicht mehr als gut verständlich angesehen – den Rekord hält eine Kenning aus neun Worten.

Snorri Sturluson empfiehlt in seinem Hattatal eine Beschränkung auf Rekits mit maximal fünf Worten (plus Worten wie „der", „des", „und" u.ä.).

Das Wort „Rekit" bedeutet „das Getriebene" – vermutlich ist damit die Ausdehnung der Kenning gemeint.

Eine deutsche Rekit wäre z.B. das „Nasen-Draht-Langohr".

Nygerving

Die Kenningar konnten zu lebhaften Bildern ausgebaut werden und wurden dann „Nygervingar" genannt. Diese bildschöpferische Tätigkeit hat diesem lyrischen Stilmittel auch ihren Namen gegeben: „Nygerving" bedeutet „Neuschöpfung".

In der Nygervingar „Schilde wurden unter den harten Füßen der Griffe niedergetreten" ist der „Fuß des Griffes" die Schwertklinge – die Kenning beschreibt also einen siegreichen Kampf.

Eine ganz ähnliche Nygerningar ist „die Wund-See brandete an die Landzungen der Schwerter", in der „Wund-See" Blut bezeichnet und die „Landzungen der Schwerter" die Schwertklingen sind. Auch diese Kenning beschreibt einen Kampf.

In manchen Strophen wurden diese Analogien von den Skalden zu detailreichen und farbenfrohen Allegorien ausgebaut.

\multicolumn{3}{c}{**Die Kenningar der Skalden**}		
Element	\multicolumn{2}{c}{*Beispiel*}	
	Skaldenformulierung	*Bedeutung*
Heiti	„Berg"	„Hügelgrab"
Kenning	„Wogenroß"	„Schiff"
mythologische Kenning	„Verderben der Zwerge"	„Sonne"
doppelte Kenning	„Ullrs Fahrzeug"	„Ullrs Schiff" = „Schild"
Tvikent (3 Worte)	„Fütterer der Kriegsmöwen"	„Fütterer der Raben" = Krieger"
Rekit (3-7 Worte)	„Fäller des Lebensnetzes der Götter der Flucht-Landzungen"	Flucht-Landzunge = Berg; Götter der Berge = Riesen; Lebensnetz der Riesen = Leben(-sfaden) der Riesen; Fäller des Lebensfadens = Töter; Töter der Riesen = Thor
Nygervingar (komplexes Bild)	„die Wund-See brandete an die Landzungen der Schwerter"	„Blut an den Schwertklingen" = „Kampf"

Diese komplexen Assoziationen sind eine Struktur, die sich auch in der Handwerkskunst der Germanen wiederfindet. Insbesondere der komplexe „Flechtstil" in der Ornamentik entspricht der Verwendung der verschiedenen Formen der Kenningar und auch der z.T. sehr dichten Reim-Muster in der germanischen Lyrik.

Die germanische Wiederholungs-Regel

Manchmal werden in Gedichten Worte an analogen Stellen mehrfach wiederholt wie z.B. ein Fragewort („wer" o.ä.) am Anfang von vier aufeinanderfolgenden Zeilen. Solche vollkommen gleiche Versanfänge haben etwas eher Festes, da sie nicht von einem Wort zum nächsten fließen und dabei Ähnlichkeiten, also Reime anklingen lassen, sondern einfach das Wort wiederholen und es dadurch immer mehr hervorheben und auf der mit diesem Wort verbundenen Aussage beharren.

Die Skalden benutzten zwar manchmal dieses Stilmittel, aber generell waren sie der Ansicht, daß man wörtliche Wiederholungen vermeiden sollte. Zu Wiederholungen gab es drei Regeln:

    1. Es darf innerhalb einer Halbstrophe (vier Zeilen) kein Wort wiederholt werden – außer Hilfsverben, logische Partikel u.ä.

    2. Es darf in der 2. Halbstrophe maximal ein Wort (außer den Ausnahmen von Regel 1) der 1. Halbstrophe wiederholt werden.

    3. Es darf in einer Strophe maximal eine Zeile einer vorigen Strophe wiederholt werden (Ausnahme: „refrainartige Wiederholungen").

Inhalt der germanischen Dichtungen

Den allergrößten Teil der Dichtungen der Skalden machen die Loblieder für die Fürsten und Könige aus – die Beispiele für die Reim-Muster im Hattatal bestehen fast ausschließlich aus solchen Liedern.

Diese Loblieder wurden sowohl für Lebende verfaßt, denen sie dann vorgetragen wurden, als auch für kürzlich Verstorbene.

In den Lobliedern für die Fürsten fehlt nur selten eine Anspielung auf die Großzügigkeit der Herrscher – die Skalden erhofften sich einen guten Lohn für ihre Dichtungen. Einige Male gelang es einem Skalden sogar, durch ein solches Loblied einen erzürnten Fürsten, der den Sänger enthaupten lassen wollte, wieder gnädig zu stimmen. Solch ein besonders erfolgreiches Lied wurde „Hofudlausn" genannt, d.h. „Haupteslösung", womit der „Tausch (Auslösung) des Hauptes des Skalden gegen ein Loblied für den Fürsten" gemeint ist. Solch erfolgreiche „Hofudlausn" sind u.a. von Egil Skallagrimsson (ca. 948 n.Chr.) und von Óttar svarti (ca. 1025 n.Chr.) bekannt.

Die Nachrufe wurden „Erfidrapa" genannt. Sie sind von allen Indogermanen gut bekannt. Diese Lieder bildeten sozusagen die Kapitel der mündlich überlieferten Geschichte dieser Völker.

Mythologische Texte sind in diesen Liedern eher selten, aber keineswegs unbedeutend. Die Überlieferungen der Indogermanen und auch anderer Völker bestehen in aller Regel aus einem eher kurzen mythologischen Teil, an den sich ein meist deutlich längerer (halb-)historischer Teil anschließt.

Einige der mythologischen Texte der Germanen hat glücklicherweise Snorri Sturluson um ca. 1220 in der Edda zusammengefaßt.

germanische Namen für Dichtungen

Die „Lieder" der Germanen tragen in ihren Orignalnamen verschiedene Bezeichnungen wie „Mal", „Drapa", Kvaedi" u.ä. Diese germanischen Fachbegriffe haben folgende Bedeutungen:

Ein **„Mal"** wie z.B. in „Grimnismal" ist ein Bericht oder ein Ausspruch. Das Wort hat sich in ungefähr derselben Bedeutung noch im deutschen „Denkmal", „Mahnmal", „Merkmal", „Muttermal" u.ä. Zusammensetzungen erhalten. Ein „Mal" im heutigen Sinne ist ein Kennzeichen oder eine Markierung. Man könnte die germanische Bezeichnung in etwa als „markanten, bewahrenswerten Ausspruch" übersetzen.

Ein **„Tal"** wie in „Hattatal", „Ynglingatal" oder „Haleygiatal" ist eine Aufzählung, eine Liste. Das Wort ist mit dem englischen „to tell" (erzählen, unterscheiden) und „toll" (Zoll) verwandt und ebenso mit dem deutschen „Zahl" und „Zoll". Ein „Tal" ist also zunächst einmal eine Aufzählung, aber im weiteren Sinn auch eine Erzählung.

Ein **„Kvaedi"** oder **„Kvaett"** ist ein „Vers", also eine Dichtung. Mit diesem Namen kann letztlich jede Form der Lyrik bezeichnet werden. Dieses Wort kommt z.B. in der Bezeichnung „Drottkvaett" vor, das wörtlich „Hof-Vers" bedeutet, wobei mit „Hof" hier der Hof, also der Wohnsitz eines Fürsten oder Königs gemeint ist.

Der Begriff **„Liod"**, von dem das deutsche „Lied" abstammt, ist mit dem lateinischen „laudare" („loben") verwandt. Das „Liod" war ursprünglich demnach ein Loblied. Aus der Weiterentwicklung des „Liod"-„Lobliedes" zu dem gesungenen „Lied" kann man zumindestens vermuten, daß das germanische Loblied des öfteren auch gesungen wurde.

Ein **„Torrek"** ist ein Klagelied. Das Wort ist möglicherweise mit englisch „to tear" und dem deutschen „zerren" verwandt – ein „Torrek" wäre dann etwas, was an einem zerrt, womit der Schmerz gemeint ist.

Das meist mit „Form" übersetzte **„Hattr"** ist wahrscheinlich mit dem germanischen Verb „hatan" verwandt, das sich im Deutschen als „hadern" erhalten hat und „streiten, verfolgen, hassen" (englisch: „to hate") u.ä. bedeutet. Ein „Hattr" wäre dann ursprünglich ein Lied über eine Schlacht, also eine „poetische Kriegsberichterstattung" gewesen, bevor man mit diesem Wort jegliche Lyrik bezeichnete.

Einen ganz ähnlichen Ursprung hat die **„Drapa"** genannte Gedichtform, die wörtlich „Schlagen, Torschlag, Kampf" bedeutet.

Die wörtliche Bedeutungen von „Hattr" und das „Drapa" zeigen, daß diese beiden lyrischen Formen als Preislieder der militärischen Stärke der Fürsten entstanden sind.

Das **„Flokkr"**, das auch **„Visur"** genannt wurde, war eine „Drapa", die nach weniger komplexen lyrischen Regeln verfaßt wurde.

„Flokkr" bedeutet „Schar, Haufen" und bezieht sich vermutlich auf die „Schar" der Verse in dem Loblied. „Visur" bedeutet einfach „Strophen". Beide Namen sind daher „lyrik-technische" Bezeichnungen.

Die Unterscheidung zwischen einer Drapa und einem Flokkr war ausgesprochen wichtig, da eine Drapa nur dem höheren Adel und den Fürsten zustand, während das Flokkr für den niederen Adel gedacht war.

Ein Skalde sollte daher nie einem König ein Flokkr dichten, denn das könnte sonst sein letztes Gedicht gewesen sein. In der „Heimskringla" wird berichtet, daß der Skalde Thorarinn loftunga einmal unbedachterweise ein Flokkr für König Knut gedichtet hatte, woraufhin dieser dem Skalden damit drohte, ihn am nächsten Tag für seine Unverschämtheit hängen zu lassen, falls er bis dann kein richtiges Drapa gedichtet haben würde. Glücklicherweise war Thorarinn in der Lage, auch unter erhöhtem Streß zu dichten ...

Schließlich gibt es noch das **„Erfidrapa"**, das man mit „Erb-Drapa" übersetzten könnte. Dies war ein Loblied auf einen gerade verstorbenen König.

- - -

Die Anwendung des Analogie-Prinzipes läßt aus Prosa Lyrik werden. Diese Analogien umfassen die Anzahl der Zeilen je Strophe, die Anzahl der (betonten) Silben je Zeile, das Versmaß und die Reime. Diese Analogien lassen eine „Resonanz" zwischen den Worten entstehen, wodurch der Text zu „schwingen" beginnt und somit zu Lyrik wird.

Die nächste Steigerung der Lyrik ist der Gesang, bei dem durch die Melodie, den Takt und den Rhythmus das Schwingen noch einmal deutlich verstärkt wird.

Eine weitere mögliche Steigerung des „Schwingens" des Textes ist die Verwendung von Liedern in der Magie. Wenn Lieder mit großer Konzentration gesungen werden und innerlich das im Text des Liedes Ausgesagte möglichst intensiv imaginiert wird, löst das „Schwingen" des Liedes eine magische Wirkung im Äußeren aus. Am ehesten sind die Runenlieder und die Zaubersprüche solch eine „magische Lyrik".

Diese Form des „Schwingens" von Texten ist als „chanten" oder „Mantra-Singen" bekannt. Das Singen als magisches Hilfsmittel ist schon aus der frühesten

Überlieferung bekannt. So preisen die ägyptischen Priester-Magier ihre Zaubersprüche in den Hieroglyphentexten hin und wieder als „gut singbare Zaubersprüche" an.

Die christliche Form dieser „Zaubergesänge" ist die Gregorianik. Beeindruckende und wirksame Gesänge dieser Art finden sich auch in Tibet, wo die heiligen Texte in den Klöstern mit einem extrem tiefen Baß gesungen werden.

Die letzte mögliche Steigerung ist die Kombination des „Zaubergesanges" mit dem Tanz, wodurch ein Trancetanz entsteht. Die Bewegungen des Tanzes bilden ein weiteres Muster von Wiederholungen und Variationen, das sich mit dem Reim-Muster des Textes und mit der Melodie des Liedes zu einem umfassenden „Schwingen" verbinden kann. Am effektivsten ist diese Art des Tanzes, wenn die Tanzenden dabei selber gemeinsam das Lied singen, zu dem sie tanzen.

Derartige „Runenzauber-Tänze" sind von den Germanen allerdings nicht bekannt.

Durch die Verdichtung eines Prosa-Textes zu Lyrik entsteht eine grundlegend neue Qualität, die letzlich zu einer magisch-religiösen Wirkung führt: Die Singenden beginnen innerlich genauso zu schwingen wie das Lied, das sie singen, wodurch sie in einen anderen Bewußtseinszustand kommen können und ihr Gesang auch eine magische Wirkung entfalten kann.

In der heutigen Zeit werden die Menschen, die eine Begabung dafür haben, Texte durch Reim und Melodie zum Schwingen zu bringen, allerdings nur noch selten Dichter – wenn sie Glück haben, werden sie Rockstars … und wenn sie Pech haben, Werbetexter …

Übersicht

In der frühen germanischen Dichtung finden sich drei verschiedene Arten von Reim-Mustern. Die älteste von ihnen ist die sehr einfache „Sprachform" („Malahattr"). Durch Verkürzung der Verse und durch Verdichtung des Stabreimes ist aus ihr die „Liedform" („Kviduhattr") entstanden. Beide Formen unterscheiden sich nur graduell und sind nicht grundsätzlich verschieden.

Die dritte Form ist die „höfische Form" („Drottkvaett"), die ein sehr viel strengeres Reim-Muster hat. Sie hat zusätzlich zu dem ständigen Stabreim, der zudem stets in jeder ersten Silbe eines Verses auftreten soll, den Vollreim, den Halbreim und die Kenningar. Die „Form des gleichzeitigen Reimes" („Samhendur") ist eine Variante der „höfischen Form", die noch eine weitere Regel befolgt.

Möglicherweise ist Bragi Boddason („Bragi der Alte"), der um ca. 850 n.Chr. gelebt hat, der Erfinder des Reim-Musters der „höfischen Form" oder zumindestens derjenige, der sie perfektioniert und bekannt gemacht hat. Vermutlich ist aus ihm 350 Jahre später der Skalden-Gott Bragi entstanden.

Der Skalde Bragi würde dann dem keltischen Barden-Druiden Amairgen („Schöpfer der Lieder") entsprechen, der wahrscheinlich eine ähnliche Funktion wie Bragi gehabt hat.

Von den wichtigsten frühen germanischen Dichtungen, die nicht zur Edda gehören, gehören 9 zur „Sprachform", 8 zur „Liedform" und 5 zur „höfischen Form".
Diese Dichtungen sind:

Malahattr (Sprachform)

700 n.Chr.	Beowulf
880 n.Chr.	Die Schlacht von Hafsfjord
885 n.Chr.	Harald-Lied (Rabenlied)
937 n.Chr.	Die Schlacht von Brunanburh
954 n.Chr.	Eiriksmal
961 n.Chr.	Hakonarmal
1030 n.Chr.	Der Wanderer
1030 n.Chr.	Der Seefahrer
1030 n.Chr.	Die Klage der Ehefrau

Kviduhattr (Liedform)

900 n.Chr.	Die Goten-Hunnen-Schlacht (ca. 450 verfaßt, um ca. 900 bearbeitet)
900 n.Chr.	Ynglingatal
900 n.Chr.	Merseburger Zaubersprüche
970 n.Chr.	Sonatorrek
990 n.Chr.	Haleygiatal
1014 n.Chr.	Darradarliod
1030 n.Chr.	Die Ruine

Drottkvaett (höfische Form)

850 n.Chr.	Ragnar-Lied
985 n.Chr.	Thorsdrapa
985 n.Chr.	Husdrapa (Samhendur)
985 n.Chr.	Haustlöng (Samhendur)
1000 n.Chr.	Thor-Lied

Wenn man diese 22 Dichtungen nach Art der Dichtung und der Zeit ihrer Entstehung nach in einer Tabelle anordnet, wird die Geschichte dieser frühen germanischen Lyrik anschaulicher.

frühe germanische Dichtung			
Zeit (n.Chr.)	*Sprachform*	*Liedform*	*höfische Dichtung*
700 - 750	Beowulf		
750 - 800			
800 - 850			Ragnar-Lied
850 - 900	Die Schlacht von Hafsfjord, Harald-Lied		
900 - 950	Brunanburh-Schlacht	Goten-Hunnen-Schlacht, Ynglingatal, Merseburger Zaubersprüche	
950 – 1000	Eiriksmal, Hakonamal	Sonatorrek, Haleygiatal	Thorsdrapa, Husdrapa, Haustlöng
1000 – 1050	Der Wanderer, Der Seefahrer, Die Ehefrau-Kalge	Darrardarliod, Die Ruine	Thor-Lied

Die „Sprachform" ist vermutlich die älteste Art von Lyrik, die die Germanen benutzt haben – zumindestens ist sie am schlichtesten und auch am frühesten nachweisbar. Die „Liedform" wird ursprünglich kaum von der „Sprachform" unterschieden worden sein, da sie sich nur durch etwas kürzere Verse und dichtere Stabreime unterscheidet.

Ob die Gedichte in der „Liedform" tatsächlich gesungen worden sind, ist zwar unsicher, aber immerhin gut denkbar, da die Strophen in dieser lyrischen Form regelmäßigere Verslängen haben, was bei den Strophen eines Liedes, die ja alle nach derselben Melodie gesungen werden, notwendig ist.

Vermutlich waren die Gedichte in der „Liedform" ursprünglich tatsächlich Lieder. Man wird aber davon ausgehen müssen, daß der Name „Liedform" auch für Gedichte verwendet wurde, die zwar formal einem Lied glichen, zu denen es aber keine

Melodie gab.

Die komplexen Reim-Muster der höfischen Form treten das erste Mal um 850 n.Chr. in der von Bragi dem Alten verfaßten Ragnarsdrapa auf. Es ist auffällig, daß darauf eine Lücke von 100 Jahren folgt, aus der keine Gedichte in dieser lyrischen Form bekannt sind, während danach von 950 n.Chr. bis 1200 n.Chr. eine Fülle von Werken in der „höfischen Form" bekannt ist. Dies könnte ein Zufall sein, der auf der Erhaltung dieser Gedichte Gedichte beruht, aber auffällig ist diese Lücke schon.

Die frühe Lyrik der Germanen läßt sich auch nach ihrem Inhalt, also den in ihr behandelten Themen unterscheiden. Diese „thematischen Formen" sind:

1. religiöse Themen:

die Götter-Mythe,
der Zauberspruch,

2. Themen, die sich auf die Fürsten beziehen:

das Heldenlied,
das Loblied a) historischer Schlachtenbericht,
das Loblied b) Lob eines Fürsten,
das Loblied c) Stammbaum eines Fürsten (Abstammung von Odin, Freyr u.a.),
das Loblied d) Danklied

3. persönliche Themen:

das Klagelied, und
die Betrachtung.

Manche dieser Lieder gehören zu mehreren Gruppen. Insbesondere die Ragnarsdrapa ist zugleich das Danklied des Skalden Bragi an den Fürsten Ragnar Lodbröck für den ihm geschenkten Prunkschild und eine Schilderung der Taten des Thor, die auf diesem Schild dargestellt sind.

Zu den verschiedenen Themen gehören die folgenden Lieder:

Götter-Mythe

850 n.Chr.   Ragnarsdrapa
985 n.Chr.   Thorsdrapa (Thor)
985 n.Chr.   Husdrapa (Thor)
985 n.Chr.   Haustlöng (Thor)
1000 n.Chr. Thor-Lied

Zauberspruch

900 n.Chr. Merseburger Zaubersprüche

Heldensage

700 n.Chr. Beowulf

Loblied a) historischer Bericht

880 n.Chr. Schlacht von Hafsfjord
885 n.Chr. Haraldlied (Rabenlied)
900 n.Chr. Goten-Hunnen-Schlacht
937 n.Chr. Brunanburh-Schlacht

Loblied b) Lob eines Fürsten

954 n.Chr. Eiriksmal
961 n.Chr. Hakonarmal

Loblied c) Stammbaum

900 n.Chr. Ynglingatal
990 n.Chr. Haleygiatal

Loblied d) Danklied

850 n.Chr. Ragnarsdrapa

Klagelied

970 n.Chr. Sonatorrek
1030 n.Chr. Der Wanderer
1030 n.Chr. Der Seefahrer
1030 n.Chr. Die Klage der Ehefrau

Betrachtung

1014 n.Chr. Darradarliod
1030 n.Chr. Die Ruine

Durch die Darstellung dieser Themen in einer Tabelle läßt sich ihre zeitliche Verteilung besser erfassen.

Zeit (n.Chr.)	Götter-Mythen	Zauber-spruch	Helden-sage	Loblied				Klage-lied	Be-trach-tung
				Schlacht	*Fürst*	*Stamm-baum*	*Dank*		
700 – 750			Beowulf						
750 – 800									
800 – 850	Ragnars.						Ragnars.		
850 – 900				Hafsfj. Harald					
900 – 950		Merseb.		Got-Hun. Brunanb.		Yngling.			
950 – 1000	Thorsdr. Husdr. Haustl.			Eiriks. Halon.	Haleyg.		Sonator.		
1000 – 1050								Wander. Seefahr. Ehefrau	Darrad. Ruine
1050 – 1100									
1100 – 1150									
1150 – 1200		Segen							

Diese Übersicht zeigt, daß sich ab 850 n.Chr. die Skaldenkunst sowohl im Bereich der Religion als auch im politischen Bereich (Fürsten) gleichmäßig entfaltet hat.

Das Beowulf-Epos als das früheste erhaltene Lied enthält sowohl religiös-mythologische als auch politische Themen.

Die persönlichen Themen treten erst ab ca. 1000 n.Chr. auf.

Es läßt sich auch untersuchen, ob die einzelnen Themen mit bestimmten lyrischen Formen verbunden sind.

Zeit (n.Chr.)	Götter-Mythen	Zauber-spruch	Helden-sage	Loblied				Klage-lied	Be-trach-tung
				Schlacht	Fürst	Stamm-baum	Dank		
Sprach-form			Beowulf	Hafsfj. Haraldl. Got-Hun.	Eiriks. Hakon.			Wander. Seefarh. Ehefrau	
Lied-form		Merseb.		Brunanb.		Yngling. Haleyg.		Sonator.	Darrard. Ruine
höfi-sche Form	Ragnar. Thorsd. Husdr. Haustl. Thor-L.						Ragnars.		

Themen der Skalden-Dichtung

Die Unterscheidung zwischen der Sprachform und der Liederform ist von den Themen her recht deutlich. Die Liederform, die etwas anspruchsvoller zu verfassen ist und eine größere Wirkung hat, findet sich vor allem bei den Zaubersprüchen, den Stammbäumen und bei den Betrachtungen.

Ein Zauberspruch soll vor allem wirken und da seine Wirkung u.a. von der „Richtigkeit" und somit auch dem Klang der Verse abhängt, wird man sich bemühen, diese Sprüche, die gewissermaßen „verbal-religiöse Werkzeuge" sind, möglichst sorgfältig zu verfassen.

Das Komponieren des Stammbaumes eines Fürsten, der bis zu den Göttern zurückreicht, ist eine längere Arbeit, da der Skalde dafür zunächst einmal alle bekannten Ahnenlisten und ebenso alle Mythen, die für den betreffenden Fürsten von Bedeutung sind, vergleichen und in eine schlüssige Ordnung bringen muß. Das Verfassen eines Stammbaum-Liedes ist also keine inspirierte Ode an den Fürsten, sondern eher ein Forschungsprojekt, bei dem es oft auch darum gehen wird, Ungereimtheiten in der Überlieferung zu erklären und auszuräumen. Bei einem solchen längerfristigen lyrisch-historischen Projekt wird der Skalde sich dann auch bemühen, die Verse möglichst gut zu ordnen und den Stabreim so dicht wie möglich zu verfassen.

Die Betrachtungen über die Vergänglichkeit der Welt, die Unerbittlichkeit des Schicksals u.ä. sind Themen, mit denen sich ein Skalde vermutlich schon lange Zeit beschäftigt haben wird, bevor er damit beginnt, es in Verse zu fassen. Vielleicht überarbeitet er seine Strophen zu diesem Thema auch immer wieder einmal. Daher ist es auch bei diesem Thema nicht verwunderlich, daß man hier die Liedform und nicht die Sprachform findet.

Das Sonatorrek steht vermutlich einfach deshalb in der Liedform, weil Egil Skallagrimsson, der diese Klage über den Tod seines Sohnes verfaßt hat, allgemein ein sehr guter Skalde war.

Die frühen Gedichte in der höfischen Form stehen thematisch an einer interessanten Stelle. Sie sind zum einen Dichtungen über die Taten der Asen, d.h. des Thor und zum anderen kann man zumindestens an der Ragnarsdrapa erkennen, daß sie dem Fürsten gewidmet waren. Diese lyrische Form heißt auch „höfische Form", weil sie an den Höfen der Fürsten gedichtet wurde. Die ausschließliche Darstellung des Thor in den frühen höfischen Gedichten läßt darauf schließen, daß der Gott Thor als das Urbild des siegreichen Kämpfers für die Fürsten als der Kriegsherren von großer Bedeutung war.

Die Herkunft der Drapa aus dem Lobgesang auf die militärische Stärke eines Fürsten zeigt sich auch darin, daß „Drapa" Die Bedeutung „Schlacht, Kampf" hat. Auch die allgemeine Bezeichnung „Hattr" für jede Art von Lied hat diesen Ursprung, da dieses wörtlich „Streit, Kampf, Verfolgung, Hader, Haß" bedeutet.

Die Drapa zeichnet sich durch eine große Ordnung und Disziplin aus, die durchaus auch ein Aspekt der militärischen Macht der Fürsten gewesen ist. Zu dieser Zeit waren u.a. auch Sklaven ein fester Teil der germanischen Gesellschaftsordnung.

Alle vier frühen Drapas sind Beschreibungen des Thor und zumindestens eine von Ihnen ist ein Danklied an einen Fürsten. Man kann sicherlich davon ausgehen, daß diese „Thor-Drapas" auch ein wortloser Vergleich der Stärke des Fürsten mit der Kraft des Thor waren. Vielleicht wurden diese Thor-Drapas sogar als Invokation der Kraft des Thor in den Fürsten empfunden. Dies würde bedeuten, daß die Drapa vor allem eine religiös-magische Aufgabe gehabt haben würde: den Fürsten so stark wie Thor zu machen.

Die Thor-Drapas könnten evtl. noch einen weiteren Aspekt gehabt haben: die Bewahrung der Kraft, die in dem besungenen Sieg des Fürsten liegt. Solch ein „magisches Bewahren der Kraft des Sieges in einem Lied" ist von vielen Völkern bekannt. In Afrika wurden diese „Sieges-Lieder" dann vor dem Aufbruch in einen Krieg gesungen, um die Kraft des früheren Sieges in den Kämpfern wieder wachzurufen – wobei dieser Sieg durchaus auch schon einige Generationen zurückliegen kann.

Es stellt sich die Frage, warum die Drapas gerade um 850 n.Chr. entstanden sind. Zunächst einmal weiß man überhaupt nicht, ob sie erst um diese Zeit entstanden sind, da lediglich sicher ist, daß aus dieser Zeit die ältesten bekannten Drapas stammen. Möglicherweise hat es auch schon vorher solche Loblieder gegeben. Die Verwandlung des Bragi Boddason, der die erst bekannte Drapa verfaßte, in den Gott Bragi läßt jedoch vermuten, daß Bragi die Drapa zumindestens in einer wesentlichen Weise weiterentwickelt hat.

Welche gesellschaftliche Situation könnte die Entstehung der Drapas gefördert haben? Zunächst einmal fällt die enge Verbindung der Fürsten mit dem Gott Thor auf. Es wäre denkbar, daß die Assoziation Skalde – Thor – Fürst ein neues Element enthalten hat.

Geschichtlich gesehen lag zur Zeit des Skalden „Bragi der Alte" die Völkerwanderungszeit schon einige Zeit zurück. In dieser Epoche, die von 375 n.Chr. bis 568 n.Chr. dauerte, führten fast alle Völker in Europa ständig Krieg miteinander, da von Osten her die Hunnen nach Europa gelangt waren und viele Völker vor ihnen flohen und mit den Hunnen oder mit den Völkern, die dort lebten, wohin sie geflohen waren, kämpften. Von einem dieser Kämpfe berichtet das „Lied über die Schlacht zwischen den Goten und den Hunnen".

Nachdem sich die Hunnen wieder zurückgezogen hatten, folgten während des übrigen Frühmittelalters bis ca. 800 n.Chr. noch weitere Kämpfe zwischen den verschiedenen germanischen und keltischen Völker bis schließlich Karl der Große sein Großreich gründete. Auch diese sich an die Völkerwanderungszeit anschließende Merowingerzeit war noch recht kriegerisch.

An diese beiden Phasen des Frühmittelalters schloß sich im Norden die Wikingerzeit an, die von 800 bis 1050 andauerte. In dieser Zeit führten die Germanen, die in den vergangen 400 Jahren (375 – 800 n.Chr.) immer kriegerischer gewordene Lebensweise auf andere Art weiter, indem sie mit ihren berüchtigten Drachenschiff-Raubfahrten begannen.

Während der Völkerwanderungszeit löste der Schamanengott Odin den früheren Göttervater Tyr ab. Odin wurde dabei auch zu einem Gott der Kriege. Dadurch wurde der religiöse Aspekt der Gesellschaft deutlich enger als vorher mit dem Fürstentum verbunden. Dies zeigt sich u.a. darin, daß die ursprüngliche Dreiteilung der germanischen Gesellschaft in Fürsten/Krieger (der Ase Wodan/Odin), in Priester/Heiler (der Ase We) und Bauern/Handwerker (der Ase Wili), zu der noch die Klasse der Sklaven hinzukam, nach und nach neu formuliert wurde. Der Fürst und der Krieger wurden zunehmend eine Gestalt, während die Sklaven zum dritten Stand wurden.

Odin wurde zum Priester-Krieger, dessen Kraft durch seinen Sohn Thor verkörpert wurde. Im Verlauf dieser Entwicklung ist es gut denkbar, daß aus den früher selbständigen Priester-Skalden in zunehmendem Maße Fürsten-Skalden wurden, die stärker als vorher an den Hof des Fürsten gebunden waren. Dort hatten diese Hof-Skalden dann mehr Zeit für ihre Dichtungen, aber verloren zumindestens teilweise ihre religiöse Eigenständigkeit.

Im Gegensatz dazu haben die keltischen Kollegen der germanischen Priester und Skalden, also die Druiden und die Barden, bis ca. 1200 n.Chr. ihre Eigenständigkeit und ihre selbstorganisierte und unabhängige Gemeinschaft erhalten können. Die Völkerwanderung mit ihrer drastischen Militarisierung war nicht bis nach Großbritannien und Irland gelangt ...

Diese Situation in Nordeuropa und vor allem in Island um 850 n.Chr. könnte eine der Ursachen dafür gewesen sein, daß sich gerade zu dieser Zeit die neue Gedichtform der Drapa gebildet hat. Anscheinend ist sie inhaltlich gesehen aus der Kombination der Götteranrufung mit dem Loblied auf die Stärke des Fürsten entstanden. Formal ist sie eine Weiterentwicklung des Liedes mit Stabreim, das damals durch Voll- und Halbreime ergänzt wurde.

Die Kenningar entwickelten sich vermutlich zum einen als gelehrte Umschreibungen, die dem Lied zusätzlich Farbe gaben und durch die Anspielungen in den Kenningar auch andere Mythen in das Loblied miteinbezogen; zum anderen werden sie auch aus der praktischen Notwendigkeit heraus entstanden sein, auf engstem Raum einen Satz bilden zu müssen, der mehreren Dichtkunst-Regeln gleichzeitig entsprach: Versmaß, Verslänge sowie Stabreime, Vollreime und Halbreime an festgelegten Stellen – und schließlich noch die Darstellung der Tugenden des Fürsten auf möglichst imposante Weise.

Um z.B. den Doppelvers *„Singt Thor / Skrymir ein Lied zum Schlaf?"* auf die richtige Länge von 2x6 Silben zu bekommen und dazu noch einen Stabreim und einen Vollreim für das letzte Wort der Zeile zu finden, ist es die einfachste Lösung, *„Thor"* durch *„Hammer-Schwinger"* zu umschreiben. Dadurch entsteht dann der Satz *„Singt der Hammer-Schwinger / Skrymir ein Lied zum Schlaf?"*, der nun die richtige Länge hat sowie einen Stabreim auf dem ersten und letzten Wort (**S**ingt – **S**chwinger; **S**krymir – **S**chlaf) und einen Vollreim im ersten und letzten Wort der ersten Zeile enthält (S*ing*t – Schw*ing*er).

Mit diesem „in den Schlaf singen" ist „Töten" gemeint, da Skrymir ein Riese ist – die Wikinger schätzten diese Art von Humor ...

Bei der Entstehung der Drapas lassen sich somit drei Aspekte unterscheiden:

    1. die Verschmelzung von Thor-Anrufungen mit dem Loblied auf die militärische Stärke des Fürsten;

    2. die Entstehung eines deutlich differenzierteren und festgelegteren Reim-Musters, das unter anderem die große Macht des Fürsten in seinem Reich und die durch ihn aufrechterhaltene Ordnung widerspiegelte; und

3. die Entwicklung der Kenningar, die zum einen den Text verdichteten, imposanter und geheimnisvoller werden ließen und seinen imposanten Ausdruck durch Assoziationen zu anderen Mythen noch verstärkten, und die zum anderen aus rein technischer Sicht notwendig wurden, um Reime finden zu können, die allen Regeln des komplexen Reim-Musters entsprachen.

Hier sind nur die frühen Skaldenlieder betrachtet worden. Zwischen ca. 1000 n.Chr. Und 1300 n.Chr. sind von ungefähr 420 verschiedenen Skalden über 1000 Lieder überliefert worden.

- - -

Diese frühen germanischen Dichtungen waren die Grundlage der Lieder der „Älteren Edda", die alle drei grundlegenden Formen, also die Sprachform, die Liedform und die höfische Form benutzten und variierten.

Diese Lieder werden in dem folgenden Kapitel betrachtet.

II Die Lieder in der höfischen Form

Die Skalden hatten spätestens um ca. 840 n.Chr. eine komplexe Form der Dichtung entwickelt, in der sie vor allem Loblieder für ihre Fürsten verfaßten. Von diesen Liedern sind eine handvoll erhalten geblieben. Sie sind u.a. auch deshalb interessant, weil einige von ihnen ganze Mythen oder zumindestens einzelne Szenen aus ihnen berichten.

Für das Verfassen eines solchen Preisgedichtes („Drapa") in der anspruchsvollen „höfischen Form" („Dróttkvaett") gab es mehrere Grundregeln, die noch durch die verschiedensten Zusatzregeln ergänzt werden konnten. Die Grundregeln sind:

- die Anzahl der Verse pro Strophe (fast immer 8),
- die Aufteilung jeder Strophe in Bezug auf Inhalt und Satzbau in zwei Halbstrophen zu je 4 Zeilen,
- die Aufteilung jeder Halbstrophe in Bezug auf Inhalt und Satzbau in zwei Viertelstrophen zu je 2 Zeilen („Doppelvers"),
- die Anzahl der Silben pro Zeile (in der Regel 6),
- in der Regel drei Stabreime pro Doppelvers (meist zwei in der ersten Zeile und eine dritte am Beginn des ersten Wortes der zweiten Zeile)
- Vollreime in der zweiten Zeile der Doppelverse (an den verschiedensten Stellen: vorne, in der Mitte oder am Ende der Zeilen) und
- Halbreime in der ersten Zeile der Doppelverse (ein Halbreim ist ein Reim, bei sich der Vokal der Silbe, die wiederholt wird, verändert).

Die möglichen Zusatzregeln betreffen vor allem:

- die Stellung des Reimes im Satz,
- die fast ausschließliche Benutzung von Stammsilben, d.h. die Vermeidung von Vor- und Nachsilben sowie „Hilfsworten" wie „und", „oder", „dann" u.ä., und
- den Satzaufbau (z.B. Gegensatzpaare, Einschübe, Fragen, Superlativen, Sprichworte u.ä.).

Eine der wichtigsten Regel in der heutigen Dichtkunst gab es nicht:

- Die Strophen haben kein Versmaß, d.h. keine bestimmte Anzahl und/oder Verteilung von betonten Silben innerhalb einer Zeile.

Da sich diese formalen Merkmale fast nie mitübersetzen lassen, ist den folgenden Liedern jeweils eine kurze Betrachtung des Strophenaufbaus anhand des Originaltextes vorangestellt.

Diese für heutige Ohren etwas ungewohnte Form der Dichtkunst läßt sich am einfachsten an den nun folgenden konkreten Beispielen erleben, verstehen und vielleicht auch genießen.

II 1.   Bragi Boddason: Ragnarsdrapa

ca. 840 n.Chr.

Bragi Boddason, der auch „Bragi inn gamli", d.h. „Bragi der Alte" genannt wurde, wird als der Begründer der höfischen Dichtkunst der Skalden angesehen. Möglicherweise ist Bragi, der germanische Ase der Dichtkunst, eine Vergöttlichung dieses Dichters. Vielleicht haben beide aber auch nur zufälligerweise denselben Namen ...

Die „Ragnarsdrapa" ist ein Danklied an den Fürsten Ragnar für den Prunkschild, den Bragi vermutlich von ihm erhalten hat.

Dieses Lied ist im „Dróttkvaett"-Stil („höfischer Stil") verfaßt worden. Die poetischen Stilmittel dieser und der in den späteren Kapiteln dargestellten Formen sind in den Originaltexten wie folgt gekennzeichnet:

- Doppelverse sind durch eine Lücke getrennt,
- Silbenzahl: in Klammern vor dem Vers,
- Stabreim: fette Buchstaben,
- Vollreim: unterstrichen und gerade Buchstaben,
- Halbreim: unterstrichen und kursive Buchstaben.

In dem Kasten rechts neben dem Originaltext sind die lyrischen Strukturen des Textes kurz beschrieben.

(7) *That erumk sýnt, at snemma* (6) *sonr Aldaködrs vildi* (6) *afls vid úri thoefdan* (6) *jardar reist of freista.* (6) *Hamri fórsk í hoegri* (6) *hönd, thás allra landa,* (6) *oegir Öflugbarda* (6) *endiseids of kendi.*	- 8 Zeilen je Strophe - fast immer 6 Silben je Strophe - zwei Stabreime in der ersten Zeile der Doppelverse und ein Stabreim im ersten Wort der zweiten Zeile - in jeder Zeile ein Vollreim (Wiederholung einer Silbe mit gleichem Vokal) oder ein Halbreim (Wiederholung einer Silbe mit verschiedenem Vokal); beide Reime sind unregelmäßig verteilt - 39% der Worte sind Teile von Kenningar, d.h. 5 bis 6 Kenningar je Strophe

Im folgenden wird immer je eine Halbstrophe betrachtet, die in der Ragnarsdrapa fast immer einen abgeschlossenen Satz bildet.

Die Ragnarsdrapa enthält folgende Themen:

    a) Einleitung
    b) Die Völsungen-Saga
    c) Freya (Die Saga über Hedin und Högni)
    d) Gefion
    e) Thor und Jörmungandr
    f) Thiazi
    g) Schluß

Die folgende Tabelle zeigt den Satzbau in den Strophen der Ragnarsdrapa. Die hellgraue und die dunkelgraue Farbe zeigt jeweils einen Satzteil. Die Strophe 1 (Einleitung) besteht z.B. aus einem Vier-Zeilen-Satz (dunkelgrau) und einem zweiten Vier-Zeilen-Satz (hellgrau). Strophe 3 besteht aus einem Vier-Zeilen-Satz und zwei Zwei-Zeilen-Sätzen. Strophe 9 besteht aus einem Acht-Zeilen-Satz.

Der zweite Satz von Strophe 4 endet erst mit den beiden Zeilen in Strophe 5: Er ist ein Sechs-Zeilen-Satz, der sich über zwei Strophen erstreckt. Dies ist jedoch der einzige Verstoß gegen die Regel, daß Sätze mit dem Strophenende enden müssen.

Durch die Anordnung der Themen in jeweils eigenen Spalten haben sich vier „weiße Flächen" von der Größe einer Halbstrophe ergeben, da die Themen z.T. nicht mit der Strophe, sondern mit der Halbstrophe enden.

Der Satzbau in der Ragnarsdrapa

Zeile	Strophe																		
	Einleitung	Völsungen-Saga					Hedin und Högni					Gefion	Thor und Jörmungandr				Thiazi	Thrivaldi	Schluß
	1	2	3	4	5	6	7	8	9	10	11	12	13	14	15	16	17	18	19
1																			
2																			
3																			
4																			
5																			
6																			
7																			
8																			

II 1. a)   Einleitung

Willst Du hören, Raben-Kessel,
wie ich die Flecken-bedeckte Sohlen-Klinge
des Diebes der Thrudr
und meinen Fürsten mit Geschick preise?

Der Name „*Raben-Kessel*" könnte zwar ein Eigenname („Hrafna-Ketill") sein, aber da nicht bekannt ist, daß der Fürst Ragna Lodbröck so genannt worden ist, wird dies eine Kenning sein, die in etwa „Kessel mit dem Göttermet des Rabengottes Odin" bedeuten könnte und dann sowohl den Fürsten als den bezeichnen, der seinen Gästen Met anbietet, als auch eine Anspielung darauf sein, daß die Großzügigkeit des Fürsten es erst ermöglicht, daß der Skalde Bragi seine durch die Inspiration des Göttermets entstandenen Verse dichten und vortragen kann.

Die „*Sohlen-Klinge*" ist ein Schild: Die „*Klinge*" ist eine Waffe und die Waffe, die sich unter der „*Sohle*" befindet, ist der Schild des Riesen Hrungnir, auf die er sich stellte, als er von Thor angegriffen wurde. Daß Thors Tochter „*Thrudr*" entführt worden ist, ist ansonsten nicht bekannt. Lediglich der Zwerg Alwis hat einmal um sie geworben – aber hat das aufgrund einer List des Thor nicht überlebt. Anscheinend spielte auch in dieser Thrudr-Mythe ein Schild eine wichtige Rolle. Da Hrungnir Thrudrs Mutter Sif und die Asin Freya entführen wollte, scheint es einen Zusammenhang zwischen diesen beiden Mythen zu geben. Die Beschreibung des Schildes als „Flecken-bedeckt" bezieht sich auf die Bilder auf ihm.

Will Sigurds berühmter Sohn
in guter Weise Lohn erhalten
für die Ring-Nabe
des klingenden Rades des Högni?

Ragna Lodbröck wird hier offenbar als (echter oder symbolischer) Nachkomme des „*Sigurd*" angesehen. Da Sigurd den Sagen zufolge zur Zeit des Königs Jörmunrek (Ermanerich), also in etwa zwischen 300 und 350 n.Chr. gelebt hat, konnten sich 500 Jahre später (also nach ca. 25 Generationen) eigentlich fast alle Germanen als Nachkommen des Sigurd auffassen.

„*Högni*" ist ein Held aus einer der germanischen Sagas. Sein „*klingendes Rad*" ist sein Schild. Eine „*Ring-Nabe*" ist eigentlich ein Widerspruch, da der Ring der Umkreis und die Nabe das Zentrum ist. Da die germanischen Skalden jedoch eine Vorliebe für Gegensätze hatten, wird man diese Kenning wohl als eine Umschreibung für „der ganze Schild" auffassen können. Gemeint ist der Schild, den der Skalde Bragi von dem Fürsten Ragnar erhalten hat.

I 1. b) König Jörmunrek

„Jörmunrek" oder „Ermanarich" ist der Begründer der Dynastie der Völsungen/Nibelungen, deren Geschichte u.a. in der Völsungen-Saga erzählt wird. Sein Name bedeutet „großer (jörmun) König (rek/rich)", was sehr wahrscheinlich einst auch ein Titel des Göttervaters Tyr gewesen ist.

Er beherrschte zwischen ca. 330 und 376 n.Chr. ein Reich, das vom Schwarzen Meer bis an die Ostsee reichte und vor allem die Länder der Skythen und der Germanen umfaßte. Er gehörte zu dem gotischen Stamm der Greutungen („Ostgoten"). Sein Reich wurde durch die Hunnen zerstört. Das Datum dieser Schlacht (376 n.Chr.) markiert den Beginn der Völkerwanderungszeit.

Der ursprüngliche Name „Airmanareiks" hat im Laufe der Zeit viele Varianten erhalten: Armanaricus, Ermanarich, Ermanaric, Eormenric, Hermanaricus, Jörmunrek, u.ä. Dieser König erscheint in vielen germanischen Sagas: Beowulf-Epos, Völsungen-Saga, Thidrek-Saga, Dietrich-Saga, Hildebrandt-Lied, Swanhild-Saga u.a.

In der Edda wird er meistens Jörmunrek genannt. In den nordischen Sagas ist seine Frau Swanhild, die Tochter von Sigurd und Gudrun (Kriemhild). Nach dem (unberechtigten) Vorwurf des Ehebruchs der Swanhild mit Jörmunreks Sohn Randwer läßt Jörmunrek beide töten. Gudrun läßt daraufhin Jörmunrek durch ihre Söhne Hamdir und Sörli ermorden. Die beiden Brüder töten auf dem Weg zu Jörmunrek auch ihren Bruder Erp.

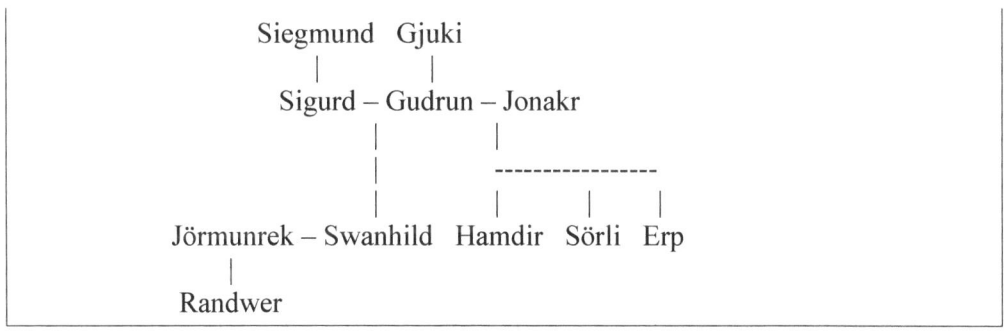

*Einst erwachte Jörmunrek
von einem Traum: in der Mitte der blutgetränkten Edlen,
während Schwerter wirbelten:
Ein Streit brach aus in der Halle …*

*… von Randwers königlicher Sippe,
als die Raben-schwarzen
Brüder des Erp Rache nahmen
für alles bittere Leid.*

„*Randwers Sippe*" sind die Nibelungen. Er ist der Sohn von des Ostgotenkönigs Jörmunrek.
   Die „*Brüder des Erp*" sind Hamdir und Sörli, die den Tod ihrer Halbschwester Swanhild rächten.

*Der blutige Tau der Leichen
floß über den Sitz des Königs,
fiel auf den Boden; man sah
abgetrennte bluttropfende Füße und Hände.*

Hamdir und Sörli töteten Jörmunrek, indem sie ihm „*Füße und Hände*" abschlugen und ihn verbluten ließen. Dieses Motiv stammt aus den Mythen des ehemaligen Göttervaters Tyr.
   Der „Tau der Leichen" ist das Blut.

*In den Springbrunnen des Ale-Kelches
fiel er kopfüber, Blut-geblendet:
Dies ist auf den Schild, das Blatt des Busches
aus Leifs Land gemalt.*

Der „*Ale-Kelch*" ist das Trinkgefäß des Königs Jörmunrek. „*Ale*" („Bier") ist hier eine allgemeine Umschreibung für „vornehmes Getränk" – auch Met und Wein konnten so benannt werden. Der „*Springbrunnen*" ist das Getränk, das emporspritzte, als der Kopf des Königs in den Kelch fiel – die Skalden mochten solche Bilder mit entgegengesetzten Bewegungen.

Leif ist ein Seekönig, d.h. ein Wikinger-Fürst. Sein Land ist das Meer. Der Busch des Meeres ist ein Schiff. Die Blätter an diesem Schiff sind die Schilde, die außen an der Bordwand hängen.

Dort umringten sie
den Schützer des Boden-Pferdes des Landes,
sie standen wie der Saum der Segel
an den Masten des leidvollen Nagelfar.

Der *„Schützer des Boden-Pferdes des Landes"* ist König Jörmunrek. König werden oft als Schützer des Reichs, der Menschen, der Krieger usw. umschrieben. Das *„Boden-Pferd des Landes"* sollte somit das Land oder seine Bewohner sein. Der letzte Teil der Kenning, also *„des Landes"* zeigt, daß *„Boden-Pferd"* nicht das Land selber sein kann, sondern etwas, daß auf dem Boden steht und auf dem man wie auf einem Pferd sitzt – es ist somit Jörmunreks Thron gemeint, den seine Krieger nun umringen.

Hamdir und Sörli standen um den toten Jörmunrek, dessen Seele nun auf dem Jenseitsschiff *„Nagelfar"* in die Unterwelt zu Hel fuhr.

Das hier mit *„leidvoll"* übersetzte germanische Wort bedeutet eigentlich „arm, mittellos" und ist wohl eine Anspielung darauf, daß Jörmunrek ohne seine Schätze ins Jenseits reisen mußte.

Der *„Saum des Segels"* führt rings um das Segel und bildet somit ein Quadrat oder eine ähnliche geschlossene Form, die dem Stehen von Hamdir und Sörli rings um den toten König entspricht. Der Skalde Bragi hat das Bild des Totenschiffes Nagelfar geschickt mit dem Bild der Mörder des Königs, die ihn umstanden, verknüpft.

Dort standen die Schild-bewehrten Schwertmänner,
der Stahl biß nicht,
sie umgaben den Sitz des Königs.
Die Brüder Hamdir und Sörli …

Die *„Schild-bewehrten Männer"* sind Hamdir und Sörli.

„Der Stahl, der nicht biß" sind die Waffen des Krieger des Königs, mit denen sie die beiden Brüder nicht verletzen konnten.

*… wurden schnell zur Erde niedergeschlagen
auf den Befehl des Fürsten:
Sie wurden mit harten Steinen
zu der Braut des Odin gestoßen.*

Die beiden gegen eiserne Waffen gefeiten Brüder wurden von den Männern des Königs durch Steinwürfe getötet. Dies geschah, wie an anderen Stellen berichtet wird, auf den Rat des Odin hin.

Die *„Braut des Odin"* ist die Erdgöttin Jörd, mit der zusammen er den Thor zeugte: Die beiden Brüder wurden auf die Erde niedergestoßen.

*Der Antreiber der kreisenden Waffen gebot,
daß Gjukis Sippe schmerzhaft niedergeschlagen wird –
die in ihrem Leben begierig waren,
Swanhilds Liebhaber zu töten.*

König *„Gjuki"* war der Vater von Gudrun. Mit *„Gjukis Sippe"* sind hier die Brüder Hamdir und Sörli gemeint.

„Swanhilds Liebhaber", d.h. eigentlich „Swanhilds Verlobter" ist König Jörmunrek, dem Sigurds Tochter Swanhild versprochen worden war.

*Und alle zahlten für Jonakr's Nachkommen
mit der gut-stechenden Waffe,
mit zerrissen blaue Brünnen
mit bitteren Spitzen und Schneiden.*

„Jonakr" ist der dritte Mann der Gudrun nach Sigurd und dem Hunnenkönig Atli (Attilla). Seine *„Nachkommen"* sind Hamdir und Sörli.

*Ich sehe das Niedermetzeln der Helden
auf der Oberfläche der schönen Schildkante;
Ragnar gab mir das Mond-Schiff
mit diesen Zeichen auf ihm.*

Die Szenen der Völsungen-Saga befanden sich anscheinend auf der *„Schildkante"*, d.h. am Rand des Schildes. Die Saga könnte dort in chronologisch umlaufenden Szenen dargestellt worden sein.

Ein *„Mond-Schiff"* ist etwas, das zum einen rund wie der Mond und zum anderen aus Holz wie ein Schiff ist, d.h. ein Schild.

I 1. c)   Freya in der Saga über Hedin und Högni

Und die Wunsch-Ran
der viel zu trockenen Adern
beabsichtigte, den Bogen-Sturm
ihres Vaters zu verursachen.

„*Trockene Adern*" sind Adern, aus denen das Blut ausgelaufen ist, d.h. die Adern eines Toten. Die Riesin „*Ran*" ist die Göttin der Meeres-Unterwelt. Mit ihr ist hier allgemein eine Göttin, Riesin oder wichtige Frau gemeint. Eine „*Wunsch-Frau*", die zu Leichen gehört, wird eine Walküre sein.

Ein „*Bogen-Sturm*" ist ein „Pfeil-Hagel", d.h. eine Schlacht.

Da keine Väter der Walküren bekannt sind, muß „Walküre" hier eine Umschreibung für eine andere „Frau in Walküren-Funktion" sein. In der Saga von Hedin und Högni ist dies die Göttin Freya, die von Odin gezwungen wird, eine endlose Schlacht zwischen den beiden Königen zu verursachen. In dieser Saga wird Freya als die Frau des Odin aufgefaßt.

Der Vater der Freya ist Njörd. Da eine Schlacht („Sturm") des Njörd nicht bekannt ist, muß die Kenning wohl anders gegliedert und gelesen werden: Der „*Sturm von Freyas Vater*" ist ein Sturm auf dem Meer, da Njörd der Gott des Meeres ist. Der „*Bogen-Sturm von Freyas Vater*" könnte somit eine Schlacht sein, die entweder auf dem Meer oder auf einer Insel stattfindet. Der Saga zufolge kämpfen Hedin und Högni aufgrund des Zaubers, den Freya auf sie gelegt hatte, zusammen mit ihren großen Heeren 143 Jahre lang auf der Insel Hoy, bis sie von König Olaf erlöst wurden.

Da trug die Ring-schüttelnde Sif,
die Frau voller Bösem,
den Halsreif der Kriegs-Verheißung
zu den Kriegern der Rösser des guten Windes.

„*Sif*" ist hier eine Heiti für „Frau". Aufgrund des Zusammenhanges muß die „*Ring-schüttelnde Frau*" Freya sein. Warum sie „*Ringe schüttelt*", bleibt zunächst unklar.

Freya besitzt offenbar einen „*Halsreif*" („Torque", „Draupnir"), der Kriege verursacht, weshalb Freya in dieser Funktion hier „*böse*" genannt wird. Dieser Halsreif wird Brisingamen sein – zumal zu Beginn der Saga beschrieben wird, wie Freya diese

Halskette von vier Zwergen erhielt, wie Loki sie für Odin stahl und wie Odin der Freya ihre Kette Bringamen nur unter der Bedingung zurückgab, daß sie eine endlose Schlacht verursachen würde – eben die zwischen den Blutsbrüdern Hedin und Högni.

Man kann vermuten, daß auch das *„Schütteln der Ringe"* durch Freya kein gutes Zeichen ist. Vielleicht ist der Ring (Draupnir, Brisingamen, Torque) als Symbol der bestandenen rituellen Jenseitsreise in dieser Saga bereits zu einem Symbol des nahenden Todes in der Hand einer Walküre geworden – ein Anblick des Schreckens für die Krieger auf dem Schlachtfeld.

Die Ringe und der Halsreif und somit auch Freyas Halsreif Brisingamen („strahlende Kette") könnten letztlich alle der Halsreif sein, der bei den westlichsten Indogermanen, also bei den Germanen, den Kelten und ansatzweise auch bei den Römern das Einweihungssymbol der Priester-Schamanen, Fürsten und Krieger gewesen ist. Aus ihm wurde dann in einer ersten Umdeutung ein Todessymbol und in einer zweiten Umwandlung ein Kriegs-Omen oder ein Kriegs-Verursacher.

Freya könnte das Urbild der Walküren gewesen sein: Freya ist eine Totengöttin und die Walküren die Todesverkünder; Freya besitzt ein Falkenhemd und die Walküren ein Schwanenhemd, was beides Symbole für die Verwandlung der Toten in Seelenvögel ist; und schließlich sind sowohl Freya als auch die Walküren die „Geliebten" der Toten (Zwerge = Totengeister) im Jenseits. Dieses letzte Motiv ist schon in der frühen Jungsteinzeit entstanden und ergänzte als „Wiederzeugung" zusammen mit dem „Wiederstillen" in den Mythen sehr vieler Völker die „Wiedergeburt" der Toten durch die Muttergöttin im Jenseits.

Die *„Rösser des guten Windes"* sind die Schiffe des Högni, auf denen er mit seinen Wikingern Hedin verfolgte.

Die blutrünstige Wunden-Thrudr
bot dem Herrscher
die Halskette nicht um des Friedens willen an –
dieser Frauen-Halsschmuck ist eine tödliche Waffe.

„Thrudr" ist die Tochter des Thor und der Sif. Auch sie ist hier eine Heiti für „Göttin, Riesin, wichtige Frau". Eine *„Wunden-Frau"* ist eine Walküre bzw. in dieser Saga die Göttin Freya.

In dieser Strophe wird noch einmal deutlich, daß Freyas Halskette oder Halsreif Brisingamen auch als Kriegs-Verursacher aufgefaßt wurde.

Sie schien stets den Kampf zu verhindern,
obwohl sie die Krieger
antrieb, den Todes-Pfad zu gehen
hin zu der grausigen Schwester des rasenden Wolfes.

In dieser Strophe werden Freyas Aspekte der Liebesgöttin und der Kriegsgöttin einander auf unschmeichelhafte Weise gegenübergestellt.

Diesen im Wesen aller Jenseitsgöttinnen enthaltene Gegensatz hielt das Bild der Göttin auf Dauer nicht aus und spaltete sich deshalb in die schöne und ersehnte Wiederzeugungs-Geliebte Freya und in die gefürchtete Jenseits-Herrin Hel auf. Diese Entwicklung findet sich auch in den Mythen von vielen andern Völkern wie z.B. in Griechenland bei Aphrodite und Hekate, in Indien bei Lakshmi und Kali oder in Ägypten bei Hathor und Sachmet.

Der „*Todes-Pfad*" ist der Weg über die Gjallar-Brücke zur Hel.

Der „*rasende Wolf*" ist der Fenris-Wolf. Seine „*grausige Schwester*" ist die Riesin Hel.

Der Fürst des Volkes, der Landes-Gott,
ließ den Wolf-beglückenden Kampf niemals enden
noch das Gemetzel auf dem Sand versiegen –
tödlicher Haß stieg in Högni auf, …

Der „*Fürst des Volkes*", der auch „*Gott des Landes*" genannt wird (was seine Verantwortung für das Gedeihen des Landes zeigt), ist Högni.

Der Kampf beglückt die Wölfe, weil diese anschließend die Leichen fressen können.

… als die ernsten Herren des Schwertklanges
mit harten Waffen nach Hedin suchten
statt die Halsringe
der Hildr zu erhalten.

Die „*ernsten Herren des Schwertklanges*" sind Högni und seine Krieger.

„*Hild*" ist ein Walküren-Name – dies ist wieder eine Heiti für „Göttin, Riesin, Frau", die sich wieder auf Freya bezieht. „*Die Halsringe der Hild*" sind das

Brisingamen der Freya. Högni will nicht die Halsring-Todesomen der Freya erhalten, sondern stattdessen Hedin töten.

Und diese schreckliche Zauberin,
diese Riesin der Brünnen des Odin,
verdarb die Früchte des Sieges
und ergriff die Herrschaft auf der Insel.

In dieser Strophe erscheint Freya ganz in ihrem furchterregenden Hel-Aspekt.

Die „*Brünnen*" (Brustpanzer) sind die Krieger des Hedin und des Högni. Eine „*Riesin der Brünnen* (Brustpanzer)" ist eine beliebte Kenning für „*Axt*". Eine „*Axt des Odin*" ist normalerweise eine Riesin, aber hier wird wohl Freya gemeint sein, die der Saga zufolge wie die Walküren im Auftrag des Odin diese Schlacht in Gang setzte.

Freya „*verdarb die Früchte des Sieges*", weil alle gefallenen Krieger der beiden Heere am Morgen wieder zum Leben erwachten und die Schlacht daher ewig dauerte.

Die „*Herrschaft* (der Freya) *auf der Insel*" ist eine hier eine Kenning für den endlosen Kampf.

Das ganze Kriegs-Heer des Königs
wurde hinter den festen Türen des Herjan
von Wut ergriffen und eilte schnell
von Reifnirs See-Roß-Flotte fort.

Der „*König*" ist Högni, der Hedin verfolgt.

Eine „*Tür*" ist ein Schild, da man sich hinter beidem schützt. Herjan ist der Vater des Högni.

„*Reifnir*" ist ein Seekönig. Ein „*See-Roß*" ist ein Schiff. Die Kenning „*Reifnirs See-Roß-Flotte*" ist eine dreifache Definition des „*Roßes*" als eines „*Fahrzeuges*" im Wasser (Reifnir, See, Flotte) – nicht die kreativste aller von Bragi benutzen Kenningar …

Auf dem schönen Schild des Svölnir
kann man den Angriff sehen;
Ragnar gab mir den Mond des Fahrzeugs des Rär,
auf das viele Geschichten gezeichnet sind.

„*Svölnir*" („Kühler") ist der Schild, der auf dem Wagen der Sonne vor der Sonnengöttin Sol steht, damit diese mit ihrem Feuer nicht die Erde verbrennt. Dieser Schild geht auf die ältere Vorstellung der Sonne als dem Schild eines Sonnengottes zurück, wie sie sich z.B. auf den Goldhörnern von Gallehus und auf den frühen Runensteinen findet. Schon in den frühgermanischen Steinritzungen in Skandinavien ist dieser Sonnenschild dargestellt worden. Die Germanen scheinen sich zu der Zeit von Bragi dem Alten noch an die Sonnenschild-Symbolik erinnert zu haben.

Da „*Rär*" ein Seekönig (Wikinger-Fürst) ist, ist sein „*Fahrzeug*" ein Schiff. Das „*Mond-Schiff*" ist wie in der End-Strophe des Völsungen-Teiles der Ragnarsdrapa wieder der Schild.

Vielleicht ist diese Nebeneinanderstellung von Sonne und Mond kein Zufall, sondern von Bragi so beabsichtigt gewesen. Auf dem Goldhorn von Gallehus steht neben dem Krieger mit dem Sonnen-Schild noch ein zweiter Krieger, der möglicherweise einen Mond-Schild hält. Der „Sonnen-Krieger" auf der linken Seite, der vermutlich der Sonnengott-Göttervater Tyr ist, trägt eine Sonne auf seinem Herzchakra und auf seinen Genitalien. Der „Mond-Krieger" auf der rechten Seite, der vermutlich der Mondgott Mani ist, trägt an denselben Stellen einen Kreis ohne Strahlen, der den Mond darstellt.

Die Deutung des rechten Mannes ist jedoch nicht ganz sicher, denn aufgrund des Schwertes ist auch die Deutung beider Gestalten als des Schwertgott-Göttervaters Tyr möglich – links als strahlender Gott im Diesseits (Tagessonne) und rechts als dunkler Gott im Jenseits (Nachtsonne).

Sonne und Mond

Sonnenkrieger und Mondkrieger
Goldhorn von Gallehus

Umzeichnung des Bildes links

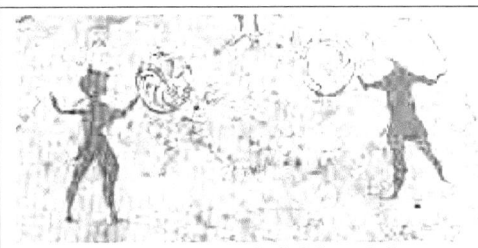

zwei Krieger mit Schild und Speer
Runenstein von Martebo

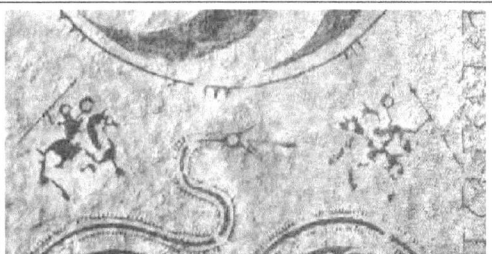

zwei Reiter mit Schild und Speer
Runenstein von Martebo

I 1. d)   Gefion

Gefion zog von Gylfi,
dem freigiebigen Fürsten
mit Lachen das fort,
was Dänemark größer machte; …

Gylfi ist der schwedische König, der der Asin Gefion für ihren Gesang ein Stück Land schenkte, das so groß war, wie sie an einem Tag mit vier Stieren pflügen konnte. Gefion nahm die vier riesigen Stiere, die sie als Söhne von einem Riesen empfangen hatte. Gefion trennte mit dem Pflug vor ihren Stieren jedoch die große Insel Seeland von Schweden ab und zog sie mit ihren Stieren ins Meer hinaus. Später gehörte Seeland dann zeitweise zu Dänemark.

… sodaß die Zugtiere, die Stiere von Schweiß troffen;
vier Häupter hatten sie und acht Stirn-Sterne,
die vor der weiten Insel-Weide gingen,
die als Beute fortgerissen wurde.

Die „*Stirn-Sterne*" sind die Augen.
Die „*Insel-Weide*" ist Seeland.

I 1. e)   Thor und Jörmungandr

Es wird mir gezeigt, daß in früher Zeit
der Sohn des Allvaters seine Kraft
mit der seegepeitschten Schlange
der Erde messen wollte.

„*Es wird mir gezeigt*" bedeutet, daß Bragi die von ihm beschriebenen Bilder auf dem Prunk-Schild sieht, den Ragnar ihm geschenkt hat.
   Der „*Allvater*" ist Odin; der „*Sohn des Allvaters*" ist Thor.
   Die „*Schlange der Erde*" ist die Midgardschlange „Jörmungandr" („Riesen-Stab"), die kreisförmig im Meer ganz Midgard (die Menschenwelt) umgibt.
   „Kenning-freie Übersetzung" der Strophe: „*Mir wird auf dem Schild gezeigt, daß in früher Zeit Thor seine Kraft mit Jörmungandr messen wollte.*"

Starkbarts Ängstiger
ergriff den Hammer
mit seiner rechten Hand,
als er den Grenzfisch aller Länder erblickte.

„*Starkbart*" wird ein Riese (Tyr im Jenseits) sein. „*Starkbarts Ängstiger*" ist Thor, weil dieser die Riesen und insbesondere Tyr als Riese im Jenseits getötet hat.
   Der „*Grenzfisch aller Länder*" ist Jörmungandr, der die Grenze aller Länder von Midgard gegenüber dem äußeren Wall von Utgard bildet.
   „Kenning-freie Übersetzung" der Strophe: „*Thor ergriff den Hammer mit seiner rechten Hand, als er Jörmungandr erblickte.*"

Die Angelschnur von Vidrirs Erbe
war alles andere als schlaff
auf Eynafirs Schneeschuh
als Jörmungandr sich auf dem Meeresboden entrollte.

„*Vidrir*" ist Odin. „*Vidrirs Erbe*" ist Thor.
   „*Eynafir*" ist ein Seekönig. „*Eynafirs Schneeschuh*" oder „*Eynafirs Ski*" ist daher

ein Schiff.

„Kenning-freie Übersetzung" der Strophe: „*Die Angelschnur des Thor war auf dem Boot straff gespannt, als sich Jörmungandr auf dem Meeresboden entrollte.*"

*Und von unten starrte
der abscheuliche Riemen des Pfades
des mit Seiten-Rudern bewegten Schiffes
auf Hrungnirs Kopf-Splitter, ...*

(Der in dieser Strophe begonnene Satz wird in der nächsten Strophe fortgesetzt.)
Der „*abscheuliche Riemen*" ist Jörmungandr – er ist lang und dünn wie ein Riemen. Der „*Pfad des Schiffes*" ist das Meer.

Mit „*Hrungnirs Kopf-Splitter*" ist Thor gemeint, in dessen Kopf ein Splitter von dem Schleifstein steckt, mit dem der Tyr-Riese Hrungnir gegen Thor gekämpft hatte.

„Kenning-freie Übersetzung" der Strophe: „*Und von unten starrte Jörmungandr auf Thor ...*"

*... als der sich windende Aal
des Völsungen-Tranks sich ringelnd
an dem Haken des Ringkampf-Gegners
der Seeleute des alten Litr hing.*

„*Litr*" war ein Riese. Seine „*Seeleute/Freunde*" sind die Riesen. Der „*Ringkampf-Gegner der Riesen*" ist Thor.

Mit der Kenning „*Völsungen-Trank*" ist Gift gemeint, da König Völsungs Enkel Sinfjötli, der Halbbruder von Sigurd Drachentöter, an einem Kelch voll Gift gestorben ist. „*Der sich windende Aal des Volsungen-Trankes*" ist Jörmungandr, der hier als „giftspeiend" wie eine Schlange dargestellt wird.

„Kenning-freie Übersetzung" dieser und der vorigen Strophe: „*Und von unten starrte Jörmungandr auf Thor, als er sich windend an Thors Angelhaken hing.*"

*Der Wind-Sender, der Thors
dünne Schnur des Landes der Seemöwen durchschnitt,
wollte nicht, daß der gewundene
Aufwühler der Wellen gehoben wurde.*

Der „*Wind-Sender*" ist offensichtlich der Riese Hymir, der aus Angst vor der Midgardschlange die Angelschnur des Thor durchschneidet (Hymir-Lied).

Der Wind wurde den germanischen Mythen zufolge von dem Riesen Hraesvelgr („Leichenfresser") erzeugt, der die Gestalt eines Adlers hatte (daher sein Name „Aasfresser"). Dieser Riese in Adlergestalt wohnte am „Ende des Himmels" (Wafthrudnir-Lied). Auch von Hymir wird berichtet, daß er am „Ende des Himmels" lebt (Hymir-Lied).

Da der Riese Hymir der Vater des ehemaligen Göttervaters Tyr ist und der Seelenvogel des Göttervaters bei den Indogermanen der Adler ist, ergibt sich aus diesen beiden Motiven der Hymir-Adler-Tyr-Riese am Horizont – zumal der ehemalige Göttervater Tyr auch der Sonnengott gewesen ist und daher des Morgens als wiedergeborene Sonne oder als Adler-Seelenvogel am östlichen Horizont im Diesseits erscheint und bei seinem Tod am westlichen Horizont am Abend wieder in das Jenseits eingeht.

Das „*Land der Seemöwen*" ist das Meer; die „*dünne Schnur des Meeres*" ist die Angelschnur des Thor.

Der „*Aufwühler der Wellen*" ist Jörmungandr.

„Kenning-freie Übersetzung" der Strophe: „*Hymir durchschnitt Thors dünne Angelschnur, weil er nicht wollte, daß Jörmungandr (aus dem Meer) gezogen wird.*"

Der Geber der Wellen-Kohlen,
der Thors schlanke Schnur durchschnitt,
die Leine der See-Sturmmöwen,
liebte es nicht, gegen die wütende See anzukämpfen.

Der „*Geber der Wellen-Kohlen*" ist offensichtlich der Riese Hymir. Die „*Wellen-Kohlen*" sollten etwas sein, das von seiner Form oder seinem Material her Kohlen gleicht, aber mit den Wellen zu tun hat und zudem von Hymir „*gegeben*" werden kann.

Dies Kenning erinnert daran, daß auch Jörmungandr „Kohlen-Fisch" genannt wurde – vielleicht stellte man ihn sich schwarz vor.

Das Verständnis dieser Kenning wird zusätzlich noch dadurch erschwert, daß das germanische Wort „Thokk" sowohl „Kohle" wie auch „Dank" bedeuten kann und sich zudem Loki, als er sich weigerte, über Baldurs Tod zu weinen, in die Riesin Thökk verwandelte.

Da die Germanen manchmal Gleichnisse zwischen den Gegensätzen Feuer und Wasser benutzten, könnte es sein, daß die „*Wellen-Kohlen*" die Gischt darstellen, die Hymir durch sein Rudern verursacht und deren „*Geber*" er somit ist.

Schließlich ist es denkbar, daß „Kohle" eine Assoziation zu Glut, Feuer und Sonne ist und somit die „Kohlen der Wellen" der Gold-Kenning „Feuer des Wassers" entsprechen. Dann würde hier der Tyr-Vater Hymir als „König" bezeichnet – Tyr ist ursprünglich der Götterkönig gewesen und somit auch sein Vater, der der „sterbende Tyr am Abend" ist, der sich in der Nacht mit der Jenseitsgöttin wiederzeugt und dann am Morgen als sein eigener Sohn wiedergeboren wird.

„*Thors schlanke Schnur*" und auch die „*Leine der See-Sturmmöwen*" ist die Angelschnur des Donnergottes. Die zweite dieser Kenningar scheint darauf aufzubauen, daß die Menschen (und Götter) mit der Angel Fische fangen und auch die Möwen nach Fischen jagen.

Die Aussage, „(Hymir) *liebte es nicht, gegen die wütende See anzukämpfen*" bedeutet, daß er möglichst schnell zurück nach Hause wollte und ein Ende dieses schrecklichen Angelausfluges herbeisehnte.

- - -

Das Angeln des Thor und des Hymir und der dabei entstehende Kampf mit der Midgardschlange wurde auch auf einigen Runensteinen abgebildet:

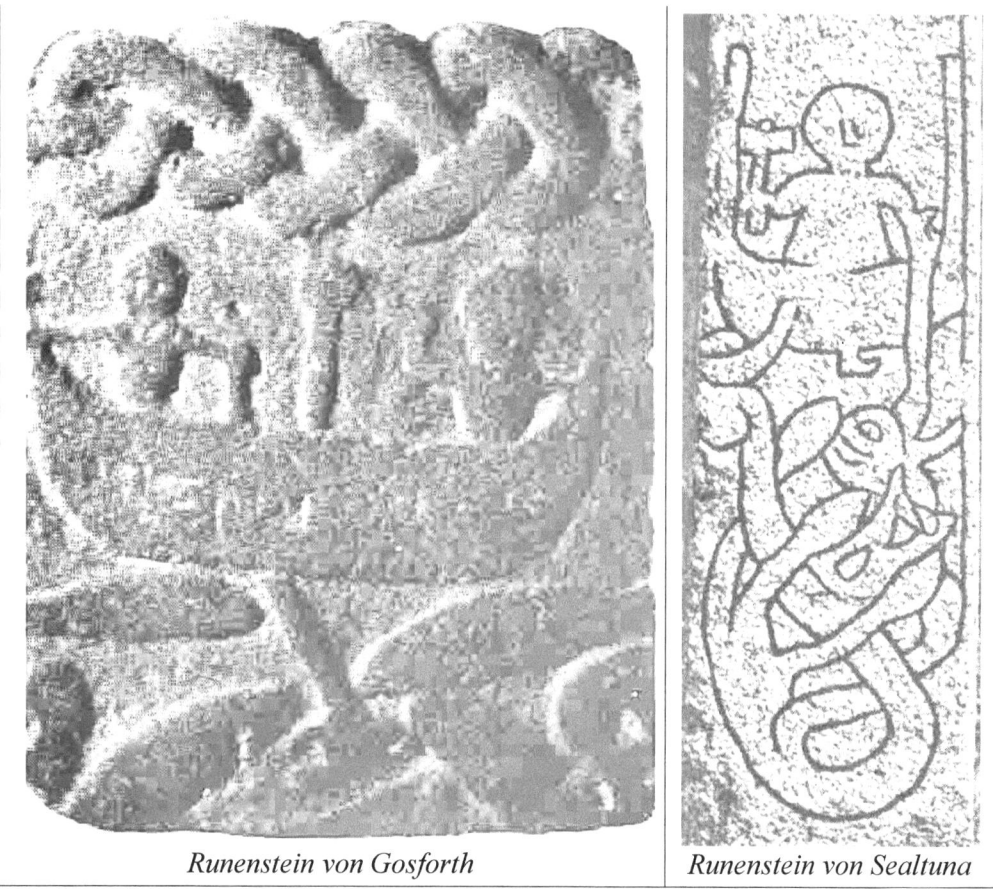

Runenstein von Gosforth | *Runenstein von Sealtuna*

Auf dem Runenstein von Sealtuna sind zwei interessante Details zu erkennen:

1. Thors Fuß bricht durch den Schiffsboden, weil er beim Herausziehen der Midgardschlange so viel Kraft aufwendet. In seiner rechten Hand hält Thor seinen Hammer, in seiner linken Hand die Angelschnur mit dem Stierkopf als Angelhaken und zugleich als Köder an ihm. Beides wird auch im Hymir-Lied beschrieben.

2. Jörmungandr hat nicht die Gestalt einer Schlange, sondern die eines Drachen: Er schnappt mit seinem Maul nach dem Stierkopf an Thors Angelschnur. Neben seinem Kopf sind seine vier flossenartigen Beine zu sehen, die ihn als Drachen kennzeichnen. Sein Schwanz befindet sich links oben.

Das Motiv des Kampfes des Thor mit der Midgardschlange bei seiner Bootsfahrt zusammen mit dem Riesen Hymir ist bei den frühen Skalden und wohl auch bei den Fürsten, die die Prunkschilde anfertigen ließen, auf denen dieses Motiv dargestellt wurde, sehr beliebt gewesen. Vielleicht sahen sich die Fürsten gerne auch selber als so mächtig an wie Thor …

I 1. f) Thiazi

Er warf die toten Augen
des Thiazi, des Vaters der Skadi,
in die weiten Becken des Windes
über den Heimstätten der vielzahligen Menschen-Sippen.

„*Er*" ist Odin. Der Göttervater warf die Augen des toten Riesen Thiazi an den Himmel, wo sie zu Sternen wurden. Dieser Tyr-Riese war der „*Vater der Skadi*".
Die „*weiten Becken des Windes*" sind der Himmel.

I 1. g) Trivaldi

Gut hast Du,
Zerschlager der neun Köpfe des Trivaldi,
Deine Ziegen gehütet ...
... ...

Das „*Hüten Deiner Ziegen*" klingt nach Thor, da nur von ihm der Besitz von Ziegen bekannt ist: die beiden Ziegenböcke vor seinem Wagen.

„*Trivaldi*" bedeutet „dreifacher Herrscher" und erinnert an die drei Götter Har („Hoch"), Jafnhar („Gleichhoch") und Thridi („Dritter"), mit denen König Gylfi in der Gylfaginning, dem zweiten Teil der Edda, spricht.

dreifache Göttin mit Ziege und Sichel/Axt (Freya/Hel/Hulda/ Nornen)
Goldhörner von Gallehus

Diese drei Götter haben allerdings zusammen keine neun Köpfe. Jeder dieser drei Herrscher müßte drei Köpfe haben, damit es insgesamt neun Köpfe werden.

Ein solches dreiköpfiges Wesen ist von den Goldhörnern von Gallehus bekannt. Dort ist es allerdings eine dreiköpfige Göttin – vermutlich die Unterweltsgöttin Freya-Hel. Auch die Göttin Hulda, die in der Hulda-Saga als die „Königin der Trolle" bezeichnet wird, könnte auf diese Gestalt zurückgehen.

Sie hält interessanterweise eine Ziege an einer Leine, die, wie sich aus dem Bildern auf den beiden Hörnern ergibt, das Opfertier für die Jenseitsreise bei der Krönungszeremonie des Fürsten ist, der diese goldenen Hörner anfertigen ließ.

Die „9" ist in den germanischen Mythen allgemein eine Zahl, die wie die „3" mit dem Jenseits in Verbindung steht.

Falls es sich bei dieser dreiköpfigen Frau um eine der drei Nornen handeln sollte, gäbe es insgesamt drei Wesen, die zusammen neun Köpfe haben – allerdings Frauen und keine Männer.

Der Skalde Vetrlidi Sumarlidason, der um 950 n.Chr. gelebt hat, erwähnt in einem Preislied des Thor ebenfalls den Trivaldi: „*Du hast die Knochen des Leikn gebrochen, / Du hast den Starkadr niedergebeugt, / Du hast Thrivaldi verprügelt, / Du standest auf der leblosen Gjalp.*" Da Starkadr ein Riese und Leikn sowie Gjalp Riesinnen gewesen sind, erscheint es wahrscheinlich, daß auch Trivaldi zu den Riesen zählt.

Da Thrivaldi von Thor erschlagen wird und ein (Riesen-)König („valdi") ist, wird

Thrivaldi eine der vielen Formen des ehemaligen Göttervaters Tyr als Riese im Jenseits sein. Seine „dreifache Herrschaft" ist dann um 500 n.Chr. bei seiner Absetzung durch Odin und Thor auf Odin (Har, Jafnhar, Thridi) übertragen worden.

Anscheinend gab es in der Ragnarsdrapa einige Einzelstrophen, in denen verschiedene Heldentaten des Thor gepriesen wurden, die nur sehr bruchstückhaft überliefert worden sind.

I 1. h)   Schluß

Er wurde mir von dem Krieger des Feuers
des Flusses der Meeres-Fische gegeben:
Er gab es mir aus Großzügigkeit
für den Trank des Berg-Riesen.

Diese Strophe bezieht sich auf den Schild, den der Skalde Bragi von dem Fürsten Ragnar erhalten hat.

Der „*Fluß der Meeres-Fische*" ist das Meer. Das „*Feuer des Meeres*" ist das Gold (die im Meer untergehende goldene Sonne). Der „*Krieger des Goldes*" ist der Fürst.

Der „*Trank des Berg-Riesen*" muß der Göttermet sein, der auch die Dichtkunst verlieh, für die Bragi der Alte den Schild, den er hier beschreibt, erhalten hat. Der „*Berg-Riese*" muß daher Odin sein – eigentlich umschreibt diese Kenning einen Toten in seinem Hügelgrab.

Dann hatte ich den dritten Freund gut gepriesen:
den geringsten an der Stimme
des 'mißgestaltete Beule'-Ali,
aber mir der Liebste.

Der „*dritte Freund*" ist eigentlich eine Person, doch Bragi hat hier keinen seiner Freunde besungen. Daher wird hier wird wohl „das Geschenk des dritten Freundes", also der Schild, gemeint sein.

„*Mißgestaltete Beule*" ist eine Qualität von Riesen. „*Ali*" ist eine andere Schreibweise für den Gott „Wali". Ein Gott von mißgestaltetem Aussehen ist ein Riese. Die Stimme eines Riesen ist das Gold, da der alte Göttervater Tyr einst verfügt hat, daß sein Gold dadurch an seine drei Söhne verteilt wird, daß diese nacheinander jeweils einen Mundvoll von dem Gold nehmen. Daher stammt auch das Bild der goldenen Zähne des Heimdall. Diese ganze Gold-Symbolik bezieht sich letztlich auf die Auffassung der Sonne als das leuchtende Haupt des ehemaligen Sonnengott-Göttervaters Tyr.

Ragnar Lodbröck scheint der Ärmste der drei Freunde des Skalden Bragi Boddason dem Alten gewesen zu sein, aber trotzdem der liebste Freund des Bragi. Das ist eine ausgesprochen persönliche Aussage am Ende dieses Liedes.

- - -

Leider ist keiner der von den Skalden besungenen Prunk-Schilde erhalten geblieben. Eine ungefähre Vorstellung von ihnen kann man sich anhand eines Schildes aus der Vendelzeit (550 – 800 n.Chr.) machen, das anhand der gefundenen metallenen Beschläge rekonstruiert worden ist.

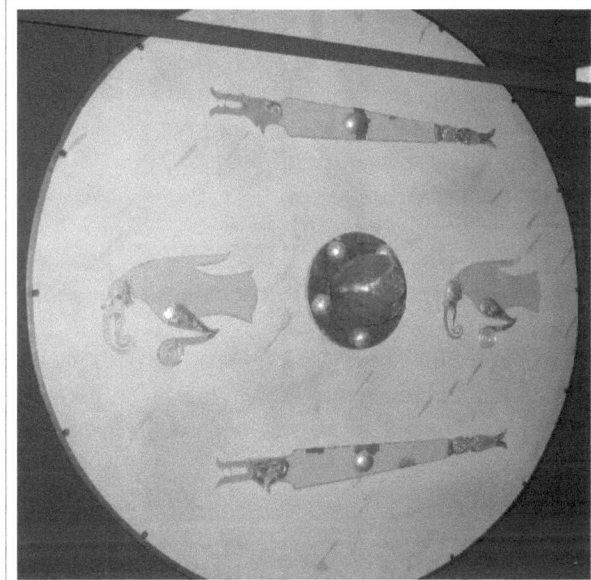

Schild aus der Vendelzeit, Schweden, 550-800 n.Chr.

Auf ihm befinden sich neben dem Schildbuckel, hinter dem sich der Griff zum Halten des Schildes befindet, zwei Vögel (Adler?) und noch zwei weitere Tiere, die Fische, aber auch Schlangen oder Drachen sein könnten.

Der in den Drapas beschriebene Thor, Hymir und Jörmungandr werden vermutlich auch mithilfe von solchen metallenen Beschlägen auf den Schilden angebracht worden sein. Die Szenen kann man sich wohl recht ähnlich wie auf den Runensteinen vorstellen – wahrscheinlich noch etwas detailreicher, weil sich Metall feiner bearbeiten läßt als Stein.

I 2. Husdrapa

ca. 1185 n.Chr.

Dieses Lied wurde von Ulfr Uggason als Lob auf die Bemalung auf den Wänden in der Halle des in West-Island wohnenden Fürsten Olaf Hoskuldson, genannt Olaf Pai („Olaf Pfau"), anläßlich von dessen Hochzeit verfaßt.

Über dieses Ereignis berichtet die „Saga über die Lachstal-Leute":

Auf dem Hochzeitsfest waren sehr viele Leute, denn die neue Halle war fertig geworden. Ulfr Uggason war einer der geladenen Gäste und er verfaßte ein Gedicht über Olaf Hoskuldson und über die Mythen, die ringsum an die Wände gemalt waren, und trug es bei dem Fest vor. Dieses Gedicht wird „Husdrapa" („Haus-Lied") genannt und es ist gut gemacht. Olaf belohnte ihn gut für das Gedicht.

Das diesen Bildern ähnlichste Überbleibsel der Germanen werden die Schnitzereien in den norwegischen Stabkirchen sein. Dies waren die ersten skandinavischen Kirchen, deren Stil in einigen Punkten ansonsten im Christentum unbekannt ist. Die von der damals üblichen Romanik abweichenden Elemente dieser Kirchen wird man daher auf die germanische Tradition der Tempel und Fürstenhallen zurückführen können.

Die vier auffälligsten Elemente sind:

      1. der Aufbau der Kirshen in mehr als zwei Stockwerken,
      2. komplexe Flechtmuster (Schnitzereien, Metallprägung),
      3. ein naturalistischer Stil, der aber stark schematisiert ist und dadurch etwas Ornamentales erhält, und
      4. die Darstellung von Szenen in Kreisen.

Die Kreise, in denen die Handlungen abgebildet werden, könnten durchaus auf die Tradition der Prunk-Schilde und der „Hallen-Bemalung" zurückgehen, da es keinen praktischen Grund für die Darstellung der Szenen in Kreisen gegeben hat.

Die Kreis-Bilder in den Stabkirchen weisen zwei Eigenheiten auf, die schon sehr alt sein könnten: Sie werden zum einen durch einen Kreis eingerahmt, auf den manchmal etwas geschrieben steht, und sie sind hin und wieder viergeteilt:

      1. Die Schrift könnte den Runen auf den Schlangen entsprechen, die auf sehr vielen Runensteinen zu finden sind, und
      2. die Vierteilung der Kreise gleicht den viergeteilten Kreisen auf den Runensteinen und den viergeteilten Sonnensymbolen („Kreuz im Kreis") der

skandinavischen Felsritzungen.

Vermutlich ist das frühgermanische Sonnensymbol zunächst als ein Sonnen-Schild aufgefaßt worden und dann später zu einem Prunkschild mit einer und später mehreren mythologischen Szenen weiterentwickelt worden, bis es schließlich die formale Grundlage für die Darstellungen der christlichen Handlungs-Szenen in den Stabkirchen bildete.

Man kann folglich zumindestens vermuten, daß sich auch die drei Szenen aus der germanischen Mythologie, die von Ulfr Uggason in der Husdrapa beschrieben werden, in solchen Kreisen befinden, d.h. daß sie „gemalte Prunk-Schilde" gewesen sind.

Germanische Elemente in den norwegischen Stabkirchen		
 *Sigurd prüft das von Regin geschmiedete Schwert Stabkirche von Hylestad*	 *Christi Taufe Stabkirche von Lom*	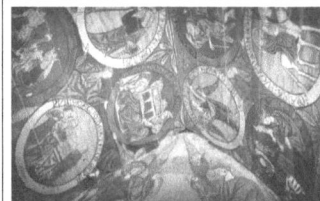 *Szenen aus Heiligengeschichten Stabkirche von Hopperstad*
 *naturalistische, aber schematisierte Formen in der Schnitzerei Stabkirche von Gol*	 *komplexe Flechtmuster-Schnitzereien Stabkirche von Borgund*	 *Drachen am Kirchendach Stabkirche*

Die drei verschiedenen in der Husdrapa beschrieben Szenen sind:

> a) ein Kampf zwischen Heimdall und Loki,
> b) der „Angelausflug" von Thor und Hymir, und
> c) der Tod des Baldur.

In allen drei Geschichten finden sich die Ereignisse auf dem Weg zwischen Diesseits und Jenseits statt:

> - der Kampf zwischen Heimdall und Loki an einem Hügelgrab o.ä.,
> - der Kampf zwischen Thor und Jörmungandr im Meer, sowie
> - der die Reise des toten Baldur ins Jenseits.

Die Husdrapa ist in einer speziellen Variante der höfischen Form verfaßt worden, die „Samhendur", d.h. „gleichzeitiger Reim" genannt wird. Bei dieser Reimform stehen sowohl die Stabreime als auch die Voll- und Halbreime alle im ersten und im letzten Wort der Zeilen. Die „Gleichzeitigkeit" bezieht sich darauf, daß sich die Stabreime alle in Worten befinden, die auch einen der Voll- oder Halbreime enthalten. Der Stabreim erscheint daher immer „gleichzeitig" mit einem Voll- oder Halbreim.

(6) ***Thj**okkvöxnum kvad **th**y**kkj**a* (6) ***th**ikling firinm**ikl**a* (6) ***h**afra njóts at **h**öfgum* (6) ***h**aetting megindr**aetti**.* (6) ***I**nnmáni skein **e**nn**is*** (6) *öndótts vinar b**anda**;* (6) *áss skaut oegigeislum* (6) *ordsæll á men stordar.*	- acht Zeilen je Strophe - stets 6 Silben je Strophe - Stabreim in den ersten Zeilen der Doppelverse im ersten und im letzten Wort sowie in den zweiten Zeilen auf dem ersten Wort - in den ersten Zeilen der Doppelverse ein Halbreim und in den zweiten Versen ein Vollreim oder in seltenen Fällen stattdessen ein Halbreim; beide Reime stehen jeweils im ersten und im letzten Wort - 50% der Worte sind Teil von Kenningar, d.h. ca. 6 Kenningar je Strophe

Die im folgenden jeweils einzeln betrachten vier Verse sind wie bei der Ragnarsdrapa jeweils eine Halbstrophe einer achtzeiligen Strophe, die aus je zwei gleichlangen Sätzen besteht.

Der Satzaufbau sieht wie folgt aus:

Zeilen	Der Satzbau in der Husdrapa							
	Strophen							
	Heidall und Loki		Thor und Jörmungandr			Baldurs Tod		
	1	2	3	4	5	6	7	8
1								
2								
3								
4								
5								
6								
7								
8								

Das erste Thema ist nur 1,5 Strophen lang und das zweite Thema 2,5 Strophen. Dadurch ergeben sich in der Tabelle die beiden „weißen Flächen" von je einer Halbstrophe Größe. Das Lied hat also die Größe von 7 Strophen.

In Strophe 4, 6 und 8 ist der letze Verse in der Strophe jeweils ein betonter Ausspruch zu dem Vorangegangenen, der die Dramatik in dem Lied erhöht.

I 2. a)   Heimdall und Loki

Für den kampferprobten
und gastfreundlichen Olaf:
Grimnirs Gabe ist keineswegs nicht gut –
nicht ohne Sinn ist mein Gedicht.

„*Grimnir*" ist Odin. „*Grimnirs Gabe*" ist der Göttermet und somit auch die Dichtkunst.

„*Keineswegs nicht gut*" ist eine doppelte Verneinung und bedeutet daher „ziemlich gut". Dasselbe gilt für den letzten Vers. Solche Konstruktionen schätzten die Skalden sehr.

Der berühmte Verteidiger des
Boden-Streifens der Götter,
der stets Rat weiß, kämpft am Sing-Stein
mit Loki, Farbautis sehr listigem Sohn.

„*Boden-Streifen*" ist eine Umschreibung für „Brücke". Die „*Brücke der Götter*" ist die Regenbogenbrücke Bifröst. Der „*Verteidiger der Bifröst-Brücke*" ist der Gott Heimdall.

Der „*Sing-Stein*" ist offensichtlich ein besonderer Ort, an dem sich ein Stein befindet, an dem man singt und der auch für die Asen von Interesse ist. Die wichtigsten Steine der Germanen waren die Runensteine sowie die Felsstücke, aus denen man die Grabkammern in den Hügelgräbern zusammensetzte. Aus dem Beowulf-Epos und aus den Berichten über die Bestattung des Hunnenkönigs Atilla ist bekannt, daß die Germanen bei Bestattungen singend um das Hügelgrab ritten. Diesen Brauch könnte es auch bei den Runensteinen gegeben haben – zumal diese anfangs oben auf den Hügelgräbern errichtet wurden.

Diese Tradition ist vermutlich sehr alt, da sie in leicht abgewandelter Form auch von den Kelten bekannt ist: Zur Bestätigung, daß von den Druiden der richtige irische Hochkönig gewählt worden war, sang der Stein von Tara, wenn ihn der König berührte.

Der „Sing-Stein" könnte demnach ein Hügelgrab oder ein Runenstein sein. Dies würde auch zu Heimdall passen, da sowohl die Regenbogenbrücke, die er bewacht, als auch das Hügelgrab bzw. der Runenstein ein Tor zum Jenseits ist. Die Runensteine werden in den Inschriften auf ihnen oft als „Brücke" bezeichnet, womit aber eher die Gjallarbrücke zur Hel als die Bifröst-Brücke nach Asgard gemeint sein wird – allerdings werden beide letztlich dieselbe Jenseitsbrücke sein.

Aus dem Kampf zwischen dem Sommergott Tyr und dem Wintergott Loki ist hier der Kampf zwischen Heimdall und Loki geworden. Heimdall ist möglicherweise aus einem Beinamen des Tyr entstanden.

Der Sohn von acht-und-einer Mutter,
Mächtig in seinem Zorn,
besitzt die Meeres-Niere bevor Loki kommt:
Dies mache ich in Ruhmesliedern bekannt.

Der „*Sohn von acht-und-einer Mutter*" ist Heimdall, der von den neun Töchtern der Meeresgöttin Ran geboren wurde. Dies bedeutet zum einen, daß Heimdall „Meeresgeboren" ist, d.h. aus der Wasserunterwelt gekommen ist, und zum anderen, daß es einen Zusammenhang zwischen ihm und dem Ring Draupnir geben muß, von dem jede neunte Nacht acht mit ihm identische Ringe abtropfen.

Die „9" ist bei den Germanen eine Art Adjektiv mit der Bedeutung „zum Jenseits gehörend" gewesen. Heimdalls neun Mütter ist daher die Jenseitsgöttin, die den ehemaligen Sonnengott-Göttervater Tyr an jedem Morgen neu gebiert. Auch Heimdall teilt die Sonnensymbolik des Tyr wie u.a. Heimdalls goldene Zähne zeigen, die Tyr goldenem Sonnenschild, seinem goldenen Sonnenschwert und seinem goldenen Helm entsprechen.

Da der Ring Draupnir wie der keltische Torque ein Symbol der erfolgreichen Jenseitsreise eines Schamanen (bei einer Heilung), eines Priesters (bei seiner Priesterweihe), eines Königs (bei seiner Krönung) oder eines Kriegers (bei einem Krieger-Ritual) ist, ist Heimdall offenbar ein Gott, der ins Jenseits reisen kann. Sein Bewachen der Regenbogenbrücke, die ins Jenseits führt, ist daher wohl eine Weiterentwicklung dieser ursprünglicheren Symbolik. Dieselbe Entwicklung findet sich auch bei dem Wolf bzw. dem Hund, die vom Begleiter auf der Jenseitsreise (Odins Wölfe) oft zum Bewacher des Tores der Unterwelt (Garm, Fenris) geworden sind.

Heimdalls Kampf mit Loki erinnert an die anderen Kämpfe zwischen Loki und den Asen, bei denen es fast immer um einen magischen Gegenstand ging: Iduns Äpfel, die den Göttern ihre ewige Jugend geben; Sifs goldene Haare, die ein Symbol des reifen Getreides sind; Thors Hammer; Odins Speer und sein Ring Draupnir; sowie Freyrs goldener Eber und sein Schiff Skidbladnir. Lokis Taten führten auch dazu, daß Sif, Freya und Idun zu den Riesen gelangten bzw. in die Gefahr gerieten, von den Riesen entführt zu werden. Schließlich war es auch Loki, der den Tod des Baldur verursachte und ihn auf den Weg zur Hel sandte.

Da alle diese Vorgänge auf dem Weg vom Diesseits ins Jenseits stattfanden, sollte es auch bei dem Kampf zwischen Loki und Heimdall entweder um einen magischen Gegenstand oder um eine der Asinnen gehen.

Der einzige Hinweis auf die Ursache des Kampfes zwischen den beiden Asen in der Strophe ist die „Meeres-Niere", die Heimdall als erster in seiner Hand hält. Sie könnte dem Ring Draupnir, Sifs Haaren und den anderen magischen Gegenständen der Götter entsprechen.

Den Regeln der Bildung von Kenningar zufolge ist diese „Meeres-Niere" ein Gegenstand, der aus irgendeinem Grund wie z.B. seiner Form, seinem Material oder seiner Funktion einer Niere entspricht, aber sich im Meer befindet. Dies könnte z.B. ein Samen des Kugelstrauches sein, die aus der Karibik mit dem Golfstrom nach Island geschwemmt werden und dort manchmal als Amulett verwendet werden. Die eigentliche Bedeutung dieser „Meeres-Niere" bleibt allerdings unklar.

Auch Snorri Sturluson berichtet in der Edda über den Kampf zwischen Heimdall und Loki:

Wie soll man Heimdall umschreiben? –

Indem man ihn „Sohn von neun Müttern" oder „Wächter der Götter" nennt, wie bereits geschrieben wurde; oder „Weißer Gott", „Feind des Loki", „Sucher von Freyas Kette". Ein Schwert wird „Heimdalls Kopf" genannt: denn es wird gesagt, daß er gegen den Kopf eines Menschen geschlagen wurde. Die Geschichte davon wird in „Heimdalls Zauber" berichtet; seit damals wird ein Kopf „Schicksal des Heimdall" und ein Schwert „Schicksal der Menschen" genannt.

Heimdall ist der Besitzer des (Rosses) *Gulltop („Goldmähne"). Er wird auch „Besucher von Vagasker* („Wogen-Schäre", d.h. eine bei Flut überspülte Insel) *und von Sing-Stein" genannt, wo er mit Loki um die Kette Brisingamen kämpfte. Er wird auch „Vindler"* („Wind-Erzeuger", „Wind-Ase" oder „Wind-Schutz") *genannt.*

Ulfr Uggason verfaßte in der Husdrapa ein langes Gedicht über diese Geschichte und dort wird geschrieben, daß sie die Gestalt von Robben hatten. Heimdall ist auch ein Sohn des Odin.

Der Zusammenhang zwischen dem Kopf und dem Schwert ist unklar – daher gibt es zu dieser Stelle viele verschiedene Übersetzungsvorschläge.

Aus Snorri Sturlusons Kommentar in der Edda kann man schließen, daß das Lied über den Kampf zwischen Heimdall und Loki noch sehr viel mehr Strophen hatte und Snorri sie gut kannte.

Als Streitgegenstand wird von Snorri in der Edda Freyas Kette Brisingamen genannt. Sie ist daher die „Meeres-Niere".

Heimdall ist zudem der „Feind des Loki" und der „Sucher von Freyas Kette".

Heimdall und Loki kämpften in der Gestalt von Robben auf einer Schäre, auf der der „Sing-Stein" stand.

Eine solche Schäre ist auch im Wieland-Lied der Ort der Unterwelt, in der der Schmied von König Nidud (Loki) gefangengehalten wird. Ursprünglich ist Wieland der Gott Tyr in der Unterwelt gewesen, der dort sein am Abend zerbrochenes Schwert neu schmiedete. Dieser Zusammenhang zwischen dem Schwertgott-Göttervater und dem Schmiedegott findet sich bei vielen indogermanischen Völkern.

In der Hedin-Saga wird der Raub des Brisingamen durch Loki im Auftrag von Odin beschrieben:

„Loki ging zu Freyas Frauenzimmer und fand es verschlossen. Er versuchte hinein zu gelangen, aber es glückte ihm nicht. Es war eisig draußen und ihm begann sehr kalt zu werden. Da verwandelte er sich in eine Fliege. Er flog an allen Schlössern und Kanten entlang, aber konnte keine Lücke finden um hineinzugelangen außer einer kurz unter dem Giebel, und selbst die war nicht größer als das man eine Nadel hineinstecken konnte – aber er schaffte es sich hineinzubohren.

Als er hineingelangt war, öffnete er seine Augen weit und frug sich, ob wohl jemand wach sei, aber er sah, daß alle in dem Frauenzimmer schliefen. Daher ging er weiter zu Freyas Bett und sieht, daß sie ihre Kette um ihren Hals trägt, aber auf dem Schloß der Kette liegt. Da verwandelte er sich in einen Floh. Er setzte sich auf Freyas Wange und biß sie so, daß sie erwachte und sich umdrehte und dann weiterschlief. Dann legte Loki seine Floh-Gestalt ab, nahm ihr die Kette ab, entriegelte das Frauenzimmer und kehrte zu Odin zurück."

Diese Geschichte erinnert an Odins Reise zu Gunnlöd, in der er sich einen Weg in den Berg zu der Riesentochter bohren muß – in der Hedin-Saga wird sogar das Wort „bohren" für Lokis Hineinschlüpfen in das Frauenzimmer benutzt. Die „Nadel" entspricht dem „Bohrer" in der Gunnlöd-Saga.

Vermutlich ist dieses Motiv durch das bei den Wikinger sehr beliebte Ausrauben von Hügelgräbern fremder Stämme entstanden, denn dabei mußte man sich einen Gang in die Grabkammer im Inneren des Hügels bohren – wo man dann den Geist des Toten in Schlangen- oder Drachengestalt auf seinem Schatz sowie die Jenseitsgöttin erwartete.

Auch Lokis Verwandlung in eine Fliege ist aus einem anderen Zusammenhang bekannt: Er versuchte in der Gestalt einer Mücke den Zwerg Brock daran zu hindern, Thors Hammer fertig zu schmieden.

Diese Zusammenhänge zeigen, daß die Kette Brisingamen der Freya den magischen Gegenständen der Götter, aber vor allem den Äpfeln der Idun und dem Met der Gunnlöd entsprechen muß.

Der Grund für Odins Auftrag an Loki, die Kette zu stehlen, waren die vier Nächte, die Freya mit den vier Zwergen verbrachte, die ihr diese Kette geschmiedet hatten. Auch diese Vereinigung im Jenseits (Zwerge = Totengeister) entspricht Odins Vereinigung mit Gunnlöd. Es ist allerdings gut möglich, daß diese Eifersucht des Odin eine spätere Umdeutung eines früheren Motives ist, da in den Sagas die Mythen der Götter und ihr Verhalten stark vermenschlicht wurden.

In der Hedinn-Saga erhielt Freya ihre Kette von Odin nur unter der Bedingung zurück, daß sie eine ganz spezielle Schlacht zwischen zwei Königen entfache und sie auf eine besondere Weise auch wieder beendete.

Vermutlich ist diese Szene eine Umdeutung des Kampfes zwischen Heimdall und Loki um diese Kette. Man kann zumindestens vermuten, daß Loki sie stahl und Heimdall sie zurückholte und dann vermutlich Freya zurückgab.

Der Kampf zwischen Heimdall und Loki ist wiederum eine Weiterentwicklung des früheren Kampfes zwischen dem Sommergott Tyr und dem Wintergott Loki.

I 2. b)   Thor und Jörmungandr

Es wird gesagt, daß der stämmige, große Kerl
dachte, daß des Ziegenbock-Besitzers
sehr schwere Beute
über die Maßen gefährlich wäre.

Der *„stämmige, große Kerl"* ist der Riese Hymir.
Der *„Ziegenbock-Besitzer"* ist Thor, dessen Streitwagen von zwei Ziegenböcken gezogen wird.
Thors *„sehr schwere Beute"* ist Jörmungandr. Hymir durchschnitt die Angelschnur des Thor, an dem die Riesenschlange hing, weil Hymir sich vor Jörmungandr fürchtete.
„Kenning-freie Übersetzung" der Strophe: *„Es wird gesagt, daß Hymir dachte, daß Jörmungandr sehr gefährlich sei".*

Der innere Mond des furchterregenden
Freundes der Götter strahlte;
der berühmte Gott schoß schreckliche
Strahlen auf das Halsband der Erde.

Der *„innere Mond"* ist eine Kenning für den Willen eines Menschen, der sich in dessen Augen, die oft „Stirnsterne" genannt wurden, zeigt.
Der *„Freund der Götter"* und der *„berühmte Gott"* ist Thor.
Das *„Halsband der Erde"* ist Jörmungandr, der kreisförmig rings um die Erde (Midgard) im Meer liegt.
„Kenning-freie Übersetzung" der Strophe: *„Thors Wut blitzte in seinen Augen und schoß Jörmungandr entgegen."*

Aber das steife Seil der Erde
starrte mit flammenden Augen über die Bug-Bordwand
auf den Herausforderer der Leute
der Knochen des Landes und spuckte Gift.

Das „*steife Seil der Erde*" ist Jörmungandr.

Die „*Knochen des Landes*" sind die Felsen. Die „*Felsen-Leute*" sind die Riesen. Der „*Herausforderer der Riesen*" ist Thor.

„Kenning-freie Übersetzung" der Strophe: „*Aber Jörmungandr starrte mit flammenden Augen auf Thor zurück und spie Gift.*"

Der in voller Kraft stehende Fäller des Berg-Goten
ließ seine Faust gegen das Ohr des Erkunders
der Knochen des Schilf-Bettes krachen
– das war eine mächtige Verletzung!

„*Gautr*" („Gote") war ein Name des Odin. Ein „Berg-Odin" oder ein „Berg-Gott" ist ein Riese. Der „*Fäller der Riesen*" ist Thor.

Das „*Schilf-Bett*" ist der Meeresgrund. Der „*Erkunder des Meeresgrundes*" ist Jörmungandr.

„Kenning-freie Übersetzung" der Strophe: „*Der starke Thor ließ seine Faust gegen das Ohr des Jörmungandr krachen – das war eine mächtige Verletzung!*"

Der Vid-Gymir von Wimurs Furt
schlug den Ohr-Grund von der glitzernden Schlange
hinein in die Wogen.
So war das Innere mit Bildern geschmückt.

„*Gymir*" ist Tyr als Riese im Meer; das germanische Wort „*viduz*" bedeutet „Baum". Offenbar wird Thor hier als „Baum-Meeresriese" oder als „Meeres-Baum", d.h. Überquerer des Meeres (Jenseitswasser) bezeichnet.

In der Edda und in der Thorsdrapa wird berichtet, daß Thor auf seiner Fahrt zu dem in Utgard (= Jenseits) wohnenden Riesen Geirröd den (Jenseits-)Fluß „*Wimur*" überqueren mußte. Es gibt drei mögliche germanische Worte, von denen sich der Flußname „*Wimur*" herleiten könnte:

> 1. von dem Verb „wem" für „sprudeln, wimmeln, schwärmen, wogen, voll sein"; der Wimur wäre dann der „reichlich Sprudelnde" oder „der üppig Fließende";
> 2. von dem Verb „wem" für „speien" und „erbrechen" (englisch: to „vomit"), das wahrscheinlich als Ableitung der obengenannten Bedeutung „spru-

deln" entstanden ist; der Wimur wäre in diesem Fall der „Speiende";

3. von dem Substantiv „wim" für „Weide, Weidenzweig, Flechtwerk (aus Weidenzweigen)", das von dem Verb „wim" für „drehen, biegen" abstammt; der „Wimur" wäre dann wohl „der sich windende (Fluß)".

Diese drei möglichen Wurzel-Worte des Flußnamens Wimur sind sich recht ähnlich. Alle drei Worte scheinen ihren Ursprung in der üppig sprudelnden Quelle zu haben, deren Wasser sich in einem gewundenen Bachlauf seinen Weg sucht. „Wimur" bedeutet daher recht sicher „reichlich fließender Fluß" oder etwas allgemeiner „großer Fluß". Diese Herleitung des Namens paßt dazu, daß der Wimur in der Edda „der größte aller Flüsse" genannt wird.

Der „*Ohr-Grund*" ist eigentlich der Kopf. Da Jörmungandr jedoch nach dieser Begegnung mit Thor noch weiterlebte, muß es sich bei dieser Szene um eine poetische Übertreibung handeln.

Die Ortsangabe „*das Innere*" zeigt, daß das von dem Skalden Ulfr beschriebene Bild sich in einer Halle befand – auf einem Wandgemälde, wie in der „Saga über die Lachstal-Leute" berichtet wird.

„Kenning-freie Übersetzung" der Strophe: „*Thor schlug dem Jörmungandr das Ohr ab, das in die Wogen fiel. So war der Schild, der in der Halle hing, geschmückt.*"

I 2. c)   Baldurs Tod

Der kampfweise Freyr reitet
zuerst auf Gullinborsti
zu dem Scheiterhaufen des Baldur
und führt das Volk an.

„*Gullinborsti*" bedeutet „Goldborste" und ist der Name von Freyrs goldenem Eber, auf dem er reitet und der des Nachts golden leuchtet.

Vermutlich „*führt*" Freyr das „*Volk*", weil er als der Urahn der schwedischen Könige angesehen wurde.

Schnell reitet der weitberühmte Weisheits-Tyr,
er eilt zu dem Feuer, zu dem hohen
Scheiterhaufen seines Sohnes Baldur;
aus meinen Wangen strömen Lob-Lieder.

Der „*Weisheits-Tyr*" („Hroptatyr") ist Odin.

„*Meine Wangen*" bezieht sich auf den Skalden Bragi.

Dort sehe ich Walküren-Fylgjas
und Raben den weisen Siegrunen-Baum
zu dem Blut des Heiligen
Leichnams begleiten.

Ein „*Baum*" ist ein Mann. Der „*Siegrunen-Baum*" ist Odin.

Die „*Raben*" sind Odins Raben Hugin und Munin.

Die „*Fylgjas*" sind in etwa die Seelen der Toten in Vogelgestalt (Seelenvögel). Dieses Motiv liegt auch den Walküren zugrunde, die sich mithilfe ihrer Schwanenhemden in Schwäne verwandeln können. Schwäne und Gänse waren die am weitesten verbreitete „Art" von Seelenvögeln bei den Indogermanen, da sie weiß leuchteten (hellsichtige Wahrnehmung der Totengeister), groß waren (Stärke) und im Wasser lebten (Wasser-unterwelt).

Der „*Heilige Leichnam*" ist der tote Baldur. Die Übersetzung „*Blut des Baldur*" ist nicht ganz sicher. Vielleicht ist dies eine Umschreibung für das rote Feuer des Scheiterhaufens – aber auch das das ist ungewiß.

Sein Roß spornt der herrliche Heimdall an
hin zu dem Scheiterhaufen,
den die Götter für den gefallenen Sohn
des all-weisen Raben-Herrn bereitet haben.

Das Roß des Heimdall heißt „Goldmähne".
Der „*allweise Raben-Herr*" ist Odin. „*Odins Sohn*" ist Baldur.

Die sehr machtvolle Hild des Gebirges
trieb den Meeres-Sleipnir vorwärts,
aber die Träger der Helm-Flammen
des Hroptr erschlugen ihr Roß.

„Hild" („Kampf") ist eine Walküre. Eine „*Walküre des Gebirges*" ist eine Riesin. Wie der Bericht über Baldurs Bestattung in der Edda zeigt, ist hier die Riesin Hyrrokkin („Rußgeschwärzte"), d.h. Hel gemeint.

Der „*Meeres-Sleipnir*" ist Baldurs Schiff Hringhorni („Ring-Horn"), auf dem er bestattet worden ist. Diese Kenning ist geschickt gewählt, da Sleipnir das „Doppel-Pferd" seines Vaters Odin ist, der als Schamanengott auf diesem Pferd in das Jenseits reisen kann, d.h. dorthin, wohin Odin seinen Sohn als Schamane bei der Bestattung begleitet: Das, was Odin dem Baldur ins Ohr flüstert, ist die Anleitung für die Reise in die Unterwelt.

Sleipnir ist ein achtbeiniges Pferd, weil es sich aus der Zusammenfassung der beiden Pferde-Zwillinge (Alcis, Dioskuren) vor dem Wagen des indogermanischen Sonnengott-Göttervaters Dhyaus (Tyr) entwickelt hat. Die Kenning „Meeres-Sleipnir" ruft zudem die Assoziation zu der Bestattung des Baldur auf einem brennenden Schiff, das in die See hinausgestoßen wurde, hervor.

Diese Kenning setzt somit den Reiter-Weg ins Jenseits und den Schiffs-Weg ins Jenseits miteinander in Analogie und bezieht zudem noch den Schamanengott Odin mit ein.

„Flamme" ist eine Heiti für „Schwert". „*Helm-Flamme*" ist eine zusätzliche Absicherung dieser Heiti: Die hier gemeinte „Flamme" ist für den Schlag auf den „Helm" gedacht. Die „*Träger der Schwerter*" sind Krieger. „*Hroptr*" ist eine Kurzform von

„Hroptatyr" und bezeichnet den Gott Odin. *„Odins Krieger"* sind die Berserker, wie auch die Stelle aus der Edda zeigt, die diese Szene beschreibt.

Die Worte *„ihr Roß"* beziehen sich auf Hyrrokkin-Hel, die auf einem Wolf ritt und Schlangen als Zaumzeug benutzte. In der Edda konnten vier Berserker diesen Wolf nur bändigen, indem sie ihn niederwarfen – in der Husdrapa scheint er getötet zu werden. Da dieser Wolf der Bruder der Hel, also der Fenriswolf sein wird, entspricht diese Szene der Fesselung des Fenriswolfes durch die Asen. Die Zaumzeug-Schlange der Hel wird demnach wohl die Midgartschlange sein, die Hels Bruder (Schwester?), ist.

Nun erreicht der Fluß das Meer:
Ich habe das Loblied
der Botinnen des Schwert-Regens zu Ende gesungen –
So verkünde ich den Ruhm der Krieger.

Das Vortragen des Liedes wird dem Fließen eines *„Flusses"* verglichen. So wie der *„Fluß das Meer erreicht"* und dort endet, so endet nun auch die Husdrapa.

Der *„Schwert-Regen"* ist die Schlacht. Die *„Boten der Schlacht"* sind die Walküren, die hier auch dem Ulfr Uggason den Dichtermet, d.h. seine lyrische Inspiration überbracht haben. Die Walküren werden auf den Runensteinen des öfteren mit einem Horn voll Met in ihrer Hand dargestellt.

Die *„Krieger"* sind in diesem Fall die in der Husdrapa beschriebenen Götter: Heimdall, Odin, Thor, Loki und Freyr sowie evtl. auch die Göttin Freya.

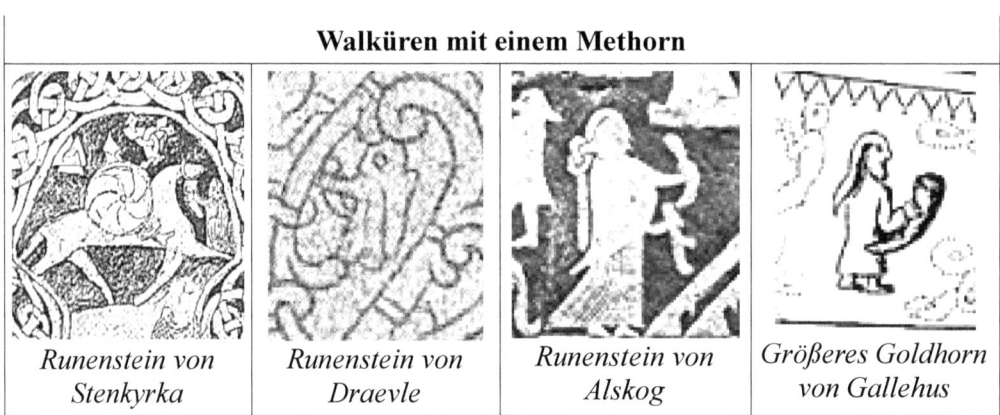

Walküren mit einem Methorn

Runenstein von Stenkyrka	*Runenstein von Draevle*	*Runenstein von Alskog*	*Größeres Goldhorn von Gallehus*

I 3. Thor-Lied

ca. 1000 n.Chr.

Auch der Skalde Eysteinn Valdason hat ein Lied über den Gott Thor und seinen Angelausflug zusammen mit dem Riesen Hymir geschrieben. Von diesem Lied sind jedoch nur drei Strophen erhalten geblieben.

Das Lied ist in der höfischen Form geschrieben worden:

(6) *S**í**n bjó **S**ifjar r**ú**ni*	- 8 Zeilen je Strophe
(6) *sn**ar**la fram med **k**a**r**li*	- 6 Silben je Zeile
(6) *(**h**orn**strau**m getum **H**r**í**mnis*	- zwei bis drei Stabreime an verschiedenen Stellen (einer meistens vorne) in der ersten Zeile der Doppelverse und auf dem ersten Wort der zweiten Zeile
(6) *h**oe**ra) veidarf**oe**ri.*	
(6) *Leit á **b**rattrar **b**rautar*	- in der ersten Zeile der Doppelverse ein Halbreim, in der zweite Zeile ein Vollreim
(6) *b**aug** hvassligum **aug**um,*	
(6) *oe**stisk ádr at **f**l**au**sti*	- 57% der Worte sind Teile von Kenningarn, d.h. ca. 8 Kenningar je Strophe
(6) *öggs b**úd**, fadir Þr**úd**ar.*	

Auch Eysteinn Valdason hat wie Bragi Boddason und Ulfr Uggason seine achtzeiligen Strophe in je zwei Sätze zu vier Zeilen gegliedert. Es sind allerdings nur drei Halbstrophen erhalten, die jeweils aus einem Satz bestehen.

Diese Halbstrophen werden im folgenden wieder einzeln kommentiert.

Sifs Gatte bereitete schnell sein Angelzeug
zusammen mit dem Alten.
Wir wissen, wie man
den Fluß in Hrimnirs Horn rühren muß.

„Sifs Gatte" ist Thor. Der „Alte" ist der Riese Hymir.

Das „Angelzeug" des Thor ist ein Strick mit einem Stierkopf als Haken und zugleich als Köder.

„*Hrimnirs Horn*" ist das Metgefäß des Riesen Hrimnir („Reif-bedeckter"). Der „*Fluß des Mets*" ist das Fließen des Lebens, aber auch der Dichtermet und somit das fließende Verfassen der Verse. „*Wir wissen, wie man den Fluß in Hrungnirs Horn rühren muß*" bedeutet somit schlicht und bescheiden, daß sich Eysteinn für einen guten Skalden hält. Ist das „wir" an dieser Stelle ein früher „Plural majestatis"?

„Kenning-freie Übersetzung" der Strophe: „*Thor bereitete schnell sein Angelzeug zusammen mit Hymir. Ich bin ein guter Skalde.*"

Thrudrs Vater starrte durchdringend
auf den Ring des steilen Weges,
als die Heimstatt des Fisches
gegen das Boot brandete.

„*Thrudrs Vaters*" ist Thor.

Der „*steile Weg*" sind die Udgard-Berge rings um das Weltmeer, in dessen Mitte Midgard, die Welt der Menschen liegt. „*Der Ring des steilen Weges*" ist die Midgartschlange, die rings um Midgart kreisförmig im Meer liegt.

Die „*Heimstatt des Fisches*" ist das Meer.

„Kenning-freie Übersetzung" der Strophe: „*Thor starrte Jörmungandr durchdringend an, während die Meereswogen gegen das Boot schlugen.*"

Der Fisch der Erde reagierte so heftig,
daß die breite Bootseite vorwärts gezerrt wurde,
und die Fäuste von Ullrs Stiefvater
gegen den Bord am Bug geschlagen wurden.

Der „*Fisch der Erde*" ist Jörmungandr, die Midgartschlange. Diese Bezeichnung bezieht sich genauso wie „Schlange der Erde" darauf, daß diese Riesenschlange auf dem Meeresboden, also auf der Erde liegt, und daß sie zudem ganz Midgard, also die gesamte Erde als Kreis umgibt.

„Kenning-freie Übersetzung" der Strophe: *„Jörmungandr floh so schnell, daß er das Boot quer hinter sich herzog und Thors Fäuste, die die Angelschnur umklammerten, dadurch gegen die Bordwand geschlagen wurden."*

I 4. Thorsdrapa

ca. 985 n.Chr.

Dieses Lied wurde von dem Skalden Eilifir Godrunason verfaßt. Er beschreibt darin ein Bild, das sich vermutlich auf einem Schild befindet und das die Fahrt des Thor, des Loki und des Thialfi nach Geirrödsgard zu dem Riesen Geirröd beschreibt.

Das Lied ist in der höfischen Form verfaßt worden.

(6) *Flugst**a**lla red f**e**lli*	- 8 Zeilen je Strophe
(7) *fjörnets goda **at** **hv**atja*	- fast immer 6 Silben je Zeile
(6) *dr**ju**gr var **L**optr at **lj**u**ga*,	- Stabreim meist auf dem ersten und letzten Wort der ersten Zeile der Doppelverse und stets auf dem ersten Wort der zweiten Zeile
(6) *lögs**eim**s fadir h**eim**an.*	
(6) *Gedr**ey**nir kvad grae**nar***	- in der erste Zeile der Doppelverse ein Halb- oder Vollreim, in der zweite Zeile ein Vollreim
(6) *G**au**ts herthrumu br**au**tir*	
(6) *vi**lgi** tr**yggr** til ve**ggj**ar*	- 71% der Worte sind Teile von Kenningar, d.h. ca. 6 Kenningar je Strophe, wobei diese Kenningar oft aus deutlich mehr als nur 2 Worten bestehen
(6) *v**iggs** Geirrödar **l**i**ggj**a*	

Auch der Skalde Eilifir hat sich an die „klassische" Aufteilung der Strophen in entweder einen Satz zu acht Zeilen oder in zwei Sätze zu jeweils vier Zeilen gehalten. In einigen Strophen der Thorsdrapa besteht eine der beiden Halbstrophen aus zwei Sätzen zu je zwei Zeilen. Auch dies entspricht der „klassischen" Satzgliederung in einem höfischen Gedicht. Diese Regeln in Bezug auf die Satzlänge hatte die Wirkung, daß die Sätze mit der Struktur der Strophen übereinstimmten.

Die drei Strophen-Strukturen in den Drapas waren:

    1. der Vers, der einen Voll- oder Halbreim enthielt,
    2. der Doppelvers, der einen Stabreim enthielt und dadurch eine Einheit bildete (der Stabreim stand meistens in zwei Worten der ersten Zeile und in dem ersten Wort der zweiten Zeile), und
    3. die Halbstrophe, die die Strophe in zwei gleiche Teile aufteilte.

Aus dieser Gliederung ergeben sich die vier Grundformen, die von Snorri Sturluson im Hattatal-Kapitel der Edda beschrieben werden: Strophen aus einem einzigen achtzeiligen Satz, Strophen aus zwei vierzeiligen Sätzen, Strophen aus vier zweizeiligen Sätze und Strophen aus acht einzeiligen Sätzen.

Daneben sind jedoch auch Mischformen möglich und erlaubt, d.h. eine der beiden Halbstrophen kann aus zwei zweizeiligen Sätzen bestehen und ein Doppelvers einer Halbstrophe kann auch aus zwei einzeiligen Sätzen bestehen. Diese Mischformen sind jedoch weniger elegant und weniger lyrisch, da sie keine „Resonanz" durch die Wiederholung einer immer gleichen Struktur entstehen lassen.

Diese Grundstruktur der Strophen, an denen sich der Satzbau orientiert, läßt sich am einfachsten durch eine graphische Darstellung erfassen. In der folgenden Tabelle sind die Sätze in den vier „klassischen Satzgefügen" durch verschiedene Grautöne gekennzeichnet.

A = Die ganze Strophe ist ein Satz.
B = Jede Halbstrophe ist ein Satz.
C = Jeder Doppelvers ist ein Satz.
D = Jeder Vers ist ein Satz.

Die Variante „D" ist recht unruhig, während die Variante „A" recht träge sein kann. Am elegantesten und am lebhaftesten ist Variante „C".

Die Struktur der Strophen und das „klassische" Satzgefüge											
1. Einheit	geistige Form	2. Einheit	syntaktische Form	3. Einheit	lyrische Form	4. Einheit	lyrische Form	klassische Satzgliederungen			
								A	B	C	D
Strophe	eine Szene	Halbstrophe	ein Satz	Doppelvers	Stabreim	Zeile	Halbreim				
						Zeile	Vollreim				
				Doppelvers	Stabreim	Zeile	Halbreim				
						Zeile	Vollreim				
		Halbstrophe	ein Satz	Doppelvers	Stabreim	Zeile	Halbreim				
						Zeile	Vollreim				
				Doppelvers	Stabreim	Zeile	Halbreim				
						Zeile	Vollreim				

Die Zeilen werden durch einen Halb- oder Vollreim zusammengehalten, die Doppelverse durch den Stabreim, die Halbstrophen durch den Satz und die ganze Strophe durch die Szene, die in ihr beschrieben wird.

Satzgefüge, die aus einem dreizeiligen und einem fünfzeiligen Satz, aus zwei einzeiligen und zwei dreizeiligen Satz oder gar aus einem siebenzeiligen und einem einzeiligen Satz bestanden, entsprachen jedoch nicht mehr dieser Regel, die nur Satzlängen erlaubt, die sich durch Zweierteilungen erreichen lassen, also achtzeilige, vierzeilige, zweizeilige und einzeilige Sätze.

Es kommen in den Drapas aber trotzdem manchmal vor allem Satzgliederungen vor, die dreizeilig plus einzeilig oder siebenzeilig plus einzeilig sind – insbesondere bei eingefügten Ausrufen, die selten länger als eine Zeile sind. Diese Form der Abweichung findet sich auch in der Thorsdrapa.

Die Thorsdrapa besteht aus achtzeiligen Sätzen und aus Paaren von vierzeiligen Sätzen. Abgesehen von den gelegentlichen einzeiligen „Ausrufen" finden sich als Abweichungen lediglich noch zwei Halbstrophen, die nicht aus einem einzigen Satz, sondern aus zwei Sätzen bestehen, die jeweils einen Doppelvers lang sind.

Aus der Skaldskaparmal der Edda sind drei Halbstrophen bekannt, die sich auf Thors Fahrt nach Geirrödsgard beziehen. Eine von ihnen stammt recht sicher aus der Thorsdrapa, die beiden anderen vermutlich aus einem in einer freieren Form gedichtet Lied mit demselben Thema. Die Halbstrophen aus der Thorsdrapa sind in der folgenden Übersicht an der ihr inhaltlich entsprechenden Stelle eingefügt.

Die Thorsdrapa hat folgenden Satzbau, der sich weitestgehend auch in der Übersetzung wiederfindet. Die verschieden Grautöne kennzeichnen wieder die einzelnen Sätze. Der mit „x" gekennzeichnete Bereich ist die fehlende Halbstrophe, die der aus der Skaldskaparmal eingefügten Halbstrophe noch vorausgegangen sein muß.

Der Satzbau in der Thorsdrapa

Vers	Strophe																		
	1	2	3	4	5	6	7	8	9	10	11	12	13	14	15		16	17	18	19
1															x					
2															x					
3															x					
4															x					
5																				
6																				
7																				
8																				

Die Thorsdrapa ist eine der am meisten diskutierten Dichtungen der Germanen, da dieses Lied aufgrund seiner Fülle an Kenningarn, Anspielungen, Doppeldeutigkeiten und Randbemerkungen sehr komplex ist.

*Der Vater des Meer-Seiles begann den Zerschneider
des Lebensnetzes der Götter der Flucht-Felsvorsprünge
zum Verlassen seines Heimes anzutreiben.
Loptr war ein großer Lügner.*

*Der hinterhältige Geist-Prüfer
des Gottes des Kriegs-Donners erklärte,
daß die grünen Pfade
zu Geirröds Mauer-Pferd führen würden.*

Das „*Meer-Seil*" ist Jörmungandr. Der „*Vater des Jörmungandr*" ist Loki.

Die „*Flucht-Felsvorsprünge*" sind Landzungen, auf die die Riesen fliehen, und im weiteren Sinne Utgard, das als Gebirgszug rings um das Weltmeer liegt. Zudem werden auch die Grabkammern in Hügelgräbern als „Felsvorsprünge" oder „überragende Felsen" bezeichnet, womit die Deckplatten auf der Grabkammer gemeint sind – die Riesen sind ursprünglich die Totengeister in den Grabkammern der Hügelgräber gewesen. Die „*Götter der Landzungen*" sind somit die Riesen. Das „*Lebensnetz*" besteht vermutlich aus den Schicksals- und Lebensfäden, die von den Nornen gesponnen werden. In den germanischen Überlieferungen wurde das Bild des Spinnens der Nornen des Öfteren zum Weben, Schneiden u.ä. ausgebaut. Der „*Zerschneider des Lebensnetzes der Riesen*" ist Thor, der Riesen-Töter.

Die Kenning „*Flucht-Felsvorsprünge*" enthält ein Wortspiel, da das germanische Wort „flug" sowohl „steil" als auch „Flucht" bedeutet – was hier beides zutrifft: Die Riesen fliehen vor Thor auf ihre steilen Landzungen, d.h. auf die hohen Berge von Utgard.

„*Loptr*" („Luft") ist ein Beiname des Loki, den er wahrscheinlich aufgrund seiner magischen Flugschuhe erhalten hat. „*Loki war ein großer Lügner*", weil er in Falkengestalt von dem Riesen Geirröd gefangengenommen worden war, der als Lösegeld von Loki verlangte, daß er Thor ohne seinen Kraftgürtel, seine Handschuhe und seinen Hammer zu ihm bringen soll, damit er an ihm den Tod des Riesen Hrungnir rächen konnte – was Loki dem Thor natürlich nicht erzählt, sondern ihn mit Hilfe von Lügen waffenlos in das Riesenland lockt.

Der „*Gott des Kriegs-Donners*" ist Thor. Sein Prüfer ist Loki – er stellt Thors Stärke auf die Probe. Da Thors Kraft so-wohl mit dem Donner als auch mit dem Kampf assoziiert wurde, ist der Donner „Thors Kampfgetöse".

Die Kenning „*Geist-Prüfer des Gottes des Kriegs-Donners*" enthält eine bewußte Zweideutigkeit, da die Worte in dem germanischen Original auch als „Freund des Odin" gelesen werden können. Loki ist beides: der „*Tester des Thor*" und der „*Freund* (Blutsbruder) *des Odin*".

Der Name „*Geirröd*" bedeutet „Speerschutz", also „Schild". Im Zusammenhang mit den Riesen erscheint nur ein einziges Mal ein Schild: der, den der Riese Hrungnir unter seine Füße legt, damit ihn Thor nicht von unten her aus der Erde heraus angreifen kann. Da der Schild bei den Germanen schon seit den germanischen Felsritzungen, die zwischen 1800 und 500 v.Chr. angefertigt wurden, ein Symbol der Sonne ist, könnte das, was Hrungnir als von unten kommend fürchtete, die aufgehende Sonne sein. Diese Furcht der Riesen vor der aufgehenden Sonne könnte dadurch entstanden sein, daß der Bereich der Riesen das Jenseits und somit die Nacht ist – zumindestens die Zwerge („dwergaz" = „Totengeister") erstarrten zu Stein, wenn die Sonne auf sie schien. Es wäre also auch ein Zusammenhang zwischen Geirröd und der Sonne denkbar – zumal die Riesen im allgemeinen eher grobe Waffen benutzten und keine Schwerter und Schilde. Letztlich sind sowohl Hrungnir als auch Geirröd „Schild-Riesen", d.h. der ehemalige Sonnengott-Göttervater Tyr mit seinem Sonnenschild in der nächtlichen bzw. winterlichen Unterwelt.

Das „*Mauer-Pferd*" ist ein Haus (man sitzt auf bzw. in beiden). Das „*Haus des Riesen Geirröd*" ist eine Höhle, d.h. eine Grabkammer in einem Hügelgrab.

„Kenning-freie Übersetzung" der Strophe: „*Loki trieb Thor zum Aufbruch an. Loki war ein großer Lügner. Loki sagte, daß der Pfad zu Geirröd führen würde.*"

Der tapfere Thor mußte nicht oft
von dem Geier-Pfad um diese Fahrt gebeten werden,
denn sie waren begierig,
Thorns Nachkommen zu besiegen,

als der Bezähmer des Gürtels der Magie-Bucht,
der mächtiger als die Schotten in Idis Behausung ist,
wieder einmal von Thridis Verwandten
zu Ymirs Verwandten aufbrach.

Der „*Geier-Pfad*" ist offensichtlich Loki. Vermutlich hat er diese ungewöhnliche Kenning erhalten, weil er fliegen, d.h. auf dem „Pfad der Geier" wandern konnte. In ähnlicher Weise wurde auch das Meer „Pfad der Schiffe" oder „Weg der Fische" genannt. Der Skalde Eilifir verwendet hier eine „abgekürzte Kenning", da es sich bei „Geier-Pfad" nur um das Kenniord („Bestimmungswort") handelt, das das gemeinte näher bezeichnet, aber das Stofnord („Stammwort") fehlt. Die „vorschriftsmäßige" Kenning müßte „Ase des Geier-Pfades" o.ä. lauten.

„*Thorns Nachkommen*" sind die Riesen. „Thorn" bedeutet „Dorn" und im weiteren Sinne auch „Schwert". „Thorn" ist hier ein weiterer Name für den Schwertgott-

Göttervater Tyr als Riese in der Unterwelt.

Aus den späteren Erwähnungen des Riesen Thorn in diesem Lied ergibt sich, daß mit „*Thorn*" auch der Urriese Ymir gemeint ist. Tyr als der rangmäßig „erste Riese" im Jenseits und Ymir als der zeitlich gesehen „erste Riese" im Jenseits sind des öfteren einander gleichgesetzt worden.

„Bucht der Magie" („Gandvik") war eine Bezeichnung des Weißen Meeres im Norden zwischen Finnland und Rußland. Es ist denkbar, daß sich diese „Magie" auf die Jenseitsreise über dieses Meer nach Utgard bezieht, da die Jenseitsreise eine der wichtigsten Wurzeln der Magie ist. Diese Bucht ist hier in symbolischer Hinsicht identisch mit dem Jenseitsfluß Gjallar, über den die Gjallarbrücke zum Eingang der Halle der Hel führt. Auch der Name „Schlangenbucht" für dieses Meer weist auf die Jenseitsreise hin, da die Toten in der Gestalt einer Schlange ins Jenseits reisten. Auch Odin verwandelte sich in eine Schlange, als in den Berg bzw. in das Hügelgrab zu der Riesin Gunnlöd reiste.

Der „*Gürtel der Magie-Bucht*" ist Jörmungandr („Riesen-Stab"). In dieser Kenning ist die „Magie-Bucht" deutlich als das Große Wasser zwischen Diesseits und Jenseits erkennbar, das man nur mithilfe von Magie, d.h. mithilfe einer Jenseitsreise überqueren konnte. Diese Jenseitsreise, d.h. das Verlassen des eigenen materiellen Körpers („Astralreise"), das man vor allem bei einem Nahtod erleben kann, ist das zentrale Erlebnis und die zentrale Fähigkeit der Schamanen. Der „*Bezähmer der Midgardschlange*" ist Thor.

„*Idi*" ist ein Riese aus der Sippe des Tyr; „*Idis Behausung*" sind die Felsen; die „*Schotten*", die in ihnen wohnen, sind die Riesen. Die feindlichen Völker in anderen Ländern (also praktisch alle, da sich die Wikinger durch ihre Raubzüge nicht sonderlich beliebt gemacht hatten) werden in diesen Strophen allgemein den Riesen gleichgesetzt. Man darf sich wohl ein schadenfrohes Gelächter unter den Zuhörern vorstellen, wenn der Skalde Eilifr beim Vortragen seiner Drapa an diese Stelle kam, da er in diesen Versen indirekt sagt, daß alle Feinde der Wikinger genauso vernichtet werden sollen wie Thor die Riesen vernichtet hat.

„*Thridi*" ist Odin, dessen Verwandten die Asen sind. „*Thridi*" bedeutet „der Dritte" und bezieht sich darauf, daß Odin manchmal in dreifacher Gestalt (Har, Jafnhar, Thridi) erscheint.

„*Ymirs Verwandte*" sind die Riesen.

Thors Fahrt nach Geirrödsgard muß ein wichtiges mythologisches Thema gewesen sein, da es sich an vier Stellen findet: in der Thorsdrapa, in Snorri Sturlusons Edda, in Saxo grammaticus' Erzählung über König Gorm und in der Thorstein-Saga. Es berichtet letztlich von der Absetzung des ehemaligen Sonnengott-Göttervaters Tyr durch Odin, bei der der „alte Tyr-Riese", d.h. die am Abend sterbende Sonne von Thor erschlagen wird, der sich selber mit dem „jungen Tyr", d.h. der am Morgen wiedergeborenen Sonne identifiziert. Daher wird Thor im Hymir-Lied (Hymir ist der

Vater des Tyr, d.h. der alte Tyr) als „Jüngling" bezeichnet.

„Kenning-freie Übersetzung" der Strophe: *„Der tapfere Thor mußte nicht oft von Loki um diese Fahrt gebeten werden. Als Thor, der mächtiger als die Riesen ist, von Asgard aus nach Utgard hin aufbrach, waren sie begierig, die Riesen zu besiegen."*

Der Rater der Schlacht
stand dem schnellen Beweger der Heere
auf der Fahrt eher bei als die meineidige Last
der Arme der Göttin der Zauberei.

Ich trage Grimnirs Lippenflüsse vor.
Der Mädchen-Betrüger der Hallen
des Schrill-Schreiers setzte
die Handflächen seiner Füße auf Endills Heide.

Der *„Rater der Schlacht"* ist Thors Helfer Thjalfi.

Der *„Beweger der Heere"* ist eigentlich Odin, aber hier wird Thor gemeint sein, der wohl aufgrund seines kriegerischen Temperamentes ebenfalls diesen Beinamen erhalten konnte.

Aus dem Zusammenhang ergibt sich, daß die *„meineidige Last der Arme der Göttin der Zauberei"* Loki sein muß. Die *„Last der Arme"* ist eine Umschreibung für den „Ehemann" bzw. den „Geliebten", der wie eine Last in den Armen der Frau liegt. Die *„Göttin der Zauberei"* muß Lokis Frau Sigyn sein, auch wenn von ihr keinerlei Magie berichtet wird.

Das Adjektiv *„meineidig"* („lügnerisch") paßt von allen Göttern am besten auf Loki.

Loki ist offenbar nicht mit Thor und Thialfi mitgereist, sondern hat sie nur nach Geirrödsgard gesandt.

„Grimnir" („Maskierter") ist einer der häufigeren Beinamen des Gottes Odin. Das, *„was von seinen Lippen fließt"*, ist der Göttermet und daher im übertragenden Sinne auch die Dichtkunst, d.h. die Verse, die Eilifir Godrunason gerade vorträgt. Dieser etwas unmotiviert auftretende Einschub ist vermutlich dadurch entstanden, daß Eilifir Godrunason längere Zeit über diese Stelle gegrübelt hat ohne einen anderen passenden Vers für diese Zeile finden zu können. Derartige Kommentare der Skalden über sich selber kamen jedoch des öfteren in ihren Liedern vor, sodaß diese „Notlösung" allgemein akzeptiert gewesen zu sein scheint. Sie ist sozusagen der letzte Ausweg, wenn sich auch mithilfe von der Verwendung auch der ausgefallensten Kenningar keine passende Zeile mehr bilden läßt.

Es ist natürlich auch denkbar, daß die Skalden es gar nicht so unangenehm fanden, nebenher auch einmal sich selber zu loben … in der vorchristlichen Zeit achtete man im allgemein in fast allen Kulturen darauf, daß man „sein Licht nicht unter den Scheffel stellte".

Die „*Schrill-Schreier*" sind die Riesen. Mit dieser Kenning wurden auch die Adler bezeichnet. Diese Kenning könnte daher eine Anspielung auf den Tyr-Riesen Hraesvelgr sein, der in Adlergestalt am Rand der Welt den Wind mit seinen Flügeln erzeugt. Diese Assoziation würde dann die Weite der Reise, die Thor und Thialfi bevorsteht, veranschaulichen: Sie müssen bis zum Ende der Welt wandern – bis nach Utgard.

Die „*Halle des Riesen*" ist seine Höhle bzw. das Hügelgrab (die Riesen sind die Ahnen). Der „*Mädchenbetrüger in der Riesenhöhle*" ist Thor. Die Bezeichnung des Thor als „*Mädchenbetrüger*" ist interessant, da es meistens Odin ist, der Nächte mit den Riesinnen Gunnlöd, Rindr, Jörd und anderen verbracht und sie dann wieder verlassen hat. Aber auch der Gott Freyr nahm eine Riesin zur Frau (Gerda) und ebenso der Sonnengott Swipdag (Menglöd). Thor hatte ebenfalls eine „Romanze" mit einer Riesin: zusammen mit Jarnsaxa hatte er den Sohn Magni. Die „Riesen-Maid" ist letztlich die Jenseitsgöttin, die auf der Jenseitsreise sowohl die Wiederzeugungs-Geliebte als auch die „Wiedergeburts-Mutter ist.

Es ist allerdings auch denkbar, daß mit der Kenning „*Mädchenbetrüger*" gemeint ist, daß Thor auch einige Riesinnen erschlagen hat, so wie dies z.B. an zwei Stellen im Harbard-Lied berichtet wird. Thor: „*Ich war im Osten, überwand der Riesen böswillige Bräute, da sie zum Berge gingen. … Berserkerbräute bändigt ich auf Hlesey: Das Ärgste hatten sie getrieben, betrogen alles Volk.*" Harbard (Odin): „*Unrühmlich tatest Du, Thor, daß Du Weiber tötetest.*" Thor: „*Wölfinnen waren es, Weiber kaum. Sie zerschellten mein Schiff, das ich auf Pfähle gestellt hatte, trotzten mir mit Eisenkeulen und vertrieben Thialfi.*"

„*Endill*" war ein Seekönig (Wikinger-Fürst). „*Endills Heide*" ist daher das Meer. Die „*Handflächen der Füße*" sind die Fußsohlen. Der Ausdruck „*(Thor) setzte die Handflächen seiner Füße auf Endills Heide*" bedeutet, daß Thor das Meer betritt, d.h. das Meer durchwatet.

„Kenning-freie Übersetzung" der Strophe: „*Thialfi stand Thor auf der Fahrt bei – im Gegensatz zu Loki. Ich trage das Loblied vor. Thor watete in das Wasser.*"

Als der rasche, schnell in Wut geratende
Verhinderer von Lokis Bosheiten
sich der Braut der Verwandten
des Sumpfbocks entgegenstellen wollte,

zogen die Schlacht-Wanen los
bis der Hauptverminderer der Mädchen
des Feindes der schönen Göttin
des Himmelsschildes Gangrs Blut erreichte.

Der *„Verhinderer von Lokis Bosheiten"* ist Thor.

Der *„Sumpfbock"* ist möglicherweise ein doppeldeutiges Bild. Es könnte sich zum einen darauf beziehen, daß die Germanen bei den Bestattungen ihren Verstorbenen ein Herdentier opferten und dies dann in einem See, Sumpf oder Moor versenkten, die das Tor in das Jenseits zur Halle der Frigg („Fensalir" = „Sumpfsaal") darstellten.

Die Fruchtbarkeit und die Zeugungskraft dieses Opfertieres wurde magisch auf die Toten im Jenseits übertragen, da sie diese Qualitäten bei ihrer Wiederzeugung mit der Jenseits-Muttergöttin als Geliebter (Freya) und bei ihrer anschließenden Wiedergeburt durch sie benötigten. Dieses Motiv bezog sich offensichtlich nur auf die männlichen Toten.

Diese Vorstellungen finden sich in den Mythen der Germanen z.B. in Odins Reise in der Gestalt einer Schlange in die Unterwelt zu Gunnlöd wieder, mit der er sich vereinte, dann den Göttermet trank und in der Gestalt eines Adlers (Seelenvogel) nach Asgard zurückkehrte. Auch Thors Schlachten seiner beiden Ziegenböcke und ihre anschließende magische Wiederherstellung durch seinen Hammer (Penis-Symbol / Wiederzeugung) wird wahrscheinlich eine Assoziation der Germanen zu dem Begriff „Sumpfbock" gewesen sein.

Der *„Sumpfbock"* könnte jedoch zum anderen auch als Kenning für den Fenriswolf benutzt worden sein, da sein Namen „Sumpf-Wolf" bedeutet. Mit dem „Sumpf" ist auch hier der Eingang in die Unterwelt gemeint, den der Wolf bewacht.

Aus beiden Deutungen des „Sumpfbocks" ergibt sich, daß seine *„Verwandten"* die Riesen waren, da diese wie die Toten und die ihnen geopferten Herdentiere ebenfalls im Jenseits („Utgard") lebten. Eine *„Braut der Verwandten des Sumpfbocks"* ist folglich eine Riesin. Diese Riesinnen sind identisch mit den *„Mädchen"*, die Thor in der vorigen Strophe betrügt.

Die Kenning *„Schlacht-Wanen"* ist hier wohl als Heiti für „kriegerische Götter" aufzufassen, da der Gott Thor und der Mensch bzw. Alf Thjalfi, die nach Geirrödsgard gereist sind, keine Wanen waren.

Der *„Himmelsschild"* ist die Sonne, die in früherer Zeit bei den Germanen als ein strahlender Schild angesehen wurde – er wurde z.B. in den frühgermanischen Felsritzungen in Skandinavien häufig abgebildet. Die *„schöne Göttin des Himmelsschildes"* ist die Sonnengöttin Sol. Die *„Feinde der Sonnengöttin"* sind die Wesen der Unterwelt wie z.B. der Wolf Skalli („Schatten"), der die Sonne zu fressen versucht. Mit dieser Kenning sind hier etwas ungenau auch die Riesen gemeint. Die Zwerge, die den

Riesen als nah verwandt angesehen wurden, erstarrten zu Stein, wenn ein Sonnenstrahl auf sie fiel – insofern ist auch die Sonne der „Feind der Unterirdischen".

Der „*Hauptverminderer der Riesen-Mädchen*" ist Thor. Diese Kenning weist wohl darauf hin, daß Thor auch die Riesinnen tötet.

Die häufige Erwähnung der Riesinnen in diesem Lied scheint darauf hinzudeuten, daß die Riesinnen hier ähnlich wie die Mutter des Riesen Grendel im Beowulf-Epos (750 n.Chr.) gefürchtet wurden. Die Riesinnen gleichen in diesem Lied offenbar eher der Riesin Hel als den Riesinnen Gunnlöd, Gerdr oder Jörd, mit denen sich die Asen manchmal vereinten. Es gab zu der Zeit des Skalden Eilifir Godrunason offensichtlich schon die Polarisierung der Jenseits-Muttergöttin in die beiden Aspekte der gefürchteten Göttin der Unterwelt (Hel) und in die herbeigesehnte Göttin-Geliebte, die mit der Wiederzeugung verbunden war (Freya).

Aus der Göttin Freya wurde später in den Sagen die Jungfrau, die der Held befreite, und aus der Riesin Hel des Teufels Großmutter.

„*Gangr*" („Gang, Gehender") ist ein Beiname des Urriesen Ymir, aus dessen Blut das Meer entstanden ist, das man daher als „*Gangrs Blut*" bezeichnen kann. Die Heiti „Gangr" für Ymir ist ein wenig verwunderlich, da Ymir in den Mythen als ausgesprochen passiv erscheint. Vielleicht war „Gangr" eine allgemeine Heiti für „Riese" im Sinne von „die Umherstreunenden" oder von „die ins Jenseits Gegangenen" und konnte daher auch für den Urahn aller Riesen verwendet werden. Es wäre auch denkbar, daß mit „Gangr" die über den Himmel wandernde Sonne gemeint ist, da der ehemalige Sonnengott-Göttervater Tyr als der rangmäßig erste Riese im Jenseits oft dem Ymir, der der altersmäßig erste Riese ist, gleichgesetzt worden ist.

„Kenning-freie Übersetzung" der Strophe: „*Als sich der jähzornige Thor der Riesin entgegenstellen wollte, zogen die Asen mit ihm, bis sie zusammen mit Thor das Wasser erreichten.*"

Der Ruhm-Verminderer der Nanna
des Knaufes des Meeres überquerte zu Fuß
die eisführenden, angeschwollenen Flüsse,
die um das Meer des Luchses strömten.

Der wütende Vertreiber der Geröll-Gauner
kam schnell voran
über den breiten Weg des Stab-Pfades,
wo mächtige Flüsse Gift spien.

Ein „*Knauf des Meeres*" ist eine Landzunge – die Anhöhe, die ins Meer hinausragt und sich im Inland dann als Bergrücken fortsetzt, wird in dieser Kenning als ein Schwert angesehen, deren Griff/Knauf die Landzunge und dessen Klinge der Bergrücken ist. Dieses Bild paßt nur in gebirgigen Küsten wie Norwegen oder naürlich auch in Utgard. *„Nanna"* („Mutter"), die Frau des Gottes Baldur, ist eine Muttergöttin und steht hier allgemein für „Göttin". Eine *„Göttin der Landzunge"* ist eine Riesin, da die Riesen sowohl im Gebirge als auch jenseits des Meeres in Utgard wohnten. Der *„Ruhm-Verminderer der Riesin"*, also ihr Unterwerfer, ist Thor.

Das *„Meer des Luchses"* ist die Erde. Entsprechend wäre z.B. die „Erde des Adlers" die Luft oder die „Luft des Wales" das Meer. Das Stofnord, also das zweite Wort in diesen drei Kenningar, zeigt lediglich an, daß es sich um einen Lebensbereich handelt. Das Kenniord, also das erste Wort in diesen Kenningar, bestimmt jeweils, welcher Lebensbereich wirklich gemeint ist.

Da die Flüsse *„um"* und nicht „durch" das *„Meer des Luchses"* strömten, müssen die *„Flüsse"* an dieser Stelle eine Heiti für das Weltmeer sein. Das *„Land"* ist daher Midgard insgesamt.

Ein *„Geröll-Gauner"* ist ein Riese. Ihr Vertreiber ist Thor.

Ein *„Stab-Pfad"* ist ein Weg durch eine Furt, die durch eingeschlagene Pfosten markiert worden ist. Mit dem *„breiten Weg des Stab-Pfades"* ist wohl nicht die Breite der Furt, also die Breite des Überweges, sondern die Breite des Flusses bzw. Meeres gemeint, durch den dieser Pfad führt. Das *„breit"* bezieht sich auf die Länge der Furt von dem einem Ufer (Midgard/Asgard) zu dem anderen Ufer (Utgard).

Das *„Gift"* ist das Wasser eines Flusses, das wegen seiner heftigen Strömung gefährlich ist. Da es sich bei dem Fluß hier um den Wimur handelt, der eine Variante des Jenseitsflusses ist, entsteht die Assoziation zu den Schlangen und Drachen, die Gift bzw. Feuer speien, denn die Toten nahmen den Jenseitsvorstellungen der (Indo-) Germanen zufolge auf ihrem Weg in die Unterwelt bzw. in ihrem Hügelgrab die Gestalt einer Schlange oder eines Drachen an. Auch Odin reist in Schlangengestalt in die Unterwelt zu der Riesen Gunnlöd. Der Wimur wird hier in gewisser Weise selber als ein Drache angesehen.

Das an dieser Stelle verwendete germanische Wort „eitr" bedeutete sowohl „Gift" als auch „Eis". Die „giftspeienden Flüsse" sind daher auch Flüsse, die Eisschollen führen oder ein Meer, in dem Eisberge treiben. In der Edda wurde die Quelle Hvergelmir zwischen den Wurzeln des Weltenbaumes als der Ursprung von zwölf Flüssen angesehen, deren Wasser zu Eis („eitr") wurde und dann die Gletscher bildete.

Vielleicht darf man die beiden Bedeutungen „Gift" und „Eis" auch miteinander assoziieren: Das Wasser, das Thor und Thialfi durchwaten mußten, war „tödlich kalt". Vielleicht gab es auch eine mythologische Assoziation, in der Jörmungandr im Nordmeer sein Gift/Eis spie. Dann würde auch eine erhöhte Gefahr bestehen, daß Thor dort seinem Erzfeind begegnen …

„Kenning-freie Übersetzung" der Strophe: *„Thor überquerte zu Fuß die ange-*

schwollenen Flüsse, die durch das Land strömten und in denen Eisschollen trieben. Thor kam schnell voran auf der langen, mit Stäben gekennzeichneten Furt, die durch das Meer führte."

*Dort stießen sie Wurf-Schlangen
in den Netz-Wald gegen
den lauten Wind des Waldes, in dem
die glitschigen, runden Knochen des Meeres nicht schliefen.*

*Die dumpf aufschlagenden Eisen polterten
gegen die Kiesel, während der Berge Fall-Gebrüll,
angetrieben von einem Schneesturm,
an Fedjas Amboß entlangrauschte.*

„*Wurf-Schlangen*" sind Speere.

Der „*Netz-Wald*" ist das Meer oder ein Fluß – der Ort, an dem man mit Netzen fischt. Analog dazu könnte man das Land „Fuchs-Tang" und die Luft „Krähen-Sumpf" nennen. Die Konstruktion dieser Kenningar ist ähnlich wie die der Kenning „Meer des Luchses" in der vorigen Strophe.

Der „*laute Wind des Netz-Waldes*" ist die starke Strömung des Flusses. Die „*glitschigen, runden Knochen des Netz-Waldes*" sind die rundgeschliffenen Kiesel auf dem Grunde des Flusses Wimur. Das Beschreibung der Kiesel als „*sie schliefen nicht*" bedeutet, daß sie unter den Schritten hin- und herrutschten und dadurch das Gehen im Wasser erschwerten – sie wurden sozusagen durch durch die Füße und die Speere „geweckt" und begannen sich zu bewegen. Dies ist der Grund, warum Thor und seine Begleiter sich mithilfe ihrer Speere („Wurf-Schlangen") abstützen mußten.

In Snorris Sturlusons Edda klammert sich Thor bei der Durchquerung dieses Flusses an eine Eberesche, um nicht zu ertrinken und wieder aus dem (Jenseits-)Fluß herauszukommen. Diese Eberesche ist recht sicher die Weltesche, die ebenfalls Diesseits und Jenseits verbindet.

Vielleicht diente auch der (Zauber-)Stab, den Thor von der Riesin Grid, der Mutter des Asen Widar, in der Edda-Version dieser Geschichte erhalten hatte, als Stütze auf der Reise durch den Fluß. Die Zauberstäbe waren jedoch vor allem ein Symbol für den Weltenbaum und somit auch für die Fähigkeit ihres Besitzers, vom Diesseits aus Kontakt zu den Ahnen und Göttern im Jenseits Verbindung aufzunehmen und mit deren Hilfe dann Magie ausüben zu können.

Das Überqueren des Jenseitsflusses durch das Durchwaten des Wassers, bei dem die Asen hier gerade geschildert werden, ist wie das in der Edda meist verwendete Überqueren der Gjallarbrücke ein Bild für die Jenseitsreise. Daher ist die Benutzung eines (Zauber-)Stabes beim Durchqueren des „Großen Wassers", das Diesseits und Jenseits trennt, ein plausibles Motiv. Die Umdeutung dieses Stabes der Seherinnen und der Zauberer zu einer Art Wanderstab und schließlich zu einem Speer ist sicherlich eine neuere Entwicklung.

In der Thorsdrapa werden die Bilder des Durchwatens eines Meeres oder eines Flusses parallel benutzt. Letztlich hatten der Jenseitsfluß Gjallar, der Wimur und auch das Meer zwischen dem Midgard der Menschen und dem Utgard der Riesen alle dieselbe Bedeutung: das Große Wasser, das das Diesseits von dem Jenseits trennt. Wahrscheinlich ist auch der tiefe Abgrund Ginnungagap eine solche Grenze, da Niflheim als Land der Kälte und der Nacht mit dem Jenseits assoziiert wurde und Muspelheim als Land der Wärme und des Tages mit dem Diesseits. Manchmal sind diese beiden Bereiche auch das „gute Jenseits" (Muspelheim) und das „böse Jenseits" (Niflheim) aufgefaßt worden – in christlichen Begriffen also als das „Paradies" und die „Hölle".

Mit den *„dumpf aufschlagenden Eisen"* sind die Speere gemeint, mit denen die beiden Wanderer gegen die heranbrandenden Wogenreihen auf dem Meeresboden Halt suchten.

„Der Berge Fall-Gebrüll" klingt nach „laut tosenden Wasserfällen", aber in dieser Strophe der Thorsdrapa wird wohl einfach die heftige Strömung des Flusses bzw. Meeres gemeint sein.

„Fedja" ist ein Fluß in Norwegen, der hier als eine allgemeine Bezeichnung für „Fluß" benutzt wird. Der *„Amboß der Fedja"* muß daher etwas sein, worauf der Fluß wie mit einem Hammer „schlägt". Dies könnte das Flußbett selber, die Kiesel in diesem Flußbett oder auch eine in den Fluß hinausragende Landzunge sein. Da das Wasser an *„Fedjas Amboß"* vorbeirauscht, ist hier wohl am ehesten eine flache Landzunge aus angeschwemmten Kieseln oder eine Sandbank gemeint.

Mit *„Fedja"* könnte jedoch auch die Riesin Fenja (Frigg in <u>Fen</u>salir) gemeint sein, die zusammen mit ihrer Schwester Menja (Freya-<u>Men</u>glöd) in dem Grottenlied in der Edda auf dem Grund des Meeres eine riesige Mühle dreht, durch die ein riesiger Wirbel im Meer sowie Ebbe und Flut entstehen und durch die auch das Salz in das Meerwasser gekommen ist. *„Amboß"* wäre dann eine Heiti für die Mühle der beiden Riesenschwestern. Diese beiden Riesinnen erinnern an die neun Töchter des Ägir, die wie ihre Mutter Ran den Seefahrern viele Gefahren brachten.

Wenn diese Deutung zutrifft, würde dieser Vers auf den gefährlichen Wirbel hinweisen, der durch das Mahlen der beiden Schwestern im Meer entsteht.

Die Mühle der beiden Riesinnen erinnert sehr an die Sampo-Mühle, die der finnische Schmied Ilmarinen für die Unterweltsgöttin Louhi geschmiedet hat, um deren Tochter als Frau zu erhalten. Diese Mühle konnte Mehl, Salz und Gold mahlen. Auch die Mühle von Fenja und Menja konnte verschiedene Dinge mahlen. Da eine solche Mühle ansonsten in den indogermanischen Mythen nicht bekannt ist, scheinen die

Germanen dieses Motiv von ihren finnischen Nachbarn übernommen zu haben.

„Kenning-freie Übersetzung" der Strophe: *„Dort stießen sie ihre Speere in das Meer, um Halt gegen die Brandung zu finden. Die Kiesel bewegten sich unter ihren Füßen. Sie suchten mit ihren dumpf aufschlagenden Speeren nach einem Halt auf den glitschigen Kieseln, die hin- und herrutschen, während die Strömung des Meeres durch Fenjas und Menjas Mühle zu einem riesigen Strudel wurde."*

*Der Förderer des Schleifstein-Landes
ließ die mächtig Angeschwollenen über sich stürzen.
Der Mann, dem der mächtige Gürtel half,
wußte nichts Besseres zu tun.*

*Der Verminderer von Mörns Kindern ließ
seine Macht bis zum Dach der Halle wachsen,
da das strömende Blut des Nackens des Thorn
sich nicht verminderte.*

Ein *„Förderer des Schleifstein-Landes"* ist ein Krieger, da dieser für das Schärfen seiner Waffen Schleifsteine benötigt und somit den Handel in den Ländern der Schleifsteinhersteller fördert. Hier sind damit Thor und Thialfi gemeint, die durch diese recht kreative Kenning als Krieger bezeichnet werden.

„Die mächtig Angeschwollenen" sind die Flüsse und ihre Wogen und hier speziell der Wimur. In der Prosa-Edda wird gesagt, daß der Wimur deshalb so anschwoll, weil die Riesin Gjalp weiter oben in den Fluß pinkelte, um die drei Asen zu ertränken. Thor vertrieb sie jedoch durch einen Steinwurf und rettete damit sich und seine Begleiter. Dann zog er sich an einem Baum aus dem Wasser, der wohl der Weltenbaum sein wird.

„Der mächtige Gürtel" ist der Gürtel des Thor. Dies ist eine „abgekürzte Kenning" für den Gott Thor. Vermutlich ist mit diesem Gürtel Thors Kraftgürtel gemeint ist. Auf seiner Fahrt nach Geirrödsgard trug er jedoch zumindestens in der Edda-Version der Geschichte den Kraftgürtel der Riesin Gridr (die Mutter des Asen Widar), die ihm ihren Kraftgürtel, ihre Eisenhandschuhe und ihren Zauberstab geliehen hatte. Der *„Mann, dem der mächtige Gürtel half"*, ist vermutlich als *„der Mann, dem Thor half"* zu verstehen – womit dann Thialfi gemeint wäre. Die Auffassung dieses Doppelverses als einer Hilflosigkeit des Thors angesichts der Wogen erscheint angesichts der Darstellung des Donnergottes in den übrigen Strophen sehr unwahrscheinlich.

Der zweite Teil dieses Satzes, der *„wußte nichts Besseres zu tun"* lautet, müßte dann bedeuten, daß sich Thialfi an den Gürtel des Thor klammerte. Die Germanen schätzten durchaus die Schilderungen solcher drastisch-komischen Situationen und waren wohl auch der durch dieses Bild erweckten Schadensfreude nicht ganz abgeneigt.

In dieser Strophe werden Thors unerschütterliche Kraft und Thialfis Hilflosigkeit einander gegenübergestellt. Solche Gegensätze waren ein beliebtes Stilmittel in den Drapas.

Die Darstellung dieses Gegensatzes wird noch dadurch verstärkt, daß der Doppelvers, der sich auf Thor bezieht, von Eilifir in der üblichen, wohlgeordneten Weise der Drapas gedichtet worden ist, aber die beiden Verse über Thialfi sowohl eine Silbe zuviel haben als auch nicht beide im selben Rhythmus verfaßt worden sind und auch auf diese Weise Thialfis Panik widerspiegeln.

„*Mörn*" ist ursprünglich ein Beiname der Riesin Skadi gewesen, aber wurde später als eine allgemeine Bezeichnung für eine Riesin benutzt. „*Mörns Kinder*" war daher eine generelle Kenning für die Riesen. Der „*Verminderer der Riesen*" ist Thor.

Die „*Halle*" ist die Erde und der Luftraum über ihr. Das „*Dach der Halle*" ist Ymirs Schädel, der den Himmel bildet.

„*Thors ließ seine Macht bis an den Himmel wachsen*" bedeutet anscheinend, daß seine Kraft mit den Hindernissen wuchs, denen er begegnete, zu denen der riesige, durch die beiden Riesinnen Fenja und Menja verursachte Strudel im Meer gehörte.

Im Bild des Jenseitsflusses, das in der Thorsdrapa parallel zu dem Bild des Weltmeeres benutzt wird, ist die größte Bedrohung nicht der riesige Strudel, sondern die beiden Riesen-Schwestern Gjalp und Greip, die mit Fenja und Menja und letztlich mit der Unterweltsgöttin Hel identisch sein werden. Das mit dem Bild des Flusses verbundene Natur-Bild ist das Hochwasser und das Treibeis im Frühling.

Das Bild, daß „*Thor seine* (magische) *Macht bis in den Himmel wachsen läßt*", erinnert daran, daß der Donnergott in Snorri Sturlusons Bericht in der Prosa-Edda über diese Fahrt nach Geirrödsgard von der Riesin Grid einen Zauberstab für diese Reise erhalten hatte und daß sich Thor durch das Festklammern an einem Eberereschenbaum vor dem Ertrinken in dem Fluß Wimur rettete. Da diese Eberesche der Weltenbaum sein wird, der von der Erde bis zum Himmel reicht, scheint sich das Wachsen von Thors Macht „*bis zum Himmel*" auf den Weltenbaum und seinen Zauberstab, der ein Symbol des Weltenbaumes ist, zu beziehen.

Ursprünglich ist der Zauberstab in allen Kulturen das Symbol des Weltenbaumes und der Fähigkeit der Schamanen (und später auch der Könige) zu einer Jenseitsreise entlang des Weltenbaumes zu den Ahnen und Göttern gewesen. Die in der letzten Strophe beschriebene Szene erweckt den Eindruck, als ob der Zauberstab in der Thorsdrapa zu einer magischen Waffe geworden wäre, mit der man der Hel drohen kann, damit sie den Besitzer des Zauberstabes den Jenseitsfluß überqueren läßt.

Einen ähnlichen Zauberstab wie Thor besitzt auch der Ase Ullr, der ihn aus einem Knochen geschnitzt und mit Runen versehen hat. Mit seiner Hilfe kann Ullr wie mit einem Schiff jedes Wasser überqueren (Gesta danorum).

Ein weiteres Symbol dieser Art ist Freyrs bzw. Odins „Schiff" Skidbladnir, das das Fell eines bei einer Bestattung oder einer anderen Jenseitsreise geopferten Tieres ist. Auf dieses Fell setzten sich die Germanen beim „Utiseta" („Draußen-Sitzen"), d.h. wenn sie die Toten herbeirufen wollten, um von ihnen Rat zu erhalten. Dadurch, daß der Totenbeschwörer wie die Toten bei der Bestattung auf dem Fell des Opfertieres saß, reiste er wie die Toten in das Jenseits. Über diesen von den meisten indogermanischen und auch von einigen nicht-indogermanischen Völkern bekannten Brauch gibt es vor allem von den keltischen Druiden viele Berichte.

Thors Drohung, *„daß seine Macht bis zum Dach der Halle wachsen würde"*, wird vermutlich letztlich darauf zurückgehen, daß die Schamanen ursprünglich den Weltenbaum entlang bis zum Himmel, d.h. bis nach Asgard zu den Göttern reisten.

In der Edda des Snorri Sturluson ist die Drohung des Thor mit seinen magischen Kräften durch einen pragmatischen Steinwurf ersetzt worden, durch den Thor die Riesin Gjalp ohnmächtig werden ließ.

„Thorn" ist hier eine Heiti für den Urriesen Ymir, aus dessen Blut alles Wasser entstanden ist. Dieser Riesenname bedeutet „Dorn" und im übertragenden Sinne auch „Schwert. *„Thorn"* ist hier also der ehemalige Sonnengott-Göttervater Tyr, der dem Urriesen Ymir gleichgesetzt worden ist – so wie dies einige Strophen zuvor auch unter dem Tyr-Namen „Gangr" geschehen ist.

Das *„strömende Blut des Nackens des Thorn"* ist daher ein Fluß, d.h. in diesem Zusammenhang der (Jenseits-)Fluß Wimur. Da der Schöpfungsbericht in der Edda zumindest indirekt aussagt, daß das Blut des Ymir, also das Wasser den riesigen Abgrund Ginnungagap zwischen Niflheim und Muspelheim ausfüllte, scheint der Wimur als der aus Ymir entspringende Fluß auch das Weltmeer zu sein, das ebenfalls ein „Jenseitsfluß" zwischen dem „diesseitigen" Midgard der Menschen und dem „jenseitigen" Utgard der Riesen ist.

Der Name „Wimur", der sich von dem germanischen Verb „wem" für „sprudeln, wimmeln, voll sein, speien" herleitet, enthielt möglicherweise für die Germanen noch immer die Assoziation des „Hervorsprudelns" des Wassers aus dem getöteten Ymir.

Da das Wasser *„aus dem Nacken des Thorn"* quillt, stellte sich Eilifr den Urriesen Ymir hier offenbar als geköpft vor. Dazu paßt, daß er eine Zeile zuvor das *„Dach der Halle"* erwähnt hat, denn der durch diese Kenning bezeichnete Himmel bestand aus dem Schädel des Ymir, dessen Kopf folglich vor der Errichtung des Himmels abgeschlagen worden sein mußte.

Beide Motive ergeben miteinander kombiniert die bildhafte Aussage, daß die Strömung des Wimur so stark war wie zum Beginn der Zeit, als das aus Ymir ausströmende Blut die Weltmeere bildete.

„Kenning-freie Übersetzung" der Strophe: *„Thor ließ die hohen Wogen über sich brausen, und Thialfi wußte nichts Besseres zu tun, als sich an Thors Gürtel zu klam-*

mern. Thor ließ seine Macht bis zum Himmel wachsen, weil die Strömung nicht nachließ."

Der Erzählung in der Edda zufolge sprach Thor, als er durch den Wimur watete, die folgenden Verse:

„Wachse nicht, Wimur,
denn ich will Dich durchwaten
hin zu des Jötun Haus.
Du weißt, daß, wenn Du wächst,
mir die Asenkraft ebensohoch
bis an den Himmel wächst."

Diese Verse sind nicht in der höfischen Form, sondern in der einfachen Liedform geschrieben und können daher nicht aus der Thorsdrapa stammen. Sie lassen jedoch vermuten, daß Thors Entschlossenheit an dieser Stelle seiner Reise ein wichtiges Motiv gewesen ist.

Diese vier Verse klingen ursprünglicher und klarer als die Stelle aus der Thorsdrapa. Es wäre denkbar, daß sie ein Zitat aus den bei Bestattungen gesprochenen Texten sind. Wenn dies zutreffen sollte, wären sie auch ein Teil der Worte, die der Schamanengott Odin bei der Bestattung seines Sohnes Baldur diesem in das Ohr flüstert, um ihn auf seiner Reise über den Jenseitsfluß Gjallar bzw. über das Eismeer ins Jenseits zu leiten.

Die ruhmreichen, kampferprobten Schlacht-Bäume,
Eid-geschworene Wikinger
aus Gautis Wohnstatt, wateten mühsam,
während die Schwert-Wasser flossen.

Die Woge der Schnee-Düne der Erde stürzte,
angetrieben von einem Sturm,
dem Vermehrer des Leides der Bewohner
des Landes der Bergketten heftig entgegen.

Ein „*Schlacht-Baum*" ist ein Krieger. Mit den „*Kriegern*" sind Thor und Thialfi gemeint.

Der „*Gauti*" („Gote") ist Odin – diese Heiti ist eigentlich eine Kurzform der Odin-Kenning „Freund der Goten". „*Odins Wohnstatt*" ist Wallhall und im weiteren Sinne Asgard, von dem aus Thor und Thialfi aufgebrochen sind.

Das germanische Wort „fen", das hier mit „*Wasser*" übersetzt ist, bedeutet sowohl „Sumpf" und „Fluß" als auch „Meer". Die Kenning „*Schwert-Wasser*" soll vermutlich die Gefährlichkeit des Flusses Wimur beim Durchwaten beschreiben. Die „*Schwerter*" sind aber wohl auch als Heiti für das Treibeis in den Flüssen und für die Eisberge im Polarmeer gemeint.

Dadurch, daß „eitr" sowohl „Eis" als auch „Gift" bedeutete, und andererseits auch ein Schwert „tödlich wie Gift" war und somit als „eisig" (kalt) bezeichnet werden konnte, ergaben sich viele Wortspiele: So wird z.B. in der Völuspa der (Jenseits-)Fluß Slidr beschrieben, in dessen eisigem/giftigem Wasser Schwerter/Eisschollen trieben.

Vielleicht ist die Kenning „*Schwert-Wasser*" in der Thorsdrapa aber auch eine Anspielung auf den Brauch, für die Götter in tiefen Wassern und in Sümpfen Gold, Schätze, Waffen und eben auch Schwerter zu versenken, um sie ihnen durch dieses „Wasser-Jenseitstor" zuzusenden. Diese Opfersümpfe waren in symbolischer Hinsicht mit dem Jenseitsfluß Wimur und dem Weltmeer zwischen Midgard und Utgard identisch.

Zu den ferneren Assoziation, die die Kenning „*Schwert-Wasser*" hervorrief, könnte auch das Schwert des ehemaligen Sonnengott-Göttervaters Tyr gehört haben. Das Schwert des Tyr zerbrach am Abend bzw. versank zusammen mit dem Göttervater in den Jenseits-Wassern. Über Nacht wurde dieses Schwert von Tyr (Tyr als Wieland) oder von seinen Helfern (seine „Alcis" genannten Zwillingssöhne als zwei Zwerge) neugeschmiedet. Am Morgen kehrte Tyr mit seinem Schwert dann wieder aus den Wassern der Unterwelt an den Himmel des Diesseits zurück.

Dieses Schwert stand als Symbol des Göttervaters in dem großen germanischen Kultort von Niederdorla in Thüringen aufrecht auf einem Altar. Auch dort war es mit der Wasserunterwelt assoziiert, da sich dieser Kultort rings um einen See, der später zu einem Sumpf wurde, befand. Aufgrund dieser Symbolik des magischen Schwertes des Tyr ist dieses Altarschwert das Urbild der „Schwerter in der Wasser-Unterwelt". Solche „magischen Schwerter" werden in mehreren der Isländer-Sagas beschrieben.

Die Kenning „*Schwert-Sumpf*" wird in den Zuhörern des Skalden Eilifir somit viele Assoziationen wachgerufen haben: an die eigenen Schwerter der zuhörenden Wikinger, an Opferungen in Seen und Sümpfen, an Bestattungen, an das Schwert des Gottes Tyr, an die Erzählungen über magische Schwerter in den Sagas wie z.B. das Schwert Gram des Sigurd oder das Schwert Tyrfing („Tyr-Finger") des Königs Angantyr, an den Jenseitsfluß Gjallar, an den Abgrund Ginnungagap, an die Weltesche als Jenseitsweg und vermutlich an noch einiges mehr.

Die „*Schnee-Düne der Erde*" sind die Gletscher im Norden, also das Polareis: Im

Bild des Jenseitsflusses ist dieser vom schmelzenden Gletscherwasser angeschwollen und im Bild des Polarmeeres ist dieses von Eisbergen erfüllt. Dieser Bereich wurde auch „Eliwagar" („Eiswogen") genannt.

In der Prosa-Edda ist die Erklärung für dieses Hochwasser des Jenseitsflusses das Urinieren der Riesin Gjalp in den Wimur. Diese Riesin ist offenbar eine Eisriesin, da sie für das Hochwasser im Frühjahr verantwortlich gemacht wurde.

Das „*Land der Bergketten*" ist Utgard, das man sich als einen kreisrunden, schmalen Rand von Bergen rings um das Weltmeer vorstellte, das Midgard umgab. Dieses Meer entspricht dem Jenseitsfluß Wimur, den Thor in dieser Drapa durchwatet. Die „*Bewohner Utgards*" sind die Riesen. Der „*Vermehrer des Leides der Riesen*" ist Thor.

Der Umstand, daß die Strömung oder zumindestens die Wogen auf dem Wimur durch einen „*Sturm*" noch vergrößert wurden, läßt vermuten, daß die Germanen auch die Ursache für die Stürme, die für die Drachenboote sehr gefährlich werden konnten, bei den Riesen suchten. In der Edda wird der Wind als der Riese Kari dargestellt. Die Entstehung des Windes wurde jedoch dem Riesen Hraesvelgr zugeschrieben, der in der Gestalt eines Adlers am Rande der Welt saß und mit seinen Schwingen den Sturm erzeugen konnte. Der Riese Kari bzw. Hraesvelgr erscheint hier somit als ein Verbündeter der beiden Riesinnen Gjalp und Greip.

„Kenning-freie Übersetzung" der Strophe: *„Die Asen wateten mühsam durch den Fluß. Das Schmelzwasser der Gletscher ließ angetrieben von einem Sturm den Fluß dem Thor entgegenbrausen."*

Thjalfi, der den Freund der Menschen begleitete,
sprang in die Luft empor
auf die Schild-Schnur des Himmelsherrn
– das war eine große Kraft-Tat!

Die Frauen des Mimir der Bosheit verursachten
einen heftigen Strom, der scharf gegen den Stahl kreischte.
Gridrs Niederwerfer trug den Schlachten-Baum
über das zerklüftete Land der Schweinswale.

Der „*Freund der Menschen*" und der „*Himmelsherr*" sind beide der Donnergott Thor.

Thialfis „*Sprung*" erinnert an Thors Drohung, daß er seine Macht bis an den Himmel wachsen lassen würde, wenn die Strömung nicht nachläßt. Möglicherweise hat sich dieses „Sprung"-Motiv aus einer Jenseitsreise den Weltenbaum hinauf entwikkelt. Wenn dies zutreffen sollte, müßte Thialfi ursprünglich einmal ein Schamane/ Priester gewesen sein – was auch erklären würde, warum er mehrfach den Thor begleitet.

Die „Christopherus-Szene", in der Thor hier den Thialfi, der sich an Thors Schildriemen festklammert, über das Meer trägt, würde gut zu dieser Deutung passen, da sich aus der Kombination des Schamanen mit dem Jenseitsfluß in vielen Religionen das Motiv des Jenseitsfährmannes („Charon") gebildet hat. In den germanischen Mythen hätte dann Thor in Bezug auf Thialfi dieselbe Rolle eingenommen wie der Schamane/Priester in Bezug auf die Toten: Er ist der Helfer auf dem Weg vom Diesseits über den Jenseitsfluß ins Jenseits.

Der Jenseitsfährmann (Odin) erscheint u.a. in der Völsungen-Saga bei Sinfiötlis Tod und in dem Edda-Lied über Harbard. In Harbard-Lied ist Odin allerdings kein hilfreicher Schamane bzw. Schamanengott, da er Thor am jenseitigen Ufer stehenläßt.

Das Wort „Ekkjur", das hier als *„Frauen"* übersetzt wurde, bedeutet „alleinstehende Frau", d.h. eine Frau, die entweder noch unverheiratet oder schon verwitwet ist. Dieses Wort wurde wie „Braut" als eine allgemeine Bezeichnung für „Frau" verwendet.

„Mimir" ist ein Tyr-Riese, von dem Odin sein Wissen um das Jenseits und den Weg dorthin erlangt hat. Der *„Mimir der Bosheit"*, also der „Riese der Bosheit" scheint hier auf den ersten Blick Geirröd zu sein – da Mimir der Weiseste aller Riesen war, wird der Tyr-Riese Geirröd durch die hier verwendete Kenning als der schlimmste aller Riesen bezeichnet.

Die *„Frauen des Geirröd"* sind Riesinnen – vermutlich vor allem die Riesin Gjalp, die der Prosa-Edda zufolge den Jenseitsfluß Wimur, den größten aller Flüsse, dadurch bedrohlich anschwellen läßt, daß sie in ihn hineinpinkelt. Im Unterschied zu der Prosa-Edda verursachen hier jedoch zwei „Frauen", also wohl Gjalp und Greip (Geirröds Töchter) gemeinsam das Hochwasser des Wimur.

Vielleicht ist mit dem *„Mimir der Bosheit"* aber auch Ägir (Tyr im Jenseits) gemeint. Dann könnten seine (neun) Töchter möglicherweise mit Fenja und Menja, die den riesigen Strudel im Nordmeer verursachten, identisch sein – aber diese Deutung ist recht unsicher.

Die ungewöhnliche Beschreibung des Wimur, dessen Fluten *„scharf gegen den Stahl kreischten"*, ist wohl ein Bild dafür, daß die Eisschollen in dem Wasser gegen die eisernen Speerspitzen der beiden Wanderer stießen. Der *„Stahl"* wird aber wohl auch eine Anspielung auf die Kenning *„Schwert-Wasser"* in der vorigen Strophe sein.

Falls es zutrifft, daß mit den beiden „Frauen" Fenja und Menja gemeint sind, dann könnte sich das „scharfe Kreischen" auch auf das Schaben zwischen den eisernen Teilen beziehen, mit denen die beiden Mühlsteine zusammengehalten werden, die von den beiden Riesinnen am Meeresgrund gedreht werden.

„Gridr" („Gier") ist die Riesin, die in der Prosa-Edda Thor auf seiner Fahrt zu dem

Riesen Geirröd ihren Kraftgürtel, ihre Eisenhandschuhe und ihren Zauberstab schenkte. Sie ist in der Prosa-Edda die Mutter des Asen Widar und den Göttern offenbar wohlgesonnen. In der Thors-Drapa steht Gridr jedoch dem Thor feindlich gegenüber, wie die Thor-Kenning „*Gridrs Niederwerfer*" zeigt. Die Strophe erweckt den Anschein, als ob Gridr nah mit Gjalp und Greip bzw. mit Fenja und Menja verwandt oder gar mit ihnen identisch sei. Es wäre auch denkbar, daß „Grid" mit der Meeresgöttin Ran identisch gewesen ist – dann könnten Gjalp und Greip sogar mit Fenja und Menja identisch sein. In der Isländersaga „Illugi" ist Grid eine Zauberin.

Ein „*Schlachten-Baum*" ist ein Krieger, womit hier Thjalfi gemeint ist.

Das „*zerklüftete Land der Schweinswale*" ist das wogende Meer. Das hier mit „*zerklüftet*" übersetzte germanische Wort beinhaltet die Bedeutung „Stolperstein", also das Bild von einem unwegsamen Gelände, womit hier die hohen Wogen geneint sind.

Die Stabreime in den letzten drei Doppelversen dieser Strophe bestehen aus drei Worten, die mit einem „s" beginnen, und fünf Worten, die mit einem „st" beginnen. In der folgenden Halbstrophe folgen zunächst zwei Worte mit einem „d"-Stabreim und dann drei weitere Worte mit einem „st" am Wortanfang. Diese Häufung von elf „s"-Stabreimen auf so engem Raum läßt auch lautmalerisch das Zischen und Brausen des Meeres und des Windes deutlich werden.

Von den 41 Worten in diesen eineinhalb Strophen beginnen 20 Worte, also fast die Hälfte, mit Zischlauten, die den Klang des Wassers nachahmen: 9x „st", 4x „s", 3x „v", 2x „f" und 2x „th".

Unz ned ýta sinni
(alfraun vas that) skaunar
á seil (hininsjóla)
*sjalfkota kom **Th**ialfi;*
*hôdu **st**áli **st**rídan*
***st**raum hrekkmímis ekkjur;*
***st**ophnísu fór **st**eypir*
***st**ridlundr med vol Gridar.*

*Ne **d**júp-akorn **d**rôpu*
dolgs, vamms, firum, glamma
***st**rídkvidjondum, **st**odvar*
***st**all vid rastar -falli;*

In der Skaldskaparmal wird berichtet, daß sich Thor nicht an einem Speer, sondern an einer Eberesche festhielt – was nach einem älteren Motiv vor der Umdeutung der Mythe in eine kriegerische Bilderwelt aussieht. Die betreffende Stelle in der Prosa-Edda lautet:

103

Da sah Thor in eine Bergkluft hinauf, daß da Gialp, Geirröds Tochter, quer über dem Strome stand und dessen Wachsen verursachte (d.h. sie urinierte in den Fluß). *Da nahm Thor einen großen Stein aus dem Fluß auf und warf nach ihr, indem er sprach: 'Bei der Quelle muß man den Strom stauen.'*

Sein Wurf pflegte sein Ziel nicht zu verfehlen. In demselben Augenblick nahte er sich dem Land, ergriff einen Eberesenbaum und stieg aus dem Fluß: Daher stammt das Sprichwort, daß der Eberesenbaum „Thors Rettung" sei.

Möglicherweise liegt der Ursprung dieses recht drastischen Bildes in der Unterweltsreise des Thor, bei der er ursprünglich die Midgartschlange und später dann die Riesen bekämpfte. Die Eberesche wäre dann der Weltenbaum, der die Verbindung zwischen Diesseits und Jenseits darstellt. Vermutlich haben die Germanen das Motiv des Ebereschen-Weltenbaumes von den Sami, die gleichzeitig mit ihnen in Skandinavien lebten, übernommen.

Die Sami im nördlichen Skandinavien, die nicht zu der indogermanischen, sondern zu der uralischen Sprachfamilie gehören, kennen einen Donnergott mit dem Namen Horagalles, dessen Frau den Namen Ravdna trägt. Dieser Göttin war die Eberesche heilig.

In der Skaldskarpamal wird dieser Baum mit der Kenning „Rettung des Thor" umschrieben, weil sich Thor bei seiner Fahrt zu dem Riesen Geirröd an einer Eberesche festgeklammert hat und sich dadurch retten konnte.

Da der Fluß Wimur, den Thor hier überquert, der Jenseitsfluß war, sollte die Eberesche, an der Thor Halt findet, der Weltenbaum sein. Der Name „Thors Rettung" paßt auch gut zu Yggdrasil, denn etwas, das den mächtigen Donnergott retten kann, muß schon etwas besonders großes und starkes sein …

„Kenning-freie Übersetzung" der Strophe: *„Thjalfi, der Begleiter des Thor, sprang auf dessen Schild-Schnur empor um nicht zu ertrinken. Das war eine große Kraft-Tat! Die Riesinnen Gjalp und Greip verursachten einen laut tosenden Strom. Thor trug Thialfi über das Meer."*

*Die Tief-Eicheln, die kühn wurden
angesichts des Schreckens der Feinde der Menschen,
stockten nicht in der Brandung
von Glammis Lieblingsplatz.*

*Der tapfere Sohn der Landenge erschrak nicht
vor dem Schrecken der Fjord-Bäume;
Thors Mut-Stein zitterte nicht in Furcht,
auch nicht der von Thjalfi.*

Mit „*Tief-Eichel*" ist das Herz gemeint. Das Herz von Thialfi und insbesondere das Herz von Thor verzagte nicht angesichts der Gefahren, sondern verspürte Kampfesfreude. „*Tief-Eichel*" ist wieder eine „verkürzte Kenning" für Thor und Thialfi.
(akörn = Frucht wildwachsender Bäume; djúp = tiefes Wasser, tiefer Ort,; djúp-akörn = in der Tiefe verborgene Baum-Frucht = tief verborgener Apfel = Herz in der Brust)

Die „*Feinde der Menschen*" sind die Riesen. Deren „*Schrecken*" ist Thor.

„*Glammi*" („Beller") muß ein Wolf oder Hund sein. Da er seinen „*Lieblingsplatz*" am Jenseitsfluß hat, ist er mit dem Fenris-Wolf und mit dem Höllenhund Gram identisch, die beide vor dem Eingang zur Hel wachen.

„*Glammi*" ist aber auch der Name eines Seekönigs, sodaß „*Glammis Lieblingsplatz*" in diesem Fall das Meer wäre. An der Bedeutung der Kenning ändert diese zweite Deutung nicht viel, da das Meer ebenfalls der Übergang zum Jenseits ist.

Die Formulierung „*verpaßten nicht einen Schlag*" bezieht sich auf die „*Tief-Eicheln*", also auf die Herzen von Thor und Thialfi, die nicht vor Angst stockten, als sie die Riesen angreifen sahen. Bei ihnen setzte also kein einziges mal vor Schrecken ein Herzschlag aus.

Es ergibt sich aus dem Zusammenhang, daß mit „*Sohn der Landenge*" der Gott Thor gemeint ist. Das Wort „Landenge" muß an dieser Stelle daher eine Bezeichnung für Thors Mutter, die Erdgöttin Jörd, sein. Da Jörd zwar unter die Asen aufgenommen worden war, aber von ihrer Geburt her zu den Riesinnen zählte, konnte sie wie die Riesen als „Bewohnerin der Landzunge/Landenge/Vorgebirge" bezeichnet werden, was der Skalde Thorleifr hier zu „Landenge" vereinfacht und verkürzt hat. Dasselbe Verfahren hatte er auch schon bei der Loki-Kenning „Geier-Pfad" statt „Ase des Geier-Pfades" angewendet.

Die „*Fjord-Bäume*" sind die sozusagen baumhohen Wogen im Jenseitsfluß bzw. in dem Meer zwischen Midgard und Utgard. Hoher Seegang war ein Erlebnis, das allen Wikingern vertraut gewesen sein wird. Die Benutzung dieses Bildes wird in den Wikingern, die dem Vortrag des Eilifir zuhörten, wahrscheinlich die eine oder andere unangenehme Erinnerung wachgerufen und dadurch die Spannung im Raum gesteigert haben.

Auch diese Kenning kann auf eine zweite Weise gedeutet werden, da „*Fjord-Baum*" auch ein Schiff sein könnte, da das Schiff aus Holz ist und der Mast zudem einem Baum ähnelt. Der „*Schrecken der Schiffe*" wären aber wiederum die hohen Wogen.

Der „*Mut-Stein*" ist ein Bild, das an die „Siegsteine" (Thidreksaga) und die „Lebenssteine" (Cormac-Saga) in der germanischen Mythologie erinnert, die beide ihrem Besitzer den Sieg sicherten. Vermutlich sind alle drei „Steine" miteinander identisch. Die Siegsteine stammten, wie ein mittelalterliches Gedicht zeigt, aus dem Magen von Schlangen. Diese Steine wurden im Kampf mitgenommen und manchmal auch als Schwertknauf verwendet wie z.B. in dem Schwert „Hwiting" („Weißer") in der Cormac-Saga. Da die Schlange die Gestalt der Ahnen im Jenseits war, zeigt die Herkunft der Siegsteine aus einem Schlangenmagen, daß der Mut, der Sieg und das Leben (bzw. seine Erhaltung), die diese Steine ihren Trägern gaben, aus dem Jenseits, d.h. von den Vorfahren bzw. den Götter zu den Besitzern solcher Steine gesandt wurden.

Die fünf Motive des „Mut-Steines", des „Siegsteines", des „Lebenssteines", der „Stirn-Sterne" („Augen") und des „inneren Mondes", der den Willen eines Menschen darstellte, werden wahrscheinlich durch Assoziationen eng miteinander verbunden gewesen sein: Der Mutige siegt.

Der Wille, der sich in dem Blick eines Menschen offenbart, wurde auch als „Schlange in den Augen" umschrieben.

Das poetische Bild des „Mut-Steines" ist vermutlich ein Teil einer bildhaften Beschreibung der Psyche gewesen, die sich aus mehreren Bestandteilen zusammengesetzt hat:

- die Seele als Stern, wie sie sich bei Thialfi und bei Aurwandil findet;
- die Verbindung der beiden weltweit verbreiteten Seelensymbole des Sternes und des Auges miteinander („Stirn-Sterne");
- der Schlange bzw. der Drache als das Tier der Jenseitsreise und der magischen Kraft, die man durch eine solche Reise erhält, da der Jenseitsreisende dabei eine Verbindung zu den Göttern erlangt („Kundalini");
- der Schlange als allgemeines Symbol der innerer Kraft;
- die Assoziation des Auges (Seelensymbol) und der Schlange (Jenseitsreise) miteinander („Schlange im Auge");
- der Mond könnte ein Bild für den hellsichtig wahrgenommenen Geist eines Toten (oder eines Lebenden) sein, der allgemein als nebelhaftes, milchigweißes Schemen wahrgenommen wird; aus diesem Bild könnte auch die Bezeichnung „Alfen", („Leuchtende") für die Totengeister entstanden sein;
- die Übertragung dieses Leuchtens auf den kriegerischen Willen, wodurch das Bild des „inneren Mondes" als Ausdruck des Willens entstand;
- das Innere Feuer, das bei den Jenseitsreisen und auch bei der Kampfekstase (Berserker, Ulfhedinn) erweckt wird, wurde auch mit dem Jenseitstor-Feuer („Waberlohe") und mit der Jenseitsreisen-Schlange („Kundalinischlange") assoziiert (Darstellungen auf den beiden Goldhörnern von Gallehus);
- dieses Innere Schlangenfeuer wird dem „Inneren Mond" und auch den „Schlangen in den Augen" entsprechen;
- der „Sieges-Stein" („Mut-Stein", „Lebensstein"), der aus einer Schlange stammt, wäre somit etwas Besonderes (nicht jede Schlange hat einen Stein verschluckt), das den Besitzer dieses Steines mit der Qualität der Schlange bzw. des Drachens verbindet: mit dem Inneren Feuer (Schlange, Drache), mit der eigenen Seele (Stern, Mond) und schließlich auch mit den Göttern.

Wikinger mit Hörnerhelm und ein Ulfhedinn-Ekstasekrieger

"Kenning-freie Übersetzung" der Strophe: *„Die standfesten Asen wurden von den heftigen Wogen des Jenseitsflusses überrollt, aber Thor und Thialfi hatten keine Furcht."*

Die Schar der Felsen-Wölfe, die Hasser des Schildes
des ewig brennenden Feuers sind,
erhob den Lärm des Schwert-Brettes
gegen die Festzieher des Gleipnir,
bevor die Reiter der Tiefe,
die Vernichter des Volkes der Meeresküste, in der Lage waren,
das Schalen-Spiel des Haar-Teilens des Hedinn
gegen die Briten-Sippe der Höhle zu spielen.

Die *„Felsen-Wölfe"* sind die Riesen.

„Hati", d.h. *„Hasser"* ist der Name des Wolfes, der den Mond jagt und ihn beim Ragnarök verschlingt. Die Riesen werden durch diese Kenning als die Feinde der Sonne und des Mondes charakterisiert. Mit dieser Kenning ist auch die Umschreibung *„Festzieher des Gleipnir"* für „Asen" assoziiert, da die Asen mit der Fessel Gleipnir („Verschlinger") den Fenriswolf fesselten, der in symbolischer Hinsicht mit den beiden Wölfen, die Sonne und Mond fressen wollen, sehr eng verwandt ist.

Das *„ewig brennende Feuer"* ist die Sonne. Der *„Schild der Sonne"* ist die Sonnenscheibe. Die *„Felsen-Feinde der Sonnenscheibe"* sind die Riesen in der Unterwelt (Utgard), die die Sonne des Nachts durchwandert und die dort anscheinend von den Riesen bedroht wird – und die ihrerseits die Zwerge und möglicherweise ursprünglich einmal auch die Riesen zu Stein erstarren ließ, wenn diese sich in den Sonnenschein im Diesseits wagten (Alwis-Lied).

Ein *„Schwert-Brett"* ist ein Schild. Der *„Lärm des Schildes"* ist der Schlachtenlärm. Die Riesen eröffneten also den Kampf.

Die *„Reiter der Tiefe"* sind Thor und Thialfi als Reisende ins Jenseits, d.h. in das Land „Utgard", in dem Geirröd und die anderen Riesen wohnen. Die *„Tiefe"* ist entweder die Tiefe des Meeres oder die Tiefe von Ginnungagap. *„Reiter"* ist hier eine Umschreibung für „Überquerer".

Die (jenseitige) *„Meeresküste"* ist Utgard. Das *„Volk der Meeresküste"* sind die Riesen. Die *„Vernichter der Riesen"* sind Thor und Thjalfi.

Ein *„Hedinn"* ist ein Fellumhang, an dem sich noch der Kopf des Tieres befinden kann, von dem das Fell stammt – wie der Umhang der Ulfhedinn („Wolfsfell-Krieger") und der Berserker („Bärenfell-Krieger"). Auch der „Ögishelm" („Schreckenshelm"), durch den sich in der Siegfried-Sage der Zwerg Fafnir in einen Drachen verwandelte, ist solch ein „Hedinn". Hedin ist auch einer der beiden Anführer in dem endlosen Kampf zwischen Hedin (Tyr) und Högni (Hagen, Loki).

Das *„Haar-Teilen des Hedinn"* bedeutet offenbar „Kampf": Das gemeinte Bild ist vermutlich das Zu-schlagen mit einem Schwert auf einen Krieger, dessen „Scheitel" mit einem Schwert statt mit einem Kamm gezogen wird.

Das *„Schalen-Spiel des Kampfes"* bezieht sich möglicherweise auf die Herstellung von Schädel-schalen aus den Köpfen der Feinde (Wieland-Lied). Solche Schädelschalen wurden von den (Indo-)Ger-manen benutzt, da man die Vorstellungen hatte, daß das Trinken aus solchen Schalen dem Trinkenden die Kraft dessen verleiht, von dem diese Schädelschale stammte. Dieser Brauch war auch im Christentum bis ins frühe Mittelalter hinein weit verbrei-tet: Auf diese Weise strebte man danach, den Segen vor allem von Heiligen zu erhal-ten. Bereits in der späten Altsteinzeit hat man aus den Schädeln mancher Toter sorg-fältig bearbeitete Schalen angefertigt.

Die *„Briten-Sippe der Höhle"* waren die in Höhlen wohnende Riesen. In dieser Kenning wurden auch die Briten den Riesen gleichgesetzt: Beide waren feindlich gesonnene Wesen in der Fremde.

„Kenning-freie Übersetzung" der Strophe: *„Die Riesen überfielen die Asen, als die-se noch durch den Fluß wateten und noch nicht selber den Kampf gegen die Riesen beginnen konnten."*

Das Schären-Volk der kalten Wellen
unternahm einen Flucht-Ausflug vor den Feinden der Schweden
und eilte in sein Heiligtum,
verfolgt von dem Zermalmer des Landzungen-Volkes.

Die Dänen der Flut-Rippe des weit draußen liegenden
Heiligtums gaben sich geschlagen,
als die Verwandten von Jölnirs
Feuer-Schüttler fest standen.

Das *„Schären-Volk"* sind die Riesen. Die Inseln („Schären") wurden dem Jenseits gleichgesetzt. Dieses Motiv findet sich u.a. auch in der Wieland-Sage, in der das Ausgesetztwerden auf einer Schäre den Jenseitsaufenthalt des Schmiedes Wieland darstellt. Die bekannteste aller Jenseitsinseln ist sicherlich Atlantis – dicht gefolgt von dem keltischen Avalon („Apfelbaum-Land"). Alle diese Inseln lagen in den *„kalten*

Wellen" des Meeres.

Der *„Flucht-Ausflug"* ist wieder einmal ein Zeichen dafür, wie hoch der Skalde Eilifir und wohl auch die Germanen, die ihm zuhörten, die Ironie schätzten.

Die *„Feinde der Schweden"* sind die Asen – auch die Schweden gehörten zur Zeit des Skalden Eilifir Godrunarson zu den Gegnern der Isländer und werden hier mit einem verächtlichen poetischen Seitenhieb bedacht: Die Wikinger sahen sich selber als unter dem Schutz des Thor stehend an und setzten alle ihre Feinde den Riesen gleich, die von Thor getötet wurden.

Das *„Landzungen-Volk"* sind die Riesen auf den Küsten von Utgard, d.h. auf dem jenseitigen Ufer des Gjallar-Flusses bzw. des Weltmeeres. Der *„Zermalmer der Riesen"* ist Thor.

Die *„Flut-Rippe"* scheint ein schmales, langgezogenes felsiges oder vielleicht auch sandiges Landstück zu sein, das nur bei Ebbe trockenliegt. Vielleicht ist mit der „Rippe" aber auch eine lange, schmale Landzunge gemeint. Die *„Dänen der Flutrippe"* sind die Riesen, die auf der bei Flut möglicherweise überspülten Landzunge wohnen – eine recht unangenehme Heimat ... Eilifir vergaß nicht, auch die *„Dänen"* nebenbei abfällig als „Riesen" zu bezeichnen.

Diese *„Rippe"* ist auch eine Anspielung darauf, daß die Felsen aus den Knochen des Urriesen Ymir entstanden sind – und eine seiner Rippen ist die Landzunge, auf der hier die Riesen wohnen.

Das *„weit draußen liegende Heiligtum"* der Riesen ist ihre Heimat Utgard jenseits des Gjallar bzw. des Weltmeeres.

Ein *„Feuer-Schüttler"* ist ein Krieger – das Bild bezieht sich nicht auf einen Brandstifter, sondern auf das Schwert, das wegen der Verletzungen, die es zufügen sollte, oft mit der Heiti „Flamme" umschrieben wurde.

„Jölnir" („Jul-Gott") ist Odin – anscheinend wurden seine Jenseitsreisen den Jenseitsreisen der Sonne gleichgesetzt, da die Julnacht (Mittwinter) der Zeitpunkt der jährlichen Wiedergeburt der Sonne ist (ab der Julnacht werden die Tage wieder länger und die Sonne somit wieder stärker). Dieser Zusammenhang hat seinen Ursprung vermutlich darin, daß der ehemalige germanische Göttervater Tyr noch wie allgemein die indogermanischen Göttervater die Charakterzüge eines Sonnengottes besaß.

„Jölnirs Feuer-Schüttler", also *„Odins Krieger"* ist Thor. Die *„Verwandten des Thor"* sind die Asen – hier wird Thialfi anscheinend zu den Asen gerechnet, denn sonst käme kein Plural („Verwandte") zustande.

„Kenning-freie Übersetzung" der Strophe: *„Die Riesen flohen vor den Asen und eilten von Thor verfolgt in ihre Höhlen. Die Riesen gaben sich geschlagen, als die Asen im Kampf fest standen."*

Als die Krieger, denen ein Geist der Stärke verliehen worden war,
das Haus des Thor betraten,
gab es ein großes Geschrei

unter den Walisern der Höhle mit den runden Wänden.

*Der dem Frieden abgeneigte Töter
des Rentiers der Lista-Leute der Gipfel
geriet dort auf dem schrecklichen,
grauenvollen Hut der Riesin in die Enge.*

Der „*Geist der Stärke*" könnte die Kampfekstase der Berserker und der Ulfhedinn sein.

Mit „*Thorn*" („Dorn" = Schwert = Schwertgott Tyr) ist der Urriese Ymir gemeint, wie sich aus den vorigen Strophen ergibt, in dem das aus Thorns Leib strömende Blut dem reißenden Fluß Wimur verglichen wird. Der Tyr-Riese „Thorn" („Schwert") ist identisch mit dem Tyr-Riesen „Geirröd" („Schild"), zu dem Thor und Thialfi in diesem Lied reisen – Tyrs Waffen waren das flammende Sonnenschwert und der goldene Sonnenschild. Das „*Haus des Thorn*" ist eine Höhle, in der die Riesen wohnen.

Die „*Waliser der Höhle*" sind die Riesen; nach den Dänen, Schweden, Schotten und Briten werden nun auch die Waliser als Feinde der Isländer den Riesen gleichgesetzt. Dieser „running gag" könnte bei den Wikingern, die dem Eilifir lauschten, ein jedesmal stärker werdendes begeistertes Johlen hervorgerufen haben.

„*Lista*" ist die große, bergige, südwestnorwegische Halbinsel, die direkt im Norden von Dänemark liegt. Die „Lista-Leute der Berge" und die „Waliser der Höhlen", die zwei Verse vorher erwähnt werden, stehen hier sowohl in Parallele (Fremdvölker) als auch im Gegensatz (Höhle – Berg). Diese beiden Formen der Gegenüberstellung schätzten die germanischen Dichter sehr. Beide Kenningar sind Umschreibungen für „Riese". Ein „*Rentier der Riesen*" ist ein Wolf, womit wieder Geirröd gemeint ist.

Der „*Hut der Riesinnen*" ist der Stuhl, unter dem sich die Riesinnen Gjalp und Greip versteckt haben und der sich deshalb wie ein Hut über ihnen befand. Diese Kenning könnte durchaus auch eine Anspielung auf Thors Reise zu Utgard-Loki sein, auf der die Asen in einer Höhle Schutz suchten, die sich später als der Handschuh eines Riesen herausstellte. Diese Kenning könnte durchaus das eine oder andere Lachen bei Eilifirs Zuhörern ausgelöst haben.

„Kenning-freie Übersetzung" der Strophe: „*Als die Asen in ihrer Kampfekstase die Höhle betraten, gab es ein großes Geschrei unter den Riesen. Thor geriet dort ziemlich in Bedrängnis.*"

*Sie stießen den hohen Himmel der Flamme
des Brauen-Mondes gegen die Dachsparren der Halle
und wurden selber gegen die Stein-Nüsse*

der Ebene der Stein-Halle gequetscht.

*Der Halter der Schutzwand des schwebenden
Streitwagens des Gewitters
zerbrach den uralten Kiel des Schiffes
des Lachens der beiden Höhlen-Mägde.*

Das „*sie*" sind die beiden Riesinnen Greip und Gjalp, die Töchter des Geirröd.

Der „*Brauen-Mond*" ist das Auge. Die „*Flamme des Auges*" ist Thors wütender Blick. Der „*Himmel der wütenden Augen*" ist Thors Stirn. Sie wird hier wie „Hrungnirs Kopf-Splitter" in der Ragnars-Drapa als „abgekürzte Kenning" für Thor benutzt. Sie besteht nur aus dem Kenniord (kennzeichnender Bestandteil der Kenning). Zusammen mit dem Stofnord („Stammwort") könnte die vollständige Thor-Kenning z.B. „*Ase des hohen Himmels der Flamme des Brauen-Mondes*" lauten.

Der „*hohe Himmel*" ist hier assoziativ mit dem „*schwebenden*", d.h. über den Himmel fahrenden „*Streitwagen des Thor*" verbunden.

Die „*Dachsparren der Halle*" sind die Decke der Höhle der Riesen. „*Dachsparren*" ist hier natürlich nur symbolisch gemeint, da eine Höhle keine Dachsparren hat.

Die „*Ebene der Steinhalle*" ist der Fußboden der Höhle. Die „*Stein-Nüsse*" auf dem Höhlenboden sind die von der Decke herabgefallenen Steinstücke. In dieser Halbstrophe sind die beiden Doppelverse genau parallel aufgebaut, was einen komisch-drastischen Eindruck hervorruft: Erst stemmen die beiden Riesinnen Thor zu den „Dachsparren" der Höhlendecke hinauf und dann drückt Thor die beiden Riesinnen auf die Kiesel auf dem Höhlenboden hinab.

Diese Szene findet sich auch in der Edda beschrieben: Dort heben die beiden Riesinnen Gjalp und Greip, die Töchter des Geirröd, Thors Stuhl zur Decke empor, um den Asen zu zerquetschen. Diese beiden hatten schon vorher versucht, den Thor in dem Fluß Wimur zu ertränken, indem sie durch ihren Urin eine Flut verursacht hatten.

„*Nüsse*" waren eine beliebte Heiti für „Tränen". Dadurch ergibt sich nebenbei die Aussage, daß die beiden niedergedrückten Riesinnen, als sie am Boden lagen, Grund zum Weinen hatten – schließlich wurden sie von Thor getötet. Da Thor als der Donnergott zudem den Regen brachte, den man auch als die „Tränen des Himmels" umschrieb, findet sich hier gleich noch eine weitere Ironie.

Der „*Streitwagen des Gewitters*" ist der Ziegenwagen des Donnergottes Thor. Die Kenning „*schwebender Thors-Wagen*" zeigt, daß man sich vorstellte, daß Thor in seinem Wagen mit donnernden Rädern im Gewitter über den Himmel fuhr und Blitze herabsandte.

Die (frühere) christliche Variante dieses Bildes ist die Vorstellung, daß der Donner dadurch entsteht, daß „Petrus im Himmel Kegeln spielt".

Die „*Schutzwand des Thorswagens*" ist der hölzerne Aufbau auf dem Wagen, der dem Schutz des Fahrers vor den Pfeilen und Speeren der Feinde dient. Der „*Halter dieser Schutzwand*" ist Thor.

Das „*Schiff des Lachens*" ist der Brustkorb. In diesem Zusammenhang kann eine Kenning, die das Wort „*Lachen*" benutzt, nur noch sarkastische Ironie sein – denn die Riesinnen starben durch Thor. Der „*Kiel des Brustkorbes*" ist das Rückgrat. Die „*Höhlen-Mägde*" sind die beiden Riesinnen Gjalp und Greip.

Auch die „*(Hasel-)Nüsse*" als Heiti für „Tränen" bilden einen Gegensatz zu dem „*Lachen*" der Riesinnen – das durch Thor für immer beendet wird.

„Kenning-freie Übersetzung" der Strophe: „*Gjalp und Greip stießen Thor gegen die Höhlendecke und versuchten ihn zu zerquetschen, aber Thor drückte sie nieder und zerbrach ihnen das Rückgrat.*"

Einstmals brauchte ich
meine gesamte Asenstärke
In dem Haus des Riesen,
als Gialp und Gneip,
Geirröds Töchter,
Mich zum Himmel zu heben versuchten.

Diese Halbstrophe aus der Skaldskaparmal beschreibt den Kampf zwischen Thor und den Riesinnen Gjalp und Greip.

Da sie nicht in der höfischen Form verfaßt ist, kann sie nicht aus der Thorsdrapa stammen, sondern wird wie die von Thor an die Wasser des Wimur gerichteten Worte aus einem anderen Lied über die Reise des Thor nach Geirrödsgard stammen.

Der Sohn der Erde sprach nur selten,
aber die Männer des Baus
des Fjord-Apfels unterbrachen
nicht ihr Bier-Fest.

Der Ägir des Eschen-Seiles,
Sudris Verwandter, stieß mit einer Zange
ein Häppchen, das in der Esse gekocht worden war,
gegen den Mund von Odins Kummer-Dieb.

Der „*Sohn der Erde*" ist Thor: Er ist der Sohn des Odin und der Erdgöttin Jörd/ Fjörgyn.

Die Worte „*er sprach nur selten*" könnten bedeuten, daß Thor das „*Bier-Fest*" nicht gefiel – was eine recht ironische Umschreibung des Kampfes zwischen Thor und den Riesen wäre. An dieser Stelle könnten die den Versen des Eilifir Godrunason lauschenden Wikinger gegrinst und einen Schluck von ihrem Bier oder Met getrunken haben – und sich vielleicht auch an die eine oder andere Schlägerei bei einem Gelage erinnert haben …

Der Skalde Eilifir war offenbar sehr um eine gute Stimmung unter seinen sicherlich nicht zart besaiteten Zuhörern bemüht.

Die Umschreibung des Kampfes als „*Bier-Fest*" läßt die drei Strophen vorher benutzte ironische Umschreibung „*Flucht-Ausflug*" anklingen: Der Kampf folgt auf die Flucht wie das Bierfest auf den Ausflug.

Der „*Fjord-Apfel*" ist vermutlich die Insel oder die Landzunge in dem Fjord, auf dem sich der „*Bau*", d.h. die Höhle der Riesen befand. Die Riesen werden durch die Verwendung des Wortes „Bau" („Höhle eines Fuchses o.ä.") als „Tiere" bezeichnet – und gleichzeitig natürlich auch all die Fremdvölker, die in den vorigen Strophen von Eilifir den Riesen gleichgesetzt worden sind.

Es wäre denkbar, daß die Kenning „*Fjord-Apfel*" eine Assoziation zu den lebengebenden Äpfeln der Idun hervorrufen sollte. Die Germanen gaben ihren Toten manchmal Äpfel mit in das Jenseits, die wohl wie die Äpfel der Idun das Weiterleben der Toten im Jenseits sichern sollte.

Man kann somit mit einiger Berechtigung vermuten, daß die Germanen wie die Kelten aus dem „Totenreich jenseits des Großen Wassers" und den „magischen Äpfeln der Göttin in der Unterwelt" das Bild einer „Apfelinsel" (Kelten: „Avalon") erschaffen haben: den „*Fjord-Apfel*".

Die „*Männer der Höhle*" sind die Riesen. Da die Hügelgräber oft auf Landzungen oder zumindestens in der Nähe des Meeres errichtet wurden, da das Totenreich „jenseits des Großen Wassers lag", könnte diese „Höhle" auch eine Heiti für ein Hügelgrab sein. Diese vielfältigen Assoziationsmöglichkeiten werden durchaus beabsichtigt gewesen sein, da sie vielfältige Assoziationen und Gefühle in den Zuhörern hervorrufen konnten. Und das Hervorrufen von Gefühlen ist noch heute das wichtigste Merkmal eines erfolgreichen Liedes …

Ein „*Eschen-Seil*" ist ein Speer. „*Eschen-Seil*" ist wieder eine „gekürzte Kenning", da sie hier keinen Speer, sondern einen mit einem Speer oder Bogen bewaffneten Krieger bezeichnet.

Die Bedeutung des Namens „*Ägir*" ist „*Erschrecker*". Der „*Erschrecker der Krieger*" ist in diesem Zusammenhang folglich ein Riese. Da Ägir wie Thorn und Geirröd ein Name für den ehemaligen Sonnengott-Göttervater in der Unterwelt ist, ist der „*Ägir des Eschenseiles*" auch ganz direkt der Gott Tyr als der mit einem Speer bewaffnete Riese in der Unterwelt zu verstehen.

Die Zuhörer des Eilifir Godrunason werden sicherlich auch bemerkt haben, daß die

Kenning „Eschen-Seil", mit dem Geirröd umschrieben wird, einen Speer bezeichnet und daß der Name „Geirröd" „Speer-Rad" bedeutet und einen Schild als einen Schutz vor den Speeren umschreibt.

„*Sudri*" ist einer der vier Zwerge, die die Himmelskuppel, d.h. den Schädel des Urriesen Ymir tragen. Daß der Riese Geirröd hier als „Sudris Verwandter" bezeichnet wird, zeigt, daß Riesen und Zwerge recht ähnliche Wesen gewesen sein müssen: Totengeister („dwergaz"). In den frühen Texten gibt es keinerlei Hinweise darauf, daß die Zwerge klein gewesen sind – die Riesen waren eher „besonders große Totengeister".

Es erscheint auch nicht sehr plausibel, daß die vier Wesen, die den Himmel trugen, besonders klein waren – man sollte sie eher für besonders groß halten. Auch in den Mythen anderer indogermanischer Völker wird der Himmel von einem Riesen (Griechen: Atlas; Hethiter: Ullimummi) oder einem Gott (z.B. Inder: Skambia) getragen.

Das „*Häppchen, das in der Esse gekocht worden war*", ist ein Stück glühendes Metall. Die Riesen sind hier wie die Zwerge Schmiede. Geirröd reicht hier dem Thor einen „Empfangs-Imbiß" – allerdings keinen sehr freundlichen. Diese Szene wird eine Anspielung auf die Gastfreundschafts-Bräuche der Germanen sein.

Der „*Kummer-Dieb*" ist die Freude. „*Odins Freude*" ist Thor.

„Kenning-freie Übersetzung" der Strophe: „*Thor war wütend, aber die Riesen beendeten nicht den Kampf. Geirröd nahm mit einer Zange ein Stück glühendes Metall und stieß es gegen Thors Kopf.*"

Der Unterdrücker der Verwandten
der nachts umgehenden Frauen riß den Mund
seines Armes weit auf und schnappte das schwere,
rote Häppchen aus dem Seegras der Zange.

Auch diese vier Verse stammen aus der Skaldskaparmal des Snorri Sturluson. Im Gegensatz zu den beiden vorigen aus der Edda stammenden Halbstrophen sind diese vier Verse jedoch in demselben Stil wie die Thorsdrapa verfaßt worden, was vermuten läßt, daß sie auch aus der Thorsdrapa stammen. Warum diese Strophe in der Thorsdrapa jedoch fehlt und warum von ihr nur eine Halbstrophe erhalten ist, ist unbekannt.

Der Halbvers läßt sich an dieser Stelle mühelos einfügen – so als ob er hierhin gehören würde.

Auch die Art der Reime in dieser Halbstrophe sehen sehr nach dem Skalden Eilifir aus, der es verstand, hier durch die Wahl der Halbreime die Vorstellung von Kampflärm heraufzubeschwören: In dem ersten Doppelvers finden sich die Reime „*thröng –*

thung – thang – tang" und in dem zweiten Doppelvers die Reime *„runn – kvinn – kunn – munn"*.

> *Thöngvir gein vid thungum*
> *thangs raudbita tangar*
> *kvel runninna kvinna*
> *kunnlegs alinmunni.*

Die *„nachts umgehenden Frauen"* sind die Riesinnen, die hier offensichtlich als Gespenster und vielleicht auch als Zauberinnen angesehen wurden. Es gab offenbar einen fließenden Übergang zwischen Riesinnen, Troll-Frauen, Totengeistern, Seherinnen, Zauberinnen und Nornen. Sie wurden auch „Abend-Reiterinnen", „Nacht-Reiterinnen" und „Hag-Sitzende" („hagazussa") genannt. Aus der letzten dieser Bezeichnungen hat sich dann das deutsche Wort „Hexe" entwickelt.

Die *„Verwandten der Riesinnen"* sind die Riesen – eine „Minimal-Kenning" … Der *„Unterdrücker der Riesen"* ist Thor.

Der *„Mund des Armes"* ist die Hand.

Das *„rote Häppchen"* ist das glühende Stück Metall. Es ging heiß her bei diesem Kampf … Eilifir behält das Gleichnis zwischen dem Kampf und einem Gelage hier über mehrere Strophen hinweg bei, was natürlich das Amüsement der Wikinger immer mehr erhöht haben wird.

„Seegras" könnte eine Heiti für Metall sein, da „Kriegs-Gras" eine Kenning für „Brünne, Rüstung" gewesen ist. Kleidung wurde aus Flachs/Leinen („Gras") hergestellt und Kettenhemden wurden aus Metallringen „gestrickt".

Die Umschreibung *„Seegras der Zange"* kann sich entweder auf die Greifbacken der Zange beziehen oder einfach „metallene Zange" bedeuten.

Der *„Vermehrer der Schlacht"* ist Thor.

„Kenning-freie Übersetzung" der Strophe: *„Thor schnappte das glühende Metallstück, das Geirröd mit seiner Zange nach ihm geworfen hatte, mit seiner Hand auf."*

So trank der schnelle Vermehrer der Schlacht,
Thröngs alter Freund, gierig
den erhobenen Trunk des geschmolzenen Klumpens
in der Luft mit dem schnellen Mund seiner Hände.

Die zischende Schlacke flog
von der feindlichen Brust des Griffes
des inbrünstigen Liebhabers von Hrimnirs Mädchen
zu dem, der Thrudr sehr vermißt.

„Thröng" („Gedränge") ist ein Beiname der Göttin Freya, der sich vielleicht auf die

Vielzahl der Toten, die sich bei ihr befinden, bezieht. Diese Deutung ist aber recht unsicher. „*Thröngs alter Freund*" ist offensichtlich Thor – es ist den Mythen ansonsten nichts von einer besonderen Freundschaft zwischen diesen beiden Asen bekannt.

Vielleicht ist mit „*Thröng*" aber auch das Gedränge der Riesen gemeint – dann wäre „*Freund*" wieder einmal eine sehr ironische Umschreibung …

Das „*Trinken des erhobenen Trunkes*" ist ein eine Umschreibung für „Zugreifen". Das Bild des Kampfes, in dem Geirröd ein Stück glühendes Metall mit der Zange erfaßt hat und gegen Thor als Waffe benutzt, wird hier mit den Bildern eines Bier-Festes beschrieben.

Der „*Mund der Hände*" ist die Handinnenfläche, in der das Ergriffene liegt wie das Abgebissene im Mund. Dies Bild bezieht sich auf das hier verwendete Bierfest-Gleichnis: Bei einem solchen Fest trinkt (ergreift) der Mund (Hände) das Bier (glühendes Metall). Dieses Bild könnte den Wikingern ein verständnisvolles Schmunzeln entlockt haben, da auch schon bei ihnen die Feste, an denen reichlich Alkohol getrunken wurde, ab und zu in Prügeleien ausgeartet sein werden.

Die „*Brust*" ist die Vorderseite des Körpers. Die „*Brust des Griffes*", also die „*Brust der Hand*" ist demnach die Handinnenfläche.

„*Hrimnir*" ist ein Tyr-Riese. „*Hrimnirs Mädchen*" sind daher Riesinnen. Die „*Liebhaber der Riesinnen*" sind die Riesen.

„*Der, der Thrudr sehr vermißt*" ist Thor, da Thrudr die Tochter des Thor und der Sif ist. Warum er sie „*sehr vermißt*", ist allerdings unklar – diese Formulierung würde besser passen, wenn Thrudr die Geliebte des Thor gewesen wäre. Vermutlich ist in den gut 200 Jahren zwischen dem Verfassen der Thorsdrapa und der Niederschrift der Edda die Rolle der Thrudr in Bezug auf Thor von der Wiedergeburts-Geliebten zu Tochter umgedeutet worden.

Diese Kampfszene findet sich auch in der Prosa-Edda beschrieben, in der Geirröd mithilfe der Zange das Glutstück nach Thor wirft. Diese ungewöhnliche Kampfszene muß also von Bedeutung gewesen sein.

Der Skalde Eilifir hat keine Möglichkeit ausgelassen, um die Aufmerksamkeit seiner Zuhörer zu fesseln. In den letzten drei Halbstrophen hat er mehrere Umschreibungen benutzt, die auch als sexuelle Anspielungen aufgefaßt werden konnten.

Die Worte „*der Unterdrücker der Verwandten der nachts umgehenden Frauen*" lassen sich genausogut auch als „*der Stoßende an der Geburtsöffnung der nachts umgehenden Frauen*" übersetzen.

Die Worte „*Verwandte der nachts umgehenden Frauen*" können zudem auch als „*der den nachts umgehenden Frauen gut bekannte Knochen*" gelesen werden – wobei „Knochen" eine Heiti für „Penis" ist. Diese Doppeldeutigkeit wird aber vermutlich nicht so offensichtlich gewesen sein wie die vorige.

Auch die Kenning „*Thröngs alter Freund*", also „Freyas guter Freund", die etwas ungewohnt ist, weil Thor sonst nirgendwo als „Freyas Freund" bezeichnet wird, läßt sich noch auf eine andere Weise verstehen: „Thröng" bezeichnet auch eine enge Stelle und kann daher, nachdem Eilifir die Phantasie seiner Zuhörer bereits zu sexuellen Vorstellungen gelenkt hatte, auch als „Vagina" verstanden werden – zumal Freya, die hier mit „Thröng" umschrieben wird, u.a. die Liebesgöttin war. Der „alte Freund" der „Thröng" wäre dann der Penis. Diese Assoziation wird noch dadurch verstärkt, daß das germanische Adjektiv „lang" nicht nur „lange Zeit andauernd", sondern auch wörtlich „lang" bedeutet.

Diejenigen unter den Zuhörern, die bis zu diesem Punkt die sexuellen Anspielungen noch nicht bemerkt hatten, dürften spätestens bei der Kenning *„inbrünstiger Liebhaber von Hrimnirs Mädchen"* auch zu erotischen Assoziationen gelangen. Diese Kenning ist also nicht so schlicht und bedeutungslos, wie sie auf den ersten Blick erscheinen mag.

Die Parallelstellung von Thor und Geirröd in dem letzten Doppelvers läßt vermuten, daß auch Thors Sehnsucht nach Thrudr erotisch gemeint ist: *„ ... des inbrünstigen Liebhabers von Hrimnirs Mädchen ... dem, der Thrudr sehr vermißt."* Hier wird unter dem Tarnmantel von zwei Kenningarn, mit denen der Beschreibung des Kampfes zwischen Thor und Geirröd beschrieben wird, erst auf die Vereinigung von Tyr-Hrimnir mit seinen Mädchen und dann auf die des Thor mit Thrudr hingewiesen.

„Kenning-freie Übersetzung" der Strophe: *„Thor schnappte mit seiner Hand das Glutstück, das Geirröd mit seiner Zange nach Thor geworfen hatte."*

Die Halle des Thrasir wurde erschüttert,
als der breite Kopf des Heidrek
unter das uralte Bein der Mauer
des Fußboden-Bären gedrückt wurde.

Der ruhmvolle Stiefvater des Ullr
warf den verletzenden Dorn
mit großer Kraft in die Mitte des Gürtels des Leibeigenen
des Zahnes des Weges der Angelschnur hinab.

Der Name „*Thrasir*" bedeutet „der Sehnsüchtige" („der nach etwas strebt/verlangt und etwas liebt"). Dies muß entweder ein Beiname des Geirröd oder eine Heiti für ihn sein, da die *„Halle des Thrasir"* offensichtlich die Höhle dieses Riesen bezeichnet. Der Name „Thrasir" erinnert an die beiden Menschen Lif („die Lebende") und Lifthrasir („der das Leben liebende"), die die beiden Überlebenden des Ragnarök waren. Ob es einen Zusammenhang zwischen diesen beiden Menschen und dem Riesen

Thrasir gibt, ist allerdings unklar. Vielleicht ist „Thrasir" auch nur eine Anspielung auf die Geirröd-Kenning „*inbrünstiger Liebhaber von Hrimnirs Mädchen*".

Da es jedoch für Tyr als Riesen den Namen „Mögthrasir" („der sich nach einem Sohn sehnt") gegeben hat, der Tyrs Sehnsucht nach seiner Wiedergeburt (und der ihr vorausgehenden Wiederzeugung) gibt, könnte die Wahl des Namens „*Thrasir*" hier an die erotischen Anspielungen der vorigen Strophen anschließen.

„*Heidrek*" („Licht-König") war ein Königssohn in den Isländersagas, der von seiner Mutter Hervor das magische Schwert Tyrfing („Tyr-Finger") erhalten hatte, das von zwei Zwergen hergestellt, aber auch verflucht worden war. König „*Heidrek*" ist eine Saga-Variante des Tyr-Riesen.

Die Kenning „*Fußboden-Bär*" für Geirröd ist reiner Spott, denn sie beinhaltet die Aussage, daß die Riesen kein Lager haben, sondern wie Bären auf dem Fußboden in ihren Höhlen schlafen.

Eilifr Godrunason nutzt in den Kenningar in diesem Lied reichlich die Verachtung der Wikinger für ihre Feinde, um Beifall von seinen Zuhörern zu erhalten.

Die „*Mauer des Fußboden-Bären*", d.h. die „*Mauer des Riesen*" ist die Wand der Höhle des Geirröd. Das „*Bein der Höhlenwand*" ist die Säule in der Höhle des Geirröd, von der auch Snorri Sturluson in der Edda berichtet. Das Verstehen dieser Kenning wird für die Zuhörer des Skalden Eilifr nicht schwer gewesen sein, da sie diese Mythe bereits gut kannten.

Es ist seltsam, daß Geirröds Kopf „*unter*" die Säule gedrückt wurde – eigentlich sollte man erwarten können, daß sich Geirröd (wie in der Edda berichtet) „hinter" der Säule zu verstecken versuchte. Seinen Kopf verbarg er möglicherweise deshalb, weil er vorher versucht hatte, mit dem glühenden Metallstück Thors Gesicht zu treffen.

Das Wort „gedrückt" steht in der Thorsdrapa im Passiv – es ist zunächst nicht deutlich, ob der Kopf von Thor oder von Geirröd selber „unter" die Säule gedrückt wird. Aus dem Zusammenhang und auch aus der Edda ergibt sich jedoch, daß Geirröd seinen Kopf verbirgt.

Das „*uralte Bein der Mauer des Fußboden-Bären*" ruft die Assoziation hervor, daß die Riesen wie Bären sind. Falls Eilifr dieses Bild auch bei Geirröds Verbergen hinter der Säule benutzt haben sollte, dann würde sich Geirröd wie ein Bärenjunges hinter den Beinen seiner Mutter, d.h. „*unter*" ihr verborgen haben, Geirröd würde dadurch auch „*unten*" vor Thor liegen, sodaß er das Metallstück auf den Riesen „*hinabwerfen*" konnte – so wie es in der Strophe beschreiben wird.

Diese Szene wird bei den Zuhörern des Skalden Eilifr vermutlich eine Assoziation zu ihren eigenen Wohnungen ausgelöst haben, da die Mittelsäule in den germanischen Langhäusern der Wohnort des Hausherrn gewesen ist, dessen Sitz sich vor dieser Säule befand. Das Töten des Geirröd an dem Sockel des Mittelpfeilers durch Thor beinhaltet das Bild, daß Thor den Riesen „zu seinen Ahnen (in der Säule/Unterwelt) sendet". Die Mittelsäule ist auch der Platz des Hausherrn – der im Falle des Riesen Geirröd jedoch nicht stolz vor dieser „Säule seiner Ahnen" saß, sondern sich ängstlich hinter ihr verbarg.

Die „*Säule*", hinter der sich Geirröd versteckt, ist symbolisch gesehen auch der Weltenbaum – eine Variante der Irmin-Sul.

Vermutlich ist hier der Tempel des Tyr zu der Höhle des Tyr-Riesen Geirröd geworden und die Seelenweg-Säulen (Jenseitstor) zu einer Felsensäule.

Der „*Stiefvater des Ullr*" ist Thor. Ullrs Eltern sind Loki und Thors Frau Sif.

Ein „*Dorn*" ist das Verschluß-Stäbchen an einem Gürtel oder an einer Fibel. Hier scheint dieser „Dorn" jedoch ein Wurfgeschoß zu sein, das Thor benutzt. Die beiden Bedeutungen des Wortes „Dorn" könnten miteinander kombiniert für die Zuhörer des Eilifir möglicherweise in etwa die folgende Aussage ergeben haben: Es ist richtig, mit dem Dorn den Gürtel zu schließen und es ist genauso richtig, den Riesen zu töten.

Da ansonsten der Hammer die typische Waffe des Thor ist, wird das Wort „Dorn" an dieser Stelle eine Heiti für das Glutstück sein, daß Thor aufgefangen hatte und das er Snorri Sturluson zufolge durch die Säule und durch den Riesen Geirröd hindurch wirft.

Da Tyr als Wieland im Jenseits sein bei seinem Tod zerbrochenes Schwert neuschmiedet, erscheint in dieser Szene Tyr-Geirröd als Schmied Wieland im Jenseits. Er schmiedet zwar zunächst sein eigenes Schwert, als er jedoch damit („Glutstück") nach Thor wirft, fängt dieser dieses „Dorn" genannte Schwert auf und schleudert es Geirröd entgegen und tötet ihn so mit dessen eigenem Schwert. Es finden sich mehrere Hinweise in den germanischen Mythen und Sagas, daß Tyr nur mit seinem eigenen Schwert getötet werden konnte.

Hier ist wieder eine der Gegensatz-Parallelstellungen zu sehen, die von den Skalden sehr geschätzt wurde: Erst wirft Geirröd das Glutstück mit wenig Kraft nach Thor und dann wirft Thor dasselbe Glutstück mit mächtiger Kraft nach Geirröd. In beiden Fällen wird das germanische Verb „ljosta" benutzt, das „schlagen, stoßen, werfen" bedeutet. Da Thor jedoch nicht nur „wirft" sondern „nach unten wirft" („laust nidr") und es im Isländischen die Redewendung „der Blitz schlägt nieder" („eldingu laust nidur") gibt, wird hier wohl darauf angespielt, daß das Glutstück wie ein Blitz auf den sich am Boden hinter der Säule verbergenden Geirröd niederschlägt.

Der „*Weg der Angelschnur*" ist ein Fluß oder das Meer. Der „*Zahn des Flusses/ Meeres*" klingt zwar ein wenig nach „Angelhaken", aber es wird wohl eine Landzunge an der Küste gemeint sein, da dies in den frühen Skalden-Liedern oft der Wohnort der Riesen ist. Der „*Leibeigene der Landzunge*" ist daher eine verächtliche Bezeichnung eines Riesen. Die Bezeichnung des Geirröd als „Leibeigener" steht im Gegensatz zu seiner Bezeichnung als „*Heidrek*" („Licht-König" = Sonne).

„Kenning-freie Übersetzung" der Strophe: *„Geirröds Halle wurde erschüttert, als er seinen breiten Kopf hinter der Säule in der Halle verbarg. Thor warf das Glutstück durch den Bauch des Geirröd."*

Der Wütende schlachtete die Nachkommen des Glaumr
mit seinem blutigen Hammer.
Der Schlächter der häufigen Besucher
der Halle der Herdstein-Synjar war siegreich.

Mangel an Unterstützung behinderte nicht
den Pfosten des Bogens,
Gott des Streitwagens,
der den Bankgenossen des Riesen Kummer bereitete.

Der „*Wütende*" ist Thor. Seine „Wut" könnte eine Kampfekstase bezeichnen.

„*Glaumr*" („Lärm, Donner, Tumult") war ein nicht näher bekannter Riese. Die „*Nachkommen des Glaumr*" sind die Riesen als Gruppe.

In der Prosa-Edda wird berichtet, daß Loki Thor dazu überredete, seinen „*Hammer*" daheim zu lassen. Dies war ein Teil der Bedingungen des Geirröd für die Freilassung des von ihm gefangengenommenen Loki. In der Thorsdrapa scheint Thor jedoch mit seinem Hammer nach Utgard gezogen zu sein. Es ist allerdings sehr seltsam, daß Thor seinen Hammer, da er ihn anscheinend doch bei sich hatte, nicht schon vorher gegen die Riesen eingesetzt hat.

Es ist in diesem Zusammenhang interessant, daß Geirröd mit einer Zange ein glühendes Stück Eisen aus einer Esse genommen hat und dieses Thor ins Gesicht geworfen hat. Zum einen sind Riesen in den germanischen Mythen in der Regel keine Schmiede – mit Ausnahme der Thidrek-Saga, in der der Riese Mimir dem Sigurd und dem Wieland (mit sehr unterschiedlichem Erfolg) das Schmiedehandwerk zu lehren versucht. Da die Zwerge und Riesen letztlich dieselben Wesen zu sein scheinen und es zwei Zwerge waren, die den Hammer des Thor, das Schwert des Tyr und viele andere magische Gegenstände der Götter hergestellt haben, hat es hier den Anschein, als ob Thor aus dem glühenden Metall des Schwertes des Tyr-Geirröd-Wieland seinen eigenen Hammer gefertigt hätte – und auf diese Weise auch die Macht des ehemaligen Göttervaters Tyr in seinem Hammer halten würde.

Zu dieser Deutung würde passen, daß das Glutstück drei Strophen zuvor als „*schwer*" bezeichnet wurde – was für Thors Hammer sicherlich zutreffen wird.

Der Blitz ist in den indogermanischen Mythologien manchmal auch ein Donnerkeil, der von dem Donnergott zur Erde geschleudert wurde. Es wäre durchaus denkbar, daß der „*Dorn*", als der das Glutstück, mit dem sich der Ase und der Riese gegenseitig bewerfen, solch ein Blitz-Donnerkeil gewesen ist.

Der Donnerkeil des keltischen Taranis und des indischen Indra, die Keule des griechischen Herakles und des keltischen Smertrios sowie der Hammer des germanischen Thor und des hethitischen Tarhunna könnten alle letztlich Symbole des Blitzes sein –

und der Donner der Lärm des Zuschlagens mit dieser Waffe.

Wenn diese Überlegungen zutreffen, dann wird in Thors Reise nach Geirrödsgard beschrieben, auf welche Weise Thor seinen Hammer erlangt hat – eine vermutlich ältere, weil individuellere Version zu dem in der Edda berichteten Schmieden durch die beiden Zwerge Sindri und Brock zusammen mit anderen magischen Gegenständen. Sindri und Brock sind die Söhne des Tyr-Geirröd-Wieland – Thors Hammer wird also auch in dieser Version von der „Familie Tyr" hergestellt.

Wenn diese Deutung zutreffen sollte, dann hätte Thor drei Aufgaben erfüllen müssen, bevor er seinen Hammer erlangte:

1. Das Überqueren des Nordmeeres, also eine Fahrt nach Utgard: Die Jenseitsreise ist das wesentliche Element jeder Art von Einweihung inklusive der Krönung eines Königs, da durch eine solche Reise der Reisende zu den Göttern gelangt und anschließend durch diese Verbindung zu ihnen mit ihrem Segen im Diesseits handeln kann und unter Umständen auch über magische Fähigkeiten verfügt, die vom Geben eines effektiven Segens über das Vorhersehen der Zukunft bis zu Kampfmagie wie der des Gottes Odin reichen kann.

2. Das Besiegen der beiden Riesinnen, die ihn durch die Flut im Wimur und durch das Emporheben in der Halle des Geirröd töten wollen: Der Kampf in einem Fluß und in einer Höhle erinnert an die Unterweltsgöttin Hel, da das Große Wasser und die Höhle die beiden wichtigsten Jenseitssymbole sind.

Der Kampf gegen die Riesinnen wäre dann wohl eine ins Kriegerische umgedeutete Jenseitsreise.

3. Der Kampf mit Geirröd: Dieses Motiv könnte aus den Mythen des Sonnengott-Göttervaters Tyr übernommen worden sein. Die Sonne (Tyr) starb am Abend, zeugte sich selber mit der Jenseitsgöttin (Freya) wieder und wurde dann am Morgen wiedergeboren. Durch dieses bei allen Indogermanen vorhandene Motiv entstand die Vorstellung von einem alten und einem jungen Göttervater bzw. Sonnengott. Durch die Übertragung auch dieses Motives ins Kriegerische wurde der abendliche „natürliche" Tod des „alten Gottes" in ein Töten durch den „jungen Gott" umgedeutet.

Dies würde bedeuten, daß Geirröd mit dem Riesen Hymir, der als der Vater des Tyr angesehen wurde, identisch war. Dies könnte der eigentliche Grund sein, warum Geirröd *„Heidrek"* („Licht-König") genannt wurde: Der tote Göttervater Tyr ist nicht nur der König im Diesseits, sondern auch der König im Jenseits. Auch einige andere Riesen und Zwerge, die Charakterzüge des „Tyr in der Unterwelt" tragen, werden „König" (Iwaldi/Alwaldi/Ölwaldi = „All-Herrscher") genannt.

Da der Donnergott und der Göttervater allgemein bei den Indogermanen eng miteinander verbunden waren, konnte der Donnergott leicht als der „junge Gott", d.h. der Sohn des Göttervaters angesehen werden: Thor ist der Sohn des neuen Göttervaters Odin, der vermutlich in der Völkerwanderungzeit an die Stelle des ursprünglichen Göttervaters Tyr getreten ist.

Thors Erlangen seines Hammers in der Geirröd-Mythe entspricht somit dem Wiederauftauchen des Schwertes aus den tiefen Wassern am Morgen bzw. seinem Neugeschmiedetwerden in der Unterwelt.

„Herdstein-Synjar" ist eine Kenning, die sich aus „steinerner Herd" sowie aus dem Plural der Schutzgöttin des Hauses „Syn" zusammensetzt. Die „Herdstein-Göttin" ist die Hausherrin. Da diese Kenning im Plural steht und sich offensichtlich auf die Riesen bezieht, sind mit ihr die Riesinnen in der Halle des Geirröd gemeint. Diese Kenning könnte bei Eilifirs Hörern die Assoziation zu der Riesin und Unterweltsgöttin Hel hervorgerufen haben. Wenn dies der Fall gewesen sein sollte, dann würde „Halle der Herdstein-Göttinnen" sowohl „Höhle des Geirröd" als auch „Halle der Hel" bedeutet haben. Da auch die Riesen im Jenseits leben, sind beide Namensdeutungen letztlich Bezeichnungen für die Unterwelt/Utgard. Die „häufigen Besucher der Utgard-Unterwelt" sind die Riesen, die dort wohnen. Der „Schlächter der Riesen" ist Thor.

Ein „Pfosten des Bogens" ist ein Bogenschütze, d.h. ein Krieger. „Baum", „Pfosten", „Stab" u.ä. bezeichnete stets einen Menschen – heir ist Thor gemeint. Diese Kenning ist hier recht naheliegend, da Thor gerade mit einem Wurf bzw. einem Blitzschlag den Riesen Geirröd getötet hatte.

Die „Unterstützung" in dem dritten Vers bezieht sich auf Thjalfi.

Der „Gott des Streitwagens" ist Thor.

Der „Riese" ist Geirröd. Die „Bankgenossen des Geirröd" sind die Riesen allgemein. Diese Kenning ist nicht allzu kreativ …

„Kenning-freie Übersetzung" der Strophe: „*Thor tötete die Riesen mit seinem blutigen Hammer. Thor war siegreich. Er erhielt reichlich Unterstützung von Thialfi.*"

Der verehrte Hel-Schläger tötete
mit dem Leicht-Zermalmenden zusammen mit dem Elfen
die Wald-Kälber des unterirdischen Fluchtortes
vor dem Glanz der Elfen-Welt.

Die Rogaländer des Listi-Landes
der Falken-Nester waren unfähig,
den standfesten Unterstützer des Verkürzers
der Lebensspanne der Männer des Felsenkönigs zu verletzen.

Der „*Hel-Schläger*" ist Thor. Diese Kenning bezieht sich darauf, daß Hel in Utgard liegt und Thor dort die Riesen bekämpft und sie sozusagen „zur Hölle schickt".

Der „*Leicht-Zermalmer*" ist Mjölnir – mit ihm fällt es Thor leicht, die Riesen zu töten.

Der „*Elf*" ist Thjalfi. Diese Umschreibung läßt vermuten, daß sich der junge Mann Thialfi bereits im Jenseits befindet und entweder kein Lebender mehr ist oder ein Schamane und daher „Alfen-ähnlich" ist. „Thialfi" bedeutet „Diener-Alf" oder „Diener der Alfen", d.h. „Diener/Priester der Alfen".

Die „*Wald-Kälber*" sind die Jungtiere der Auerochsen und vielleicht auch der Hirsche. Der „*unterirdische Fluchtort*" ist zunächst eine Höhle, aber im erweiterten Sinne auch die Unterwelt/Utgard. Die „*Jungtiere der Unterwelt*" sind die Nachkommen der Riesen.

Die „*Elfen-Welt*" sollte eigentlich die Unterwelt sein, da die Elfen („Weiße, Leuchtende") ursprünglich Totengeister waren. Sie wurden jedoch so eng mit dem Licht und der Sonne assoziiert, daß ihr Bereich nicht das Jenseits unter der dunklen Erde (das „Niflheim" der „Schwarzalben"), sondern das helle Jenseits im Himmel (das „Muspelheim" der „Lichtalben") war. Der „*Glanz der Elfen-Welt*" ist somit die Sonne. Der „*Fluchtort*" (der Riesen) *vor der Sonne* ist die Unterwelt. Die Riesen fürchteten wie die Zwerge die Sonne, da sie durch einen Sonnenstrahl, der auf sie fiel, zu Stein erstarrten.

„*Rogaland*" ist ein Teil des Südwestens von Norwegen. Auch die Norweger werden nun den Riesen gleichgesetzt – sie fehlten noch in der Liste der Feinde der Isländer. Die „*Falken-Nester*" sind die Gipfel der Berge. „*Listi*" ist die große südwestnorwegische Halbinsel nördlich von Dänemark. „*Falken-Nester von Listi*" ist eine Kenning für „Gebirge". Die „*Rogaländer der Gebirge*" sind somit die Südnorweger. Diese Kenning bezeichnet gleich auf zweifache Weise den Ort, an dem das gemeinte Volk lebt: durch „*Rogaland*" und durch „*Listi*".

Die „*Männer des Felsenkönigs*" sind die Riesen – Geirröd, der Anführer der Riesen wurde bereits in einer früheren Strophe „*Thorn*" („Dorn" = Schwert) und „*Heidrek*" („Licht-König" = Sonne) genannt. Der „*Verkürzer der Lebensspanne der Riesen*" ist Thor. Der „*Unterstützer des Thor*" ist Thialfi.

„Kenning-freie Übersetzung" der Strophe: „*Thor tötete mit seinem Hammer zusammen mit Thialfi die Riesen, die unfähig waren, Thialfi zu verletzen.*"

- - -

Röskvas Bruder   /   stand voll Wut,
Magnis Vater   /   schlug gut zu.

Diese Halbstrophe wird von Snorri in der Skaldskaparmal als Teil eines Gedichtes des Skalden Eilifir zitiert. Die beiden letzten Verse kommen auch in der Thorsdrapa vor – sie stehen in der Drapa lediglich in der Gegenwart und nicht in der Vergangenheit. Aus diesem Grund ist vermutet worden, daß sie einen Refrain gebildet haben könnten, den die Zuhörer nach jeder der Strophen, die Eilifir vorgetragen hat, wiederholten – was die Intensität der Rezitation der Thorsdrapa noch einmal um einiges verstärkt haben würde.

Die mit „*schlug gut zu*" übersetzte Passage lautet im Original „*schlug einen heftigen Hieb*", aber diese wörtliche, schwerfällige Übersetzung entspricht nicht dem lyrischen Charakter des Originals.

„*Röskvas Bruder*" ist Thialfi.
„*Magnis Vater*" ist Thor.

- - -

Da der Fluß der Thorsdrapa durch die langen Betrachtungen zu jeder Strophe arg unterbrochen worden ist, folgt hier noch einmal die gesamte Drapa einschließlich des (vermuteten) Refrains:

Der Vater des Meer-Seiles begann den Zerschneider
des Lebensnetzes der Götter der Flucht-Felsvorsprünge
zum Verlassen seines Heimes anzutreiben.
Loptr war ein großer Lügner.

Der hinterhältige Geist-Prüfer
des Gottes des Kriegs-Donners erklärte,
daß die grünen Pfade
zu Geirröds Mauer-Pferd führen würden.

  Röskvas Bruder   /   stand voll Wut,
  Magnis Vater   /   schlug gut zu.

*Der tapfere Thor mußte nicht oft
von dem Geier-Pfad um diese Fahrt gebeten werden,
denn sie waren begierig,
Thorns Nachkommen zu besiegen,*

*als der Bezähmer des Gürtels der Magie-Bucht,
der mächtiger als die Schotten in Idis Behausung ist,
wieder einmal von Thridis Verwandten
zu Ymirs Verwandten aufbrach.*

> *Röskvas Bruder / stand voll Wut,
> Magnis Vater / schlug gut zu.*

*Der Rater der Schlacht
stand dem schnellen Beweger der Heere
auf der Fahrt eher bei als die meineidige Last
der Arme der Göttin der Zauberei.*

*Ich trage Grimnirs Lippenflüsse vor.
Der Mädchen-Betrüger der Hallen
des Schrill-Schreiers setzte
die Handflächen seiner Füße auf Endills Heide.*

> *Röskvas Bruder / stand voll Wut,
> Magnis Vater / schlug gut zu.*

*Als der rasche, schnell in Wut geratende
Verhinderer von Lokis Bosheiten
sich der Braut der Verwandten
des Sumpfbocks entgegenstellen wollte,*

*zogen die Schlacht-Wanen los
bis der Hauptverminderer der Mädchen
des Feindes der schönen Göttin
des Himmelsschildes Gangrs Blut erreichte.*

> *Röskvas Bruder / stand voll Wut,
> Magnis Vater / schlug gut zu.*

Der Ruhm-Verminderer der Nanna
des Knaufes des Meeres überquerte zu Fuß
die eisführenden, angeschwollenen Flüsse,
die um das Meer des Luchses strömten.

Der wütende Vertreiber der Geröll-Gauner
kam schnell voran
über den breiten Weg des Stab-Pfades,
wo mächtige Flüsse Gift spien.

    Röskvas Bruder / stand voll Wut,
    Magnis Vater / schlug gut zu.

Dort stießen sie Wurf-Schlangen
in den Netz-Wald gegen
den lauten Wind des Waldes, in dem
die glitschigen, runden Knochen des Meeres nicht schliefen.

Die dumpf aufschlagenden Eisen polterten
gegen die Kiesel, während der Berge Fall-Gebrüll,
angetrieben von einem Schneesturm,
an Fedjas Amboß entlangrauschte.

    Röskvas Bruder / stand voll Wut,
    Magnis Vater / schlug gut zu.

Der Förderer des Schleifstein-Landes
ließ die mächtig Angeschwollenen über sich stürzen.
Der Mann, dem der mächtige Gürtel half,
wußte nichts Besseres zu tun.

Der Verminderer von Mörns Kindern ließ
seine Macht bis zum Dach der Halle wachsen,
da das strömende Blut des Nackens des Thorn
sich nicht verminderte.

    Röskvas Bruder / stand voll Wut,
    Magnis Vater / schlug gut zu.

Die ruhmreichen, kampferprobten Schlacht-Bäume,
Eid-geschworene Wikinger
aus Gautis Wohnstatt, wateten mühsam,
während die Schwert-Wasser flossen.

Die Woge der Schnee-Düne der Erde stürzte,
angetrieben von einem Sturm,
dem Vermehrer des Leides der Bewohner
des Landes der Bergketten heftig entgegen.

    Röskvas Bruder / stand voll Wut,
    Magnis Vater / schlug gut zu.

Thjalfi, der den Freund der Menschen begleitete,
sprang in die Luft empor
auf die Schild-Schnur des Himmelsherrn
– das war eine große Kraft-Tat!

Die Frauen des Mimir der Bosheit verursachten
einen heftigen Strom, der scharf gegen den Stahl kreischte.
Gridrs Niederwerfer trug den Schlachten-Baum
über das zerklüftete Land der Schweinswale.

    Röskvas Bruder / stand voll Wut,
    Magnis Vater / schlug gut zu.

Die Tief-Eicheln, die kühn wurden
angesichts des Schreckens der Feinde der Menschen,
stockten nicht in der Brandung
von Glammis Lieblingsplatz.

Der tapfere Sohn der Landenge erschrak nicht
vor dem Schrecken der Fjord-Bäume;
Thors Mut-Stein zitterte nicht in Furcht,
auch nicht der von Thjalfi.

    Röskvas Bruder / stand voll Wut,
    Magnis Vater / schlug gut zu.

Die Schar der Felsen-Wölfe, die Hasser des Schildes
des ewig brennenden Feuers sind,
erhob den Lärm des Schwert-Brettes
gegen die Festzieher des Gleipnir,

bevor die Reiter der Tiefe,
die Vernichter des Volkes der Meeresküste, in der Lage waren,
das Schalen-Spiel des Haar-Teilens des Hedinn
gegen die Briten-Sippe der Höhle zu spielen.

    Röskvas Bruder / stand voll Wut,
    Magnis Vater / schlug gut zu.

Das Schären-Volk der kalten Wellen
unternahm einen Flucht-Ausflug vor den Feinden der Schweden
und eilte in sein Heiligtum,
verfolgt von dem Zermalmer des Landzungen-Volkes.

Die Dänen der Flut-Rippe des weit draußen liegenden
Heiligtums gaben sich geschlagen,
als die Verwandten von Jölnirs
Feuer-Schüttler fest standen.

    Röskvas Bruder / stand voll Wut,
    Magnis Vater / schlug gut zu.

Als die Krieger, denen ein Geist der Stärke verliehen worden war,
das Haus des Thorn betraten,
gab es ein großes Geschrei
unter den Walisern der Höhle mit den runden Wänden.

Der dem Frieden abgeneigte Töter
des Rentiers der Lista-Leute der Gipfel
geriet dort auf dem schrecklichen,
grauenvollen Hut der Riesin in die Enge.

    Röskvas Bruder / stand voll Wut,
    Magnis Vater / schlug gut zu.

*Sie stießen den hohen Himmel der Flamme
des Brauen-Mondes gegen die Dachsparren der Halle
und wurden selber gegen die Stein-Nüsse
der Ebene der Stein-Halle gequetscht.*

*Der Halter der Schutzwand des schwebenden
Streitwagens des Gewitters
zerbrach den uralten Kiel des Schiffes
des Lachens der beiden Höhlen-Mägde.*

      *Röskvas Bruder   /   stand voll Wut,
     Magnis Vater   /   schlug gut zu.*

*Der Sohn der Erde sprach nur selten,
aber die Männer des Baus
des Fjord-Apfels unterbrachen
nicht ihr Bier-Fest.*

*Der Ägir des Eschen-Seiles,
Sudris Verwandter, stieß mit einer Zange
ein Häppchen, das in der Esse gekocht worden war,
gegen den Mund von Odins Kummer-Dieb.*

      *Röskvas Bruder   /   stand voll Wut,
     Magnis Vater   /   schlug gut zu.*

… … … … … … … …
… … … … … … … …
… … … … … … … …
… … … … … … … …

*Der Unterdrücker der Verwandten
der nachts umgehenden Frauen riß den Mund
seines Armes weit auf und schnappte das schwere,
rote Häppchen in dem Seegras der Zange.*

      *Röskvas Bruder   /   stand voll Wut,
     Magnis Vater   /   schlug gut zu.*

So trank der schnelle Vermehrer der Schlacht,
Thröngs alter Freund, gierig
den erhobenen Trunk des geschmolzenen Klumpens
in der Luft mit dem schnellen Mund seiner Hände.

Die zischende Schlacke flog
von der feindlichen Brust des Griffes
des inbrünstigen Liebhabers von Hrimnirs Mädchen
zu dem, der Thrudr sehr vermißt.

   Röskvas Bruder / stand voll Wut,
   Magnis Vater / schlug gut zu.

Die Halle des Thrasir wurde erschüttert,
als der breite Kopf des Heidrek
unter das uralte Bein der Mauer
des Fußboden-Bären gedrückt wurde.

Der ruhmvolle Stiefvater des Ullr
warf den verletzenden Dorn
mit großer Kraft in die Mitte des Gürtels des Leibeigenen
des Zahnes des Weges der Angelschnur hinab.

   Röskvas Bruder / stand voll Wut,
   Magnis Vater / schlug gut zu.

Der Wütende schlachtete die Nachkommen des Glaumr
mit seinem blutigen Hammer.
Der Schlächter der häufigen Besucher
der Halle der Steingöttin war siegreich.

Mangel an Unterstützung behinderte nicht
den Pfosten des Bogens,
Gott des Streitwagens,
der den Bankgenossen des Riesen Kummer bereitete.

   Röskvas Bruder / stand voll Wut,
   Magnis Vater / schlug gut zu.

*Der verehrte Hel-Schläger tötete
mit dem Leicht-Zermalmenden zusammen mit dem Elfen
die Wald-Kälber des unterirdischen Fluchtortes
vor dem Glanz der Elfen-Welt.*

*Die Rogaländer des Listi-Landes
der Falken-Nester waren unfähig,
den standfesten Unterstützer des Verkürzers
der Lebensspanne der Männer des Felsenkönigs zu verletzen.*

> *Röskvas Bruder   /   stand voll Wut,
> Magnis Vater   /   schlug gut zu.*

I 5. Haustlöng

ca. 850 n.Chr.

Dieses zweiteilige Preislied wurde von Thjodolfr von Hvinir verfaßt. Der erste Teil des Liedes stellt die Mythe von Idun und Thiazi dar, während der zweite Teil den Kampf zwischen Thor und Hrungnir beschreibt.

Die in dieser Drapa so wortgewandt gepriesenen Bilder befanden sich auf einem Prunk-Schild, wie sie vermutlich in den Hallen der Fürsten und vielleicht auch in den Tempeln hingen. Vermutlich nahm jede der beiden Mythen ca. die Hälfte der Vorderseite des Prunk-Schildes ein.

Die Idun-Mythe und die Hrungnir-Mythe sind von Thorleif, dem der Schild gehörte und der ihn vermutlich in Auftrag gegeben hatte, anscheinend als gleichwichtig und als sich ergänzend angesehen worden.

Beiden Mythen ist gemeinsam, daß sie Kämpfe gegen Riesen darstellen – was ein passendes Thema für einen Schild als Defensiv-Waffe ist. Eine weitere Parallele ist, daß der Riese Thaizi Idun entführt bzw. durch Loki entführen läßt, und daß Hrungnir den Asen damit droht, die Asinnen Sif und Freya zu entführen. Idun ist die Göttin der „Jugend-Äpfel", Sif ist die Göttin der Vegetation und Freya ist die Göttin der Wiederzeugung. Vermutlich sind diese drei Themen ursprünglich drei Aspekte der Schicksals der Menschen und auch der Pflanzen im Jenseits gewesen: Nach dem Tod, der als Analogie zu der Getreide-Ernte aufgefaßt wurde (Loki schneidet Sif ihr goldenes Haar ab), vereinen sich die Toten im Jenseits bei der Wiederzeugung mit der Muttergöttin Freya und erhalten dann nach ihrer Wiedergeburt den Göttermet bzw. die magischen Äpfel (Wiederstillen), denen im Laufe der Zeit dieselbe Wirkung wie der Wiedergeburt zugeschrieben worden ist.

Wenn diese Deutung zutrifft, hat der Schild, den der Skalde Thjodolfr von Thorleif erhalten hat, die Wiedergeburt der Menschen und der Pflanzen sowie den Jahreszyklus als Thema. Bis zu den frühen Runensteinen um 400 n.Chr. ist der Schild ein Sonnensymbol gewesen. Es lag daher nahe, auf den Schilden die Symbolik der Sonne und des Sonnengott-Göttervaters darzustellen. Die Sonne selber ist das wichtigste Symbol aller zyklischen Vorgänge und der Sonnenaufgang ist das wichtigste Symbol für die Wiedergeburt. Es hat also den Anschein, als ob sich die Wahl der beiden auf dem Schild des Thorleif dargestellten Mythen aus der früheren Bedeutung des Schildes als Sonnensymbol ergeben hätte.

Die ursprüngliche Jenseitsreise des Sonnengott-Göttervaters findet sich in der Edda noch als Odins Reise zu Gunnlöd, Freyrs Werbung um Gerda, Baldurs Reise zur Hel u.a. Aus diesem Thema hat sich anscheinend das Motiv der Entführung der Muttergöttin, die im Zusammenhang mit der Wiederzeugung zur „Geliebten-Göttin" geworden war, entwickelt: Die Reise des Toten in das Jenseits zu der Muttergöttin-Geliebten wurde im Sinne des Patriarchats zu einer Rückholung der in die Fremde (=Jenseits) entführten „schönsten Frau" (Göttin) durch einen Helden (Jenseitsreisender) umgedeutet.

Dieses Thema ist das zentrale Motiv in den indogermanischen Epen und somit schon spätestens um 2.800 v.Chr. entstanden: der Streit um Brünhilde in der germanischen Nibelungensage, der Streit um Helena in der griechischen Illias, der Streit um Branwen im keltischen Mabinogion, der Streit um Sita im indischen Ramajana, der Streit um eine entführte Braut im albanischen Kreshnik usw. Ein sehr spätes „rituelles" Überbleibsel dieser Mythe ist der Brauch der Entführung der Braut bei der Hochzeit …

Die Entführung der Idun/Sif/Freya ist somit schon ein sehr altes Thema. Nebenbei zeigt der Ursprung dieser „Entführungen" auch, daß diese drei Asinnen drei verschiedene Aspekte derselben ursprünglichen Göttin sein werden.

Der gemeinsame Titel „Herbstlang" der beiden Lieder könnte bedeuten, daß Thjodolfr dieses Lied im Verlauf eines ganzen Herbstes gedichtet hat. „Herbstlang" im Sinne von „in der Zeit des Herbstes" oder „während des ganzen Herbstes" könnte aber auch darauf hinweisen, daß die beiden beschrieben Mythen über Idun und Thialfi bzw. über Thor und Hrungnir beide mit dem Herbst in Zusammenhang standen. Die Gefangenschaft der Idun bei den Riesen ist vermutlich ein Symbol für den Winter. Auch Thors Kampf gegen Hrungnir folgt auf die Drohung der Entführung der Sif und der Freya.

Man wird daher den gemeinsamen Titel dieser beiden Lieder als „Herbstzeit" deuten können, da die Entführung der „schönen Göttin" in mythologischer Hinsicht im Herbst stattfand – der Winter ist die Zeit der Unterwelt, der Abwesenheit der Apfelgöttin Idun, der von Loki kahlgeschorenen Korngöttin Sif, der Freya in der Unterwelt usw.

Der Länge der beiden Lieder nach zu urteilen, hat Thjodolfr die Idun-Mythe für die deutlich wichtigere der beiden Mythen gehalten.

Das Lied ist in einer Variante der höfischen Form geschrieben worden, die „Samhendur", d.h. „gleichzeitiger Reim" genannt wird. Dieser Name bezieht sich darauf, daß die Stabreime und die Halb- bzw. Vollreime in denselben Worten enthalten sind.

(6) *S<u>eg</u>jondum fló s<u>ag</u>na*	- acht Zeilen je Strophe
(6) *sn<u>ó</u>tar ulfr at m<u>ó</u>ti*	- fast immer 6 Silben je Zeile
(6) *i <u>g</u>emlis ham <u>g</u>omlum*	- ein Stabreim auf dem letzten Wort sowie einem weiteren Wort in der ersten Zeile der Doppelverse und ein Stabreim auf dem ersten Wort der zweiten Zeile
(6) *<u>g</u>l<u>amm</u>i ó fyr sk<u>ommu</u>;*	
(6) *settisk <u>orn</u>, th<u>ars</u> aesir,*	- zwei Halbreime in der ersten Zeile der Doppelverse und zwei Vollreime oder manchmal auch Halbreime in der zweiten Zeile
(6) *<u>ár</u> (Gef<u>nar</u>) mat bóru*	
(7) *(vasa <u>b</u>yrgi-Týr <u>bj</u>arga*	- 38 % der Worte sind Teile von Kenningar, d.h. ca. 4 Kenningar je Strophe, wobei diese Kenningar aus 2 bis 4 Worten bestehen
(6) *<u>b</u>l<u>ey</u>di vaendr) á s<u>eydi</u>.*	

Der Skalde Thjodolfr hält sich weitgehend an die Regel, daß sich der Satzbau in das Reimschema einfügen muß. Dies bedeutet, daß es Sätze über 8 Zeilen geben kann, Strophen zu 2 Sätzen zu 4 Zeilen, Halbstrophen zu 2 Doppelversen und Doppelverse aus je zwei einzeiligen Sätzen.

Hinzu kommt noch die weniger elegante Möglichkeit der Halbstrophe, die aus einem dreizeiligen Satz und einem einzeiligen Satz an ihrem Anfang oder Ende besteht oder manchmal auch in der zweiten oder dritten Zeile. Diese Einzelsätze sind Kurzkommentare oder Sätze wie „Da sagte Thor" oder „Ich habe gehört, daß … ".

Die 9. und die 10. Strophe gehen ineinander über, d.h. der letzte in der 9. Strophe begonnene Satz endet erst in der 10. Strophe.

Die Aufteilung der Strophen sieht in dem ersten Teil des Haustlöng wie in der folgenden Tabelle dargestellt aus. Die einzelnen Sätze sind durch unterschiedliche Grautöne voneinander abgesetzt.

Zeile	Strophe											
	1	2	3	4	5	6	7	8	9	10 und 11	12	13
1												
2												
3												
4												
5												
6												
7												
8												

Der Satzbau im ersten Teil des Haustlöng

Der Satzbau entspricht den Skalden-Regeln, aber er ist doch so unregelmäßig, daß durch ihn kein zusätzliches „Schwingen" der Drapa entsteht wie z.B. in der Husdrapa und in dem Thor-Lied, die nur aus vierzeiligen Sätzen bestehen.

Der Satzbau im zweiten Teil des Haustlöng ist ähnlich unruhig wie im ersten Teil. Zusätzlich zu den Varianten des ersten Teiles gibt es im zweiten Teil auch Sätze, die aus 8 Zeilen bzw. aus 7 Zeilen plus einem einzeiligen „Schlußkommentar" bestehen. Der achtzeilige Satz in Strophe 6 wird noch in der Halbstrophe der Strophe 7 weitergeführt, sodaß er sich insgesamt über 12 Zeilen erstreckt.

Zeile	Der Satzbau im zweiten Teil des Haustlöng					
	Strophe					
	1	2	3	4	5	6 und 7
1						
2						
3						
4						
5						
6						
7						
8						

I 5. a) Haustlöng: Idun und Thiazi

Wie kann ich dieses Geschenk
einer Kriegs-Wall-Brücke entgelten?
Ich erhielt eine schön-geschmückte
Stimmen-Klippe von Thorleif.

Ich kann die ungewisse Situation
dreier Gottes-mutiger Asen sowie Thiazi
auf der glänzend fertiggestellten Seite
des Schlachten-Tuches sehen.

„Kriegs-Wall-Brücke", „Stimmen-Kliff" und „Schlachten-Tuch" sind alles Kenningar für den „Schild", der im Krieg wie ein Wall schützt, der die Stimmen wie eine Klippe bricht, da er sich auch vor dem Mund befindet, und der aufgrund seiner flachen Form einem Tuch ähnelt.

Auf dem Schild sind drei Asen und der Riese Thiazi zu sehen. Wie sich im folgenden zeigt, sind die drei Asen Odin, Loki und Hönir. Diese Aufzählung bezieht sich nur auf die Idun-Mythe.

Die dargestellten Szenen müssen sehr fein und klein gearbeitet gewesen sein, da sonst nicht so viele Details, wie im folgenden berichtet werden, auf ihnen hätten dargestellt werden können. Selbst wenn nur die wichtigsten Szenen tatsächlich abgebildet waren und der Skalde Thjodolfr den Rest aus seinen Kenntnissen über diese Mythen hinzufügte, sollte man auf einem Prunkschild wohl mehr als eine Szene für jede der beiden Mythen (Idun, Hrungnir) erwarten dürfen.

Derart aufwendig hergestellte Schilde sind wahrscheinlich nicht für den Kampf gedacht gewesen sind, sondern hingen in den Hallen der Könige und vielleicht auch in den Tempeln.

„Kenning-freie Übersetzung" der Strophe: *„Wie kann ich dieses Geschenk eines Schildes entgelten? Ich erhielt einen schön geschmückten Schild von Thorleif. Ich kann die die ungewisse Situation dreier Gottes-mutiger Asen sowie Thiazi auf der prachtvoll fertiggestellten Seite des Schildes sehen."*

Diese „Kenning-freien Übersetzungen" sind deutlich länger als die in der Thorsdrapa, da der Skalde Thjodolfr wesentlich weniger Kenningar benutzt hat als der Skalde Eilifir.

*Der Wolf der redegewandten Dame flog
laut lärmend nur kurze Zeit zuvor
in der Gestalt eines Alten los,
zu den Erzählern der Geschichte.*

*Der Adler ließ sich am Anfang dort nieder,
wo die Asen ihr Fleisch in einen Erdofen gelegt hatten.
Der Tyr des Fluchtortes der Gefion des Berges
konnte nicht der Feigheit bezichtigt werden.*

Die *„redegewandte Dame"* ist Idun oder Loki. Im ersten Fall wäre der „Wolf der Idun" eine Umschreibung für „Entführer der Idun". Es wird allerdings sonst nirgendwo berichtet, daß Idun besonders redegewandt ist. Im zweiten Fall wäre die „Dame" vermutlich eine Anspielung darauf, daß Loki sich einst in eine Stute verwandelt hat, um sich mit dem Hengst Svadilfari des Reifriesen, der die Mauer rings um Asgard erbaut hatte (Tyr), vereinen und anschließend Odins achtbeinigen Hengst Sleipnir gebären zu können. Der *„Wolf der Dame"* wäre dann der Riese Thiazi, der dem Loki im folgenden arg zusetzt. Von Loki ist im Gegensatz zu Idun gut bekannt, daß er redegewandt (und lügnerisch) ist. Die Deutung der *„redegewandten Dame"* als Loki ist somit wahrscheinlicher.

Ein *„Alter"* ist eine Heiti für „Adler" – der Riese Thiazi hatte die Gestalt eines Adlers angenommen. Vielleicht entstand diese Adler-Heiti daraus, daß der Adler der Seelenvogel des Sonnengott-Göttervaters Tyr (und später seines Nachfolgers Odin) gewesen ist, der jeden Abend als Sonne „starb" und am Morgen wiedergeboren wurde. Da der Adler auch eine Gestalt von Tyrs Vater, dem Riesen Hymir/Hraesvelg ist, könnte es gut sein, daß der Adler nicht nur die Seele des am Abend gestorbenen Sonnengott-Göttervaters gewesen ist, sondern auch der „alte abendliche Tyr" im Gegensatz zu dem „jungen, morgendlichen Tyr".

Diese Deutung ist u.a. deshalb sehr wahrscheinlich, weil der Name des Riesen eine der vielen Varianten des Namens des ursprünglichen Göttervaters der Germanen ist: Diar, Tyr, Tiu, Tiuz, Thiazi, Teiwaz … Dieser Name leitet sich von dem indogermanischen Namen „Dhyaus" des Göttervaters ab, von dem u.a. auch die Namen Deus, Zeus, Deva und Jupiter abstammen.

Wie im Hymir-Lied erscheint somit im Zusammenhang mit dem Opfer der Göttervater Tyr bzw. dessen Vater. Indirekt erscheint auch der Adler des Göttervaters im Hymir-Lied, da der Riese Hymir mit dem Riesen Hraesvelgr identisch ist, da beide „am Rand der Welt wohnen" und Hraesvelgr die Gestalt eines Adlers hat.

Die *„Erzähler der Geschichte"* sind die drei Asen Odin, Hönir und Loki. Es ist bemerkenswert, daß die Skalden ihre Mythen auf die Erlebnis-Berichte der Asen zurückführten. Aus dieser Auffassung ergibt sich, daß die Skalden sich selber als die Bewahrer der Worte der Asen aufgefaßt haben müssen.

„Gefion" ist eine Asin. Eine „*Gefion des Berges*" ist folglich eine Riesin. Der „*Fluchtort einer Riesin*" sind die Berge. Daher ist der „*Tyr der Berge*" ein Riese, d.h. in diesem Zusammenhang Thiazi. Der „*Berg eines Riesen*" ist ein Hügelgrab wie z.B. der „Hnitbiorg" der Riesin Gunnlöd. Thiazi ist also „Tyr im Hügelgrab", d.h. Tyr in der Unterwelt.

Diese Szene stimmt mit dem Beginn der Erzählung des Snorri in der Prosa-Edda überein.

„Kenning-freie Übersetzung" der Strophe: „*Thiazi war nur kurze Zeit zuvor laut lärmend in der Gestalt eines Adlers zu den Asen geflogen und hatte sich dort niedergelassen, wo die Asen ihr Fleisch in einen Erdofen gelegt hatten. Thiazi war wirklich mutig.*"

Der teilweise unverhüllte Betrüger
verzögerte das Kochen der Götter.
Der Helm-tragende Weisheits-Geber der Haltgebenden
erklärte, daß da jemand dahinterstecke.

Die viel-weise Möwe der Wogen
der Eingeweide der Leichen-Werfer
sprach von dem uralten Baum herab.
Hönirs Freund war ihm nicht wohlgesonnen.

Der „*Betrüger*" ist Thiazi, der durch Magie das Garen des Fleisches in dem Erdofen der Götter verhinderte. Er war „*teilweise unverhüllt*", d.h. „nicht ganz unverhüllt", also „nur halb verborgen" weil er die Gestalt eines Adlers angenommen hatte.

Die „*Haltgebenden*" sind die Asen. Die übliche Übersetzung von „bönd", „höpt", „gud", „hapta" u.ä. germanischen Worten als „Fessel" statt als „Haltgebende" ist irreführend, da das Wort „Fessel" sofort das Bild eines Gefangenen hervorruft. Die Worte „höpt", „gud", „hapta" u.a. sind Heitis, d.h. Synonyme für das ursprüngliche „bönd", das zunächst einmal neutral „Band" bedeutete. Dieses Wort kann zwar eine Fessel bezeichnen, aber auch das Band, das zwei Menschen miteinander verbindet, also der „Bund" – das „Band" „bindet" nicht nur, sondern es kann auch „verbinden".

Das indogermanische Wort „bhendh", auf das das altnordische „bönd" zurückgeht, bedeutet „Band", „Fessel", aber auch „Sippe, Verwandtschaft". Die Doppel-Bedeutung dieses Wortes findet sich in vielen indogermanischen Sprachen wieder. Der Bezeichnung der Götter als „bönd" liegt also die Vorstellung zugrunde, mit ihnen verbunden zu sein. Die Götter sind folglich die, die den Menschen Halt geben. Dies entspricht ganz dem Wort „Religion" („Rück-Verbindung"; „Rückhalt").

Der „*Helm-tragende Weiheits-Geber der Haltgebenden*" ist Odin, da Odin der Weisheits-Gott der Germanen und auch der Weiseste der Asen war. Es ist daher sehr passend, daß gerade Odin bemerkt, daß bei dem nicht-Kochen des Fleisches Magie im Spiel sein muß.

Die „*Leichenwerfer*" sind die Krieger. Die „*Wogen der Eingeweide der Krieger*" sind die Toten auf dem Schlachtfeld. Die „*Möwe des Schlachtfeldes*" ist ein Aasfresser, d.h. eine Krähe, ein Rabe oder auch ein Adler, wobei die „Möwe" hier gewählt wurde, weil sie zu der „Woge" in der Kenning paßt. Der hier gemeinte Vogel muß, da er „*viel-weise*" ist, jedoch ein Adler sein. Der Adler ist weise, weil er der Seelenvogel des Göttervaters Tyr-Odin ist. Die „*viel-weise Möwe der Wogen der Eingeweide der Leichenwerfer*" ist somit Thiazi in Adlergestalt.

Der „uralte Baum" könnte die Weltesche sein, die als Jenseitsweg auch ein plausibler Ort für das Zusammentreffen von Asen mit den Riesen bzw. mit dem ehemaligen Göttervater Thiazi/Tyr in der Gestalt des Adler-Seelenvogels des Göttervaters ist.

„*Hönirs Freund*" ist Loki. Er war wütend auf den Adler, weil dieser das Garen des Fleisches verhinderte – wie auch Snorri berichtet.

„Kenning-freie Übersetzung" der Strophe: „*Thiazi in Adlergestalt verzögerte das Kochen der Götter. Odin erklärte, daß die Ursache davon Magie sein muß. Der Adler sprach von der Weltesche herab. Loki war wütend auf ihn.*"

Der Berg-Heuler verlangte
von dem Schritt-Meili,
daß er ihm seinen Teil
von dem geweihten Mahl reiche.

Der Freund des Rabengottes mußte blasen.
Der kampf-hungrige Rognir der Land-Wale
ließ sich dort nieder, wo die drei arglosen Beschützer
der Götter angekommen waren.

Der „*Heuler*" ist ein Wolf. Der „*Berg-Heuler*" ist der Riese Thiazi.

„*Meili*" ist ein Sohn des Odin und ein Bruder des Thor. Sein Name bedeutet „der Liebliche" oder „Liebe". Dieser Name klingt wie eine Umschreibung des „schönen Gottes" Baldur, der ein Sohn des Odin und der Frigg ist. Das mit „Schritt" übersetzte germanische Wort „fet" kann sowohl „Schritt" als auch „Stief-" bedeuten. Da es für Hönir die Kenning „Langfuß" gibt, ist die Übersetzung als „*Schritt-Meili*" wahrscheinlicher. Hönir hat demnach möglicherweise Ähnlichkeit mit dem Asen Meili (Baldur?), aber er macht große Schritte, d.h. er ist in irgendeiner Weise ein Wanderer. Vielleicht bedeutet „Meili" in dieser Kenning auch einfach nur „Gott".

Hönir entspricht dem Asen We. Hönir/We verkörpert in den verschiedenen Götterdreiheiten wie hier in der aus Odin, Hönir und Loki bestehenden Dreiheit die Priester und Heiler. Odin/Wodan vertritt die Krieger und Fürsten, während Loki/Wili die Bauern und Handwerker vertritt. Die für Hönir charakteristischen „Schritte" könnten seine Reisen ins Jenseits sein, die er sowohl als Priester als auch als Heiler zur Ausübung seines Berufes benötigt, da diese Jenseitsreisen seine Verbindung zu den Göttern herstellen.

Diese Deutung würde auch die Verwendung des Götternamens „Meili" (Baldur?) in der Hönir-Kenning „Schritt-Meili" erklären, da auch Meili/Baldur in das Jenseits und zurück reist. Vermutlich wird auch Odin „Gangr" „Geher" genannt, weil er als Schamanengott mehrfach ins Jenseits gereist ist.

Thiazi verlangt in den ersten vier Versen einen Anteil von dem Fleisch der Götter. Er wendet sich dabei an Hönir, da dieser als Verkörperung der Priester und Heiler die Leitung der Zeremonie innehat. Daß es sich nicht um eine einfache Mahlzeit auf einer Reise handelt, ist daran ersichtlich, daß die Asen nicht bei einem „Mahl", sondern bei einem *„geweihten Mahl"* zusammensitzen.

Der anscheinend auch aus der Sicht der Asen bestehende Anspruch des Adler-Thiazi auf einen Anteil an dem geweihten Mahl könnte darauf hinweisen, daß das Mahl die Funktion hatte, die, die es bereiteten, mit den Ahnen (in der Gestalt von Seelenvögeln) und vor allem mit dem Göttervater Tyr (in der Gestalt seines Adler-Seelenvogels) zu verbinden.

Solche gemeinsamen Mahlzeiten mit den Ahnen und den Göttern bzw. dem Göttervater zur Aufrechterhaltung des Kontaktes mit ihnen lassen sich bis in die früheste schriftliche Überliefeung in Ägypten und Sumer zurückverfolgen. Ein Überbleibsel davon ist der „Leichenschmaus". Auch die christliche Symbolik des Abendmahles beruht auf dieser Tradition.

Der *„Rabengott"* ist Odin; *„sein Freund"* ist Loki, der in das Feuer *„bläst"*, damit das Fleisch doch noch gar wird – obwohl der Adler-Riese Thiazi dies verhindern will.

Die *„Land-Wale"* sind die Riesen. Ein *„Rognir"* ist ein „Herrscher" oder „König" (lateinisch: „rex"; keltisch: „rig"; indisch: „Radscha"). Dies ist ein häufiger Titel für die Götter der Germanen. *„Kampf-hungriger Rognir"* ist eine recht undifferenzierte Kenning, da sie auf fast alle Götter außer Baldur und Hönir zutrifft. Der *„kampfhungrige Rognir der Land-Wale"* ist jedoch kein Ase, sondern ein Riese. Dieser Riese ist in diesem Zusammenhang Tyr-Thiazi, der hier als „König der Riesen" oder „Gott der Riesen" erscheint.

Das Wort „varnendr", das hier mit *„arglos"* übersetzt wird, hat auch die Bedeutung „ratlos" – die Asen hatten nicht damit gerechnet, daß der magiekundige Adler-Riese

Thiazi zu ihnen kommen würde und setzen sich nun zunächst einmal nieder und hoffen und glauben, daß Thiazi nur blufft.

„Kenning-freie Übersetzung" der Strophe: *„Thiazi verlangte von Hönir, daß er ihm seinen Teil von dem geweihten Mahl reicht. Loki blies ins Feuer. Thiazi ließ sich dort nieder, wo die drei arglosen Asen angekommen waren."*

Der gnädige Herr der Erde
bat Farbautis Sohn,
geschwind den Wal der Bogensehnen-Var
unter den Gefährten zu verteilen.

Aber der geschickte und unnachgiebige
Gegner der Asen
schnappte sich daraufhin
von der breiten Tafel vier Stier-Teile.

Der *„Herr der Erde"* ist Odin.

„Farbautis Sohn" ist Loki.

Ein *„Var"* ist ein Eid und im übertragenen Sinne auch die Göttin Var, die die Verträge beschützt. Diese Heiti bezieht sich evtl. auch auf den Friedensschluß zwischen Asen und Wanen und vielleicht ebenso allgemeinen auf die Sippentreue innerhalb der Gemeinschaft der germanischen Götter. Eine *„Bogensehnen-Var"* ist demnach eine Göttin, die gut jagen kann. Damit könnte Skadi gemeint sein, da eine *„Bogen-Asin"* ist (auch Ullr ist ein Bogen-Ase). Der *„Wal der Bogensehen-Var"* ist somit das große, auf der Jagd erlegte Tier, das die Asen gebraten haben.

Der *„Gegner der Asen"* ist der Riese Thiazi, der sich gleich alle vier Viertel des Stieres schnappt – wie dies auch von Snorri berichtet wird. In der Edda brieten die Asen jedoch keinen Stier, sondern ein „Rentier", das als „Köder-Rentier" umschrieben wird – vielleicht war dies eine Kenning für „Stier".

Die *„breite Tafel"* ist anscheinend ein Altar.

Die in der 2. bis 5. Stophe beschriebene Szene ist der Weltenbaum, unter dem Odin, Hönir und Loki ein rituelles Mahl aus einem geopferten Stier bereitet haben. Der Adler auf dem Baum könnte ursprünglich Tyr gewesen sein, an den dieses Opfer gerichtet gewesen ist – bevor dieses Wesen in einen räuberischen Adler umgedeutet worden ist. Die Eröffnungsszene dieses Liedes ist folglich das Opfer eines Stieres an den ehemaligen Sonnengott-Göttervater Tyr.

Diese Szene paßt gut zu den Beschreibungen des Bischofs Adam von Bremen über die Tieropfer in dem heiligen Hain neben dem germanischen Tempel von Uppsala.

„Kenning-freie Übersetzung" der Strophe: *„Odin bat Loki, den Stier unter den Gefährten zu verteilen. Aber Thiazi schnappte sich daraufhin alle vier Stier-Teile von der breiten Tafel."*

*Der hungriger Vater der Marnar
aß gierig den Joch-Bären
an den Wurzeln einer Eiche
– das ist schon lange her –*

*bis der tiefsinnig-verborgene Tyr
die Kriegsbeute, den fürchterlichen Feind der Erde
mit einem Hieb mit einem Stock
zwischen die Schultern niederschlug.*

„*Der hungrige Vater der Marnar*" ist offensichtlich Thiazi – er war der Vater der Skadi, die wohl mit der hier genannten „Marnar" identisch ist. „Marnar" bedeutet evtl. „Meergöttin", wobei mit dem Meer die Wasserunterwelt gemeint sein wird, in der sich die ehemalige Jenseitsgöttin Skadi-Marnar befand. Nach 500 n.Chr., als Tyr durch Thor und Odin als Göttervater abgesetzt worden war, wurde aus Skadi-Marnar, der Mutter des Göttervaters Tyr-Thiazi, die Tochter des Tyr-Thiazi.

Der „*Joch-Bär*" ist der Stier, der schon bei den Germanen den Pflug auf dem Acker ziehen mußte.

„*Tyr*" ist bei den Germanen zu einem allgemeinen Begriff für „Gott" geworden. Der „*tiefsinnige Gott*" ist eigentlich Odin, aber hier ist offensichtlich Loki gemeint. Vielleicht ist mit „*tiefsinnig-verborgen*" auch „listig" gemeint, was dann eine sehr typische Eigenschaft des Loki wäre – das Adjektiv „verborgen" müßte man dann eher mit „hinterhältig" übersetzen.

Die „*Kriegsbeute*" ist Thiazi – dies ist möglicherweise eine Anspielung darauf, daß Thiazi schließlich durch die Asen getötet wurde.

Der „*fürchterliche Feind der Erde*" ist ebenfalls der Riese Thiazi – eigentlich ist er der Feind der Götter und nicht der Erde. Vielleicht ist mit „Erde" Midgard und Asgard sowie ihre Bewohner als Gegensatz zu Utgard gemeint.

„Kenning-freie Übersetzung" der Strophe: *„Thiazi aß gierig den Stier an den Wurzeln einer Eiche, bis Loki ihn mit einem Stock zwischen die Schultern schlug und Thiazi niederfiel. Das ist schon lange her."*

Die Last in den Armen der Sigyn,
die all die Mächte
in ihren Fesseln betrachten,
hing an dem Lehrer der Ski-Asin fest.

Der Stab haftete
an dem mächtigen Geist des Riesenlandes
und die Hände von Hönirs treuem Freund
an dem Ende des Stabes.

Die „*Last in den Armen der Sigyn*" ist Loki, der von seiner Frau Sigyn vor dem Gift der Schlange geschützt wird, nachdem die Asen Loki gefesselt und über ihm eine Giftschlange befestigt hatten.

Die „*Mächte*" sind die Asen.

Die „*Ski-Asin*" ist Skadi. Ihr Vater und daher wohl auch ihr „*Lehrer*" ist Thiazi.

Der „*mächtige Geist des Riesenlandes*" ist ebenfalls Thiazi.

„*Hönirs treuer Freund*" ist Loki.

„Kenning-freie Übersetzung" der Strophe: „*Loki hing an Thiazi fest. Der Stab haftete an Thiazi und die Hände von Loki an dem Ende des Stabes.*"

Der Geier des Blutes
glücklich mit seiner Beute,
flog eine lange Strecke mit dem listigen Gott,
sodaß der Vater des Wolfes fast entzwei gerissen wurde.

Da war Thors Freund gezwungen,
Midjungs Genossen um Gnade zu bitten;
trotz all seiner Macht war Loptr
kurz davor, zu zerbrechen.

„*Der Geier des Blutes*" ist Thiazi in Adlergestalt. Seine Beute ist Loki.

Der „*listige Gott*" und auch der „*Vater des* (Fenris-)*Wolfes*" ist Loki.

„*Thors Freund*" ist Loki – diese Kenning ist vermutlich ironisch gemeint, da Thor und Loki ständig in Streit miteinander lagen.

„*Loptr*" („Luft") ist ein Name des Loki, den dieser vermutlich erhielt, weil er mithilfe seiner Flug-Schuhe durch die Luft fliegen kann.

„Kenning-freie Übersetzung" der Strophe: „*Thiazi war glücklich mit seiner Beute und flog eine lange Strecke mit Loki, sodaß dieser fast entzwei gerissen wurde.*"

*Der Blutvogel,
der sich über seine Beute freute,
flog ein langes Stück mit dem listigen Gott,
sodaß der Wolfsvater fast entzweiriß.*

*Da war Thors Freund,
der heftig zusammengebrochen war,
gezwungen, mit all seiner Kraft
um Midjungs Frieden zu flehen.*

 „*Midjung*" ist offenbar ein Riese, da Thiazi sein „*Genosse*" ist.
 Der „*Wolfsvater*" ist Loki, dessen Kinder u.a. Sleipnir, Hel, Jörmungandr und der Fenris-Wolf waren.
 „Kenning-freie Übersetzung" der Strophe: „*Da war Loki gezwungen, Thiazi um Gnade zu bitten. Trotz all seiner Macht war Loki kurz davor, zu zerbrechen.*"

*Der Nachkomme von Hymirs Rasse
befahl dem Beweger der Geschichten, der verrückt war vor Schmerzen,
ihm die Maid zu bringen,
die die Heilung des hohen Alters der Asen kannte.*

*Der Dieb der Brising-Halskette
führte später die Dise
der Bänke der Guten Felder
zu den Höfen des Fels-Nidud.*

 „*Hymirs Rasse*" sind die Riesen, da auch Hymir ein Riese ist – ein sehr alter Riese, der als der Vater des Tyr angesehen wurde. Der „*Nachkomme der Riesen*" ist Thiazi – eine sehr unspezifische Kenning, die nur im Zusammenhang mit der Geschichte, in der sie steht, eindeutig wird.
 Der „*Beweger der Geschichten*" ist Loki, der durch seinen Wutanfall die Entführung der Idun zumindestens mitverursacht hat.
 Die „*Maid*" ist Idun.
 „*Die Heilung des hohen Alters der Asen*" sind Iduns Äpfel.
 Die „*Brising-Halskette*" gehört der Freya und wurde ihr von Loki gestohlen, der folglich der „*Dieb des Brisingamen*" ist.

Die „*Dise*" („Göttin") ist Idun. Dieser Name stammt von indogermanisch „diuih" für „Göttin" ab (lateinisch Dea, indisch Deva u.a.).

Die „*Guten Felder*" sind vermutlich das Jenseits, das in den Isländersagas auch die „Todlosen Felder" genannt wurde und als eine Art großer Garten geschildert wurde. Idun ist folglich die Göttin in einer Art Garten-Jenseits, in dem auch der Apfel-Weltenbaum stehen wird, an dem ihre Äpfel der ewigen Jugend wachsen.

„*Nidud*" ist ein König, der im Wieland-Lied vorkommt. Er muß einst eine so große Rolle in den Mythen gespielt haben, daß er in einer Kenning benutzt werden konnte. Da Wieland der Göttervater Tyr im Jenseits gewesen ist, muß König Nidud, der den Wieland auf einer Insel („Unterwelt") gefangensetzte, einst der Gegener des Sonnen- und Sommergottes Tyr gewesen sein: der Wintergott Loki.

Ein „*Fels-König*" ist ein wichtiger Riese – in diesem Lied ist dies Thiazi. Die „*Höfe des Riesen*" sind die Heime des Thiazi in Utgard.

„Kenning-freie Übersetzung" der Strophe: „*Thiazi befahl Loki, der verrückt war vor Schmerzen, ihm Idun zu bringen. Loki führte später Idun zu Thiazis Heim.*"

Die Bewohner der Rand-Berge
waren nicht unglücklich darüber,
daß Idun von Süden her
zu den Riesen gekommen war.

Alle Sippen des Yngvi-Freyr,
nun alt und grau,
versammelten sich zum Thing:
die Regin waren häßlich anzusehen, ...

Die „*Rand-Berge*" sind Utgard, das aus einer Bergkette rings um das Weltmeer bestand. Die „*Bewohner der Rand-Berge*" sind die Riesen.

Der Norden war das kalte Niflheim, das oft auch als Jenseits angesehen wird. Der „*Süden*" war das warme Muspelheim, das entsprechend auch als Diesseits betrachtet wurde. Es gab auch die Vorstellung, das das nördliche Niflheim die „böse kalte Erd-Unterwelt" („Hel/Höhle/Hölle") und das südliche Muspelheim das „gute warme Himmels-Jenseits" (Paradies) war – im Süden lag auch das Jenseits („Gimle") des ehemaligen Göttervaters Tyr. Die von den Asen im Diesseits/Himmelsjenseits zu den Riesen im Höhlen-Jenseits reisende Idun bewegt sich daher von Süden nach Norden.

Die „*Sippen des Yngvi-Freyr*" und auch die „*Regin*" („Herrscher") sind die Asen. Freyr muß damals eine wichtige Rolle gespielt haben, sonst hätte Thjodolfr die Asen nicht mit einer solcher Kenning bezeichnen können.

„Kenning-freie Übersetzung" der Strophe: *„Die Riesen waren glücklich darüber, daß Idun von Asgard her zu ihnen gekommen war. Die Asen wurden nun alt und grau und versammelten sich zum Thing. Sie waren häßlich anzusehen."*

*... bis sie den Hund der strömenden Leichen-See
der Ale-Geberin fanden
und den Dieb banden, diesen Baum des Verrats,
der die Ale-Geberin fortgeführt hatte.*

*„Das wirst Du büßen, Loki",
sprachen die Wütenden,
„bis Du die wundervolle Maid zurückbringst,
die Freude der Haltgebenden."*

Die *„strömende Leichen-See"* ist eine Kenning für Blut. Der *„Hund des Blutes"* ist eine Kenning für *„Wolf"* und *„Wolf"* ist schließlich eine Heiti für *„Riese"*, womit in diesem Fall Thiazi gemeint ist.

„Ale" („Bier") ist hier eine „zweistufige Heiti": Zunächst ist „Ale" eine Heiti für „Met" und in einem zweiten Schritt ist der Met eine Heiti für Iduns Äpfel. Diese „zweifache Heiti" zeigt, daß der Met mit Idun Äpfeln in symbolischer Hinsicht gleichbedeutend gewesen sein muß. Die *„Ale-Geberin"* ist Idun. Die Kenning *„Ale-Geberin"* kann auch einfach „Frau" bedeuten.

Die Kombination der Kenning *„Hund der strömenden Leichen-See"* für „Wolf" mit der Heiti *„Ale"* für „Idun" ergibt *„Wolf der Idun"*, was wiederum eine Umschreibung für „Entführer der Idun" ist. Dieser Entführer ist Loki.

Ein *„Baum des ..."* ist eine beliebte Form, eine Kenning für einen Menschen und manchmal auch für einen Gott zu bilden, da der erste Mann und die erste Frau von den Göttern aus zwei Bäumen erschaffen wurden. Der *„Baum des Verrats"* ist Loki.

Die *„Wütenden"* sind die Asen.

Die *„Haltgebenden"* sind ebenfalls die Asen – im Original steht wieder das Wort „bönd" für „Fessel, Band, Verbund, Verwandtschaft".

Die *„wundervolle Maid"* und auch die *„Freude der Haltgebenden"*, d.h. die „Freude der Götter" ist Idun.

„Kenning-freie Übersetzung" der Strophe: *„ ... bis sie den Dieb Loki fanden und banden. 'Das wirst Du büßen, Loki', sprachen die Asen, 'bis Du Idun zurückbringst.'"*

*Ich habe gehört,
daß der Tester von Hönirs Gedanken
später mit List und mit Hilfe einer Falken-Haut
die von den Asen Geliebte zurückholte –*

*und daß der wütende Vater der Marnar
mit kräftigem Spiel
der Feder-Klingen in einem Sturm
dem Nachkommen des Falken folgte.*

Der „*Tester von Hönirs Gedanken*" ist Loki, wie sich aus dem Zusammenhang ergibt. In welcher Weise Loki die Gedanken, Absichten und Pläne des Hönir testet, ist unklar – vielleicht bezieht sich diese Kenning auf eine unbekannte Mythe.

Die „*Falkenhaut*" ist das Falken-Gewand, das sich Loki von Freya geliehen hat, um sich in einen Falken verwandeln zu können – wenn man ins Jenseits reisen will, ist es sehr praktisch, wenn man ein Seelenvogel ist …

Die „*von den Asen Geliebte*" ist Idun – schließlich hängt das Leben der Asen von Iduns Äpfeln ab.

Der „*wütende Vater der Marnar*" ist wie zuvor Thiazi. Wahrscheinlich ist „Marnar" seine Tochter Skadi.

Die „*Feder-Klingen*" sind die Federn des Thiazi in Adler-Gestalt. Dies ist nicht wirklich eine Kenning, da das Gemeinte („Feder") ein Bestandteil dieser Wortkombination ist. Die „*Klingen*" haben hier eher die Funktion eines Adjektivs, das den Charakter der Schwingen des Thiazi als bedrohlich kennzeichnen soll. Das „*kräftige Spiel der Feder-Klingen*" ist eine Kenning für „Flug".

„*Nachkomme des Falke*" ist sozusagen eine „Minimal-Kenning" für „Falke", der in diesem Zusammenhang wiederum eine Heiti für Loki ist.

Thjodolfrs poetischer Elan hat gegen Ende seines Gedichtes anscheinend etwas nachgelassen, da er in dieser Strophe gleich zwei Kenningar verwendet hat, die nicht mehr so ganz den klassischen Regeln für die höfischen Gedichte entsprechen …

„Kenning-freie Übersetzung" der Strophe: „*Ich habe gehört, daß Loki später mit List und mit Hilfe einer Falken-Haut Idun zurückholte – und daß der wütende Thiazi dem Loki folgte.*"

*Stäbe begannen zu brennen,
die großen Mächte hatten sie geschält:
der Sohn des Bräutigams der Greipar wurde verbrannt.
Seine Reise war plötzlich zu Ende.*

Dies ist auf meiner Sohlen-Brücke des Berg-Finnen abgebildet.
Ich habe die sich bewegende Klippe der Grenze,
die mit Schrecken geschmückt ist,
von Thorleif erhalten.

Die *„großen Mächte"* sind die Asen.

Die *„brennenden Stäbe"* bilden eine Art Waberlohe, in der der *„Sohn des Bräutigams der Greipar"*, d.h. Thiazi verbrennt. Die „geschälten Stäbe" könnten Runenstäbe gewesen sein, die offenbar Feuer und Tod als Wirkung hatten – möglicherweise waren sie mit Thorn-Runen beschrieben (siehe „Runen" in Band 72). Thiazis Mutter hieß offenbar Greipar.

„Seine Reise ist plötzlich zu Ende." ist ein Understatement für „Er wurde plötzlich getötet." Die Skalden schätzten dieses Stilmittel genauso wie die Ironie, drastische Bilder und die Darstellung einer Sache durch die Verneinung ihres Gegenteiles wie z.B. „Er war kein Feigling.".

Ein *„Finne"* ist ein Bewohner von Finnland. Da Finnland von Skandinavien aus gesehen im Norden lag, teilte es manchmal mit Niflheim die Jenseitssymbolik. Daher war „Finne" als Heiti für „Mensch" gut geeignet, wenn sie in einer Kenning für „Riese" benutzt wurde wie hier in *„Berg-Finne"* für Thaizi.

Die *„Sohlen-Brücke des Berg-Finnen"* ist offensichtlich der Schild, den Thjodolfr von Thorleif erhalten hat und hier besingt. Die *„Sohlen-Brücke"* muß also etwas sein, das dann, wenn es sich auf einen Riesen bezieht, ein Schild ist. Eine „Brücke" ist zunächst einmal etwas, das einen Wanderer über schwieriges Gelände trägt. Dasselbe würde z.B. auch für einen Schneeschuh gelten, weshalb „Brücke" hier eine Heiti für „Schneeschuh" sein könnte. Das wird dadurch bestätigt, daß sich diese „Brücke" offenbar an den Schuhsohlen eines Riesen befindet. Es hat den Anschein, als ob die Schneeschuhe der Riesen derartig groß und stabil sein mußten, daß sie von normalen Menschen auch als Schild verwendet werden konnten.

Es ist jedoch genausogut denkbar, daß diese Kenning eine Anspielung darauf ist, daß sich der Riese Hrungnir auf seinen Schild stellte, da er annahm, daß ihn Thor aus der Erde heraus angreifen würde. Für diese Deutung spricht, daß diese Szene ebenfalls auf dem Schild dargestellt und in dem zweiten Lied des Haustlöng beschrieben wurde.

„Die sich bewegende Klippe der Grenze" ist ebenfalls der Schild, der fest und steil wie eine Klippe seinen Träger von seinen Gegnern abgrenzen, d.h. ihn vor ihnen schützen soll.

Die *„Schrecken"*, mit denen dieser Schild *„geschmückt"* ist, sind die Szenen aus der Idun-Mythe. Diese Umschreibung läßt vermuten, daß die Germanen bisweilen auf ihre Schilder Bilder malten, die ihre Feinde erschrecken sollten – so wie sie auch aus demselben Grund Drachenköpfe an ihren Langschiffen befestigten.

„Kenning-freie Übersetzung" der Strophe: *„Die Asen entzündeten geschälte Stäbe und Thiazi verbrannte in dem Feuer und starb. Dies ist auf dem mit schrecklichen Bildern geschmückten Schild abgebildet, den ich von Thorleif erhalten habe."*

I 5. b) Haustlöng: Thor und Hrungnir

Auf dem Kreis kann man auch sehen,
O Mann des Höhlen-Feuers,
wie der Schrecken der Riesen
dem Hügel der Stein-Stadt einen Besuch abstattete.

Der wütende Sohn der Jörd
fuhr zu dem Spiel des Eisens
und der Weg des Mondes donnerte unter ihm.
Wut schwoll an in Meilis Bruder.

Der „*Kreis*" ist der Schild, den der Skalde Thjodolfr von Thorleif erhalten hat.

Das „*Höhlen-Feuer*" ist das Gold (Grabschatz in einem Hügelgrab). Der „*Mann des Goldes*" ist der Fürst Thorleif, der dem Thjodolfr den Schild geschenkt hat, den dieser nun besingt. Aus der Verwendung dieser Kenning für Thorleif kann man nicht unbedingt schließen, daß Thorleif besonders reich war, denn die Fürsten wurden von den Skalden gerne auf vielfältige Weise als „freigiebige Besitzer des Goldes" bezeichnet, da sie sich einen Teil des Goldes als Lohn für ihre Dichtkunst erhofften.

Der „*Schrecken der Riesen*" ist Thor.

Die „*Stein-Stadt*" („Griotun") ist der Wohnort der Riesen oder das Hügelgrab – was letztlich dasselbe ist: ein Ort im Jenseits. Der „*Hügel der Stein-Stadt*" ist entweder der Berg, auf dem die Riesen wohnen, oder das Hügelgrab, in dem sie als Totengeister leben – was wiederum letztlich dasselbe ist. Diese Kenning bezeichnet in diesem Lied den Wohnort des Riesen Hrungnir. Möglicherweise ist mit „Hügel" auch nicht der Wohnort des Hrungnir, sondern der Riese selber gemeint – das wäre dann eine recht abfällige Kenning …

Der „*Sohn der Jörd*" ist Thor.

Mit „*Eisen*" ist eine Waffe gemeint. Das „*Spiel des Eisens*" ist der Kampf und die Schlacht.

Der „*Weg des Mondes*" ist der Himmel, über den Thor als Donnergott in seinem Ziegenbock-Streitwagen fuhr.

„*Meili*" („der Liebliche/Liebenswerte") ist wahrscheinlich ein Beiname für Baldur. „*Meilis Bruder*" ist Thor.

„Kenning-freie Übersetzung" der Strophe: „*Auf dem Schild kann man auch sehen, O Fürst, wie Thor dem Hrungnir einen Besuch abstattete. Thor fuhr donnernd über den Himmel zu dem Kampf und die Wut schwoll in ihm an.*"

All die Falken-Heiligtümer
standen in Flammen
wegen Ullrs Stiefvater
und der Boden unten wurde von Hagel geprügelt,

als die Ziegenböcke
die Tempel-Macht auf dem leichten Streitwagen
vorwärts zu dem Treffen mit Hrungnir zogen.
Svolnirs Witwe brach fast entzwei.

Die Kenning „*Falken-Heiligtümer*" ist durch eine Heiti aus „Falken-Lebensbereich" hervorgegangen und bedeutet „Himmel".
Die „*Flammen*" sind die Blitze des Donnergottes.
„*Ullrs Stiefvater*" ist Thor.
Diese Szene beschreibt ein Gewitter, das Ausdruck der Wut des Donnergottes Thor ist.

Eine „*Tempel-Macht*" ist ein Gott – eben die Kraft in einem Tempel. In Kombination mit den Ziegenböcken vor dem Streitwagen, auf dem dieser Gott steht, muß dieser Gott Thor sein.

„*Svolnir*" („Abkühler") ist ein Beiname des Odin. Wahrscheinlich ist damit nicht der Gegenpol zu seinem Beinamen „Hnikarr" („Aufhetzer") gemeint, sondern der Schild „Swalin/Svöl/Svolnir", der vor der Sonne steht, damit ihre Glut nicht die Erde verbrenne. Dieser Schild ist ursprünglich eine Verkörperung der Sonne selber und somit auch des Sonnengott-Göttervaters (Tyr) gewesen, dessen Nachfolge Odin während der Völkerwanderungszeit angetreten hat. Dieser Schild hatte zur Zeit des Skalden Thjodolfr schon eine lange Geschichte:

> Bereits in der frühen Zeit der Germanen ab 1800 v.Chr. gibt es in den skandinavischen Felsritzungen viele Darstellungen von Sonnen.
> Der Sonnenwagen von Trundholm folgt um ca. 1400 v.Chr.
> In dem Fürstengrab von Kivik, daß um 1000 v.Chr. errichtet wurde, werden diese viergeteilten Sonnen in Zusammenhang mit dem Jenseitstor dargestellt.
> Auf den Goldhörnern von Gallehus und auf den frühen Runensteinen ist der Sonnengott mit seinem Sonnenschild zu sehen.
> Auf den Schilden, die in den frühen Skalden-Liedern beschrieben werden, sind diese Schilde nicht mehr nur mit dem Bild der Sonne, sondern bereits mit Szenen der Jenseitsreise der Sonne, die sich inzwischen zu dem Raub der Jenseitsgöttin-Geliebten weiterentwickelt hat, geschmückt. In Fortführung

dieser langen Tradition wurde um 985 n.Chr. der Göttervater Odin noch immer „Svölnir", also „Sonnenschild" genannt.

In der Edda wird Ullr, der wahrscheinlich wie der Schmied Wieland der Sonnengott-Göttervater Tyr in der Unterwelt ist, noch immer „Schild-Ase" genannt.

Mit der Benutzung dieser Heiti für Odin könnte Thjodolfr bei seinen Hörern auch die Hervorrufung einer mehrfachen Assoziation beabsichtigt haben: die zwischen dem beschriebenen Prunk-Schild, dem Sonnenschild und somit der Sonne am Himmel sowie Odin als Schild-Gott und weiterhin als Göttervater.

Ganz nebenbei ist diese Heiti auch noch ein Kompliment an Thorleif: „Dieser Schild ist so schön und strahlend wie die Sonne und ein würdiges Bild für unseren Göttervater Odin!"

„*Svolnirs Witwe*" bedeutet somit „Odins Witwe". Da sich die Strophe auf Thor bezieht, sollte mit der „Witwe" die Erdgöttin Jörd, die die Mutter des Thor ist, gemeint sein. Die Bezeichnung der Erdgöttin Jörd als „Witwe" zeigt, daß Odins „Hängen am Baum" zu der Zeit von Thjodolfr noch als tatsächlicher Tod angesehen worden ist, also als eine echte Jenseitsreise. Der letzte Vers dieser Strophe bedeutet somit, daß Jörd wie jede Mutter große Angst um ihren Sohn Thor hatte – eine sehr menschliche Passage in diesen doch eher kriegerisch gestimmten Drapas.

Zu dem in dieser Strophe beschrieben Bild gehört auch die zweite Halbstrophe der vorigen Strophe, die in der folgenden „Kenning-freien Übersetzung" noch einmal in Klammern beigefügt wird: „*(Thor fuhr donnernd über den Himmel zu dem Kampf und die Wut schwoll in ihm an.) Der ganze Himmel wurde von Thors Blitzen durchzuckt und der Boden unten wurde von Hagel geprügelt, als die Ziegenböcke Thor auf seinem Streitwagen vorwärts zu dem Treffen mit Hrungnir zogen. Seine Mutter Jörd brach fast entzwei aus Sorge um ihren Sohn Thor.*"

Baldurs Bruder schonte
die gierigen Feinde der Menschen nicht.
Bergen wankten und Felsen zerbarsten;
der Himmel oben brannte.

Ich habe gehört, daß der Wächter
der dunklen Knochen des Landes
von Hakis Wagen ihm ungestüm entgegen stürmte,
als er seinen kriegerischen Schlächter sah.

„*Baldurs Bruder*" ist Thor.

Die „*gierigen Feinde der Menschen*" sind die Riesen.

Das „*Brennen des Himmels*" sind die Blitze, die Thor in seiner Wut schleuderte.

Die „*dunklen Knochen des Landes*" sind die Felsen. Die „*Wächter der Felsen*", also ihre Bewohner, sind die Riesen, d.h. in diesem Lied der Riese Hrungnir. „*Haki*" ist ein berühmter Meerkönig gewesen. Daher ist sein „*Wagen*" ein Schiff. Das „*Land der Riesen*" liegt folglich im oder am Meer auf einer Landzunge oder auf einer Insel. Dies ist eine Umschreibung für Utgard jenseits des Meeres.

Der „*kriegerische Schlächter des Hrungnir*" ist Thor.

„Kenning-freie Übersetzung" der Strophe: „*Thor kämpfte mit solcher Wucht gegen die Riesen, daß die Berge wankten, die Felsen zerbarsten und der Himmel oben brannte. Ich habe gehört, daß Hrungnir dem Thor entgegen stürmte, als er ihn erblickte.*"

Flugs flog das blasse Ring-Eis
unter die Sohlen des Felsen-Wächters.
Die Haltgebenden bewirkten dies,
die Frauen der Schlacht wünschten dies.

Der Felsen-Edelmann mußte danach
nicht mehr lange auf einen schnellen Schlag
von dem rauhen Vielzahl-zermalmenden Freund
des Hammers für die Gesichter der Trolle warten.

„Eis" ist hier eine Heiti für „Eisen". Das „*Ring-Eis*" ist der runde Schild. In der Edda hat Thors Helfer Thialfi den Hrungnir dazu überlistet, sich auf seinen Schild zu stellen statt ihn vor sich zu halten, indem er ihm sagte, daß Thor ihn aus der Erde heraus angreifen werde.

Diese recht seltsame Szene könnte auf die Vorstellung zurückgehen, daß die Sonne bzw. die Sonnenscheibe, also der Sonnenschild am Abend in der Erde versinkt und am Morgen wieder aus ihr zurückkehrt. Das Motiv des auf dem Sonnenschild stehenden Riesen wäre dann eine Sonnenuntergangs-Szene. Dies paßt gut dazu, daß Hrungnir stirbt, während er auf dem Schild steht, denn auch der Sonnengott-Göttervater Tyr stirbt am Abend, wenn er in die Unterwelt geht. Diese Szene soll natürlich auch Tyr-Hrungnir als grenzenlos dumm schildern.

Das „Hrungnir-Herz" genannte Symbol der Sonne („Triskelis") würde ebenfalls mit dieser Deutung gut übereinstimmen.

Der am Abend sterbende Göttervater ist aufgrund der Symbolik von Wiederzeugung und Wiedergeburt der Vater des am Morgen wiedergeborenen Göttervaters. Da Tyrs Vater der Riese Hymir ist, wird dieser Riese ursprünglich der „alte Tyr am Abend" und Tyr selber als der „junge Tyr am Morgen" gewesen sein. Da in den (indo-)germanischen Mythen die Götter von den Riesen abstammen, ist eine solche Auffassung des Hrungnir gut denkbar.

Hymir ist vermutlich auch mit dem Riesen Thiazi identisch, da dessen Name über „Teiwaz" von dem indogermanischen Götternamen „Dyaus" abstammt und somit dem Namen des Göttervaters „Tyr" entspricht. Wie der Vergleich mit den anderen indogermanischen Religionen zeigt, kann man von einer früheren Stufe der germanischen Religion aus der Zeit vor der schriftlichen Überlieferung ausgehen, in der die Jenseitsreise des Sonnengott-Göttervaters Tyr noch das prägende mythologische Motiv gewesen ist.

Diese frühere Entwicklungsstufe hat sich dann zu der in der Edda beschriebenen Mythologie weiterentwickelt und dabei in den neueren Mythen viele Spuren der älteren Vorstellungen hinterlassen. Der am Abend sterbende Göttervater findet sich noch in einigen anderen Riesen wieder wie z.B. in Hraesvelgr, der mit Hymir identisch ist und auf den Adler-Seelenvogel des Göttervaters zurückgeht. In der Edda sitzt Hraesvelgr am Rand der Welt (wo die Sonne unter- und aufgeht) und erzeugt dort mit seinen Fittichen den Wind.

Auch die als „Könige" („-rich") oder als „All-Herrscher" („Iwaldi" u.ä.) der Riesen und Zwerge (also der Totengeister) bezeichneten Riesenkönige und Zwergekönige sind sehr wahrscheinlich ursprünglich der Göttervater Tyr in der Unterwelt gewesen, denn welchem Jenseitswesen sollte sonst der Titel „König" zustehen? Zu diesen Tyr-Abkömmlingen zählen vor allem die Riesen Iwaldi, Alwaldi, Ölwaldi, Thiazi und Farbauti sowie die Alben- bzw. Zwergenkönige Wieland, Alberich und Hreidmar.

Die vermutete Symbolik des am Abend in der Erde versinkenden und am Morgen aus ihr wieder auftauchenden Schildes hat eine Parallele in dem Schwert des Göttervaters und Schwertgottes Tyr. In den vielen Erzählungen über die „magischen Schwerter" in den Isländer-Sagas zerbricht dieses Schwert und wird dann neugeschmiedet (z.B. Siegfrieds Schwert Gram) oder es fällt in ein tiefes Wasser und wird dann von dort wieder heraufgeholt oder es wird in ein Hügelgrab gelegt und dann von dort geraubt. Diese drei Bilder werden auf das Schwert des Tyr zurückgehen, das am Abend zerbrach und von ihm mit in die Unterwelt (Wasser, Hügelgrab-Höhle) genommen wurde.

In der Nacht schmiedete er dann in der Gestalt von Wieland, also als Schmied, sein Schwert neu. Manchmal übernehmen auch zwei Zwerge diese Aufgabe. Diese beiden gehen auf die beiden Söhne des Göttervaters, die als Zwillings-Pferde seinen Streitwagen ziehen, zurück (die Dioskuren der Griechen). Aus ihnen entstand auch Odins achtbeiniges „Doppelpferd" Sleipnir.

Am Morgen kehrte Tyr mit seinem Sonnenschild und mit seinem neugeschmiedeten

Schwert aus der Unterwelt zurück. Der Göttervater mit Schild und Schwert findet sich auf den Goldhörnern von Gallehus und auf den frühen Runensteinen abgebildet.

Für diese Deutung des Schildes des Hrungnir spricht auch, daß die Riesen sonst eher grobe Waffen benutzen. Der einzige weitere gut bewaffnete Riese ist Surtur mit dem Flammenschwert. Er könnte auf den im Morgenrot zurückkommenden oder auf den im Abendrot sterbenden Gott Tyr zurückgehen. Die Umdeutung der mit der Jenseitsreise verbundenen Vorstellungen in kriegerische Handlungen findet sich bei den Germanen an sehr vielen Stellen.

Der „*Felsen-Wächter*" ist der Riese Hrungnir.

Das germanische Wort „*bond*", das meistens mit „Fessel" übersetzt wird, bedeutet „Band" und hat auch den doppelten Sinn dieses Wortes: Einerseits ist ein „Band" eine Fessel, aber sie ist auch das Band der Freundschaft und der Verwandtschaft, durch das man mit einem anderen verbunden wird. Das der Bezeichnung der Götter als „Band" zugrundeliegende Bild ist der Rückhalt der Menschen bei den Göttern. Dies entspricht genau der Bedeutung des Wortes „Religion": „Rückverbindung. Das Urbild für diesen Zusammenhang ist die Nabelschnur. Daher kann man „bond" am ehesten mit „die Haltgebenden", die „Verbündeten" oder mit „die, mit denen man vertrauensvoll verbunden ist", übersetzen.

Die „*Frauen der Schlacht*" sind die Walküren. In der Haustlöng ist es nicht die List des Thialfi, die den Riesen Hrungnir dazu bewegt, sich auf seinen Schild zu stellen, sondern der Wille der Götter und der von ihnen zu dem Kampf gesandten Walküren. Diese Szene, die in der Edda des Snorri Sturluson ein wenig wie ein Schwank wirkt, hat offenbar doch ernstere Wurzeln: Es ist das von den Nornen-Walküren verhängte Schicksal der Sonne, jeden Abend zu sterben und jeden Morgen wiedergeboren zu werden.

Der „*Felsen-Edelmann*" ist der Riese Hrungnir.

Der „*Hammer für das Gesicht der Trolle*" ist Thors Hammer Mjöllnir („Zermalmer"). Der „*Freund des Hammers*" ist Thor, der es alleine mit einer Vielzahl von Feinden aufnimmt.

„Kenning-freie Übersetzung" der Strophe: „*Hrungnir legte seinen Schild geschwind unter sich, da ihn Thialfi dazu überlistet hatte und die Götter und die Walküren dies so wollten. Der Riese erhielt kurz darauf einen vernichtenden Schlag von Thor.*"

Der Lebens-Verderber von Belis Unheil-Heer
ließ den Bären der geheimen Rückzugsorte
vor den lauten Stürmen
auf seine Schild-Insel fallen.

Dort sank der Fürst des Schluchten-Landes
vor dem rauhen Hammer nieder
und der Zerbrecher der Felsen-Dänen
trieb den mächtigen Trotzigen zurück.

„*Beli*" („der Leuchtende") ist ein Riese, der ursprünglich vermutlich ebenfalls einmal die Sonne bzw. der Sonnengott-Göttervater gewesen ist. Dieser Name findet sich bei fast allen Indogermanen (z.B. keltisch: Belenus) und auch bei anderen mit den Indogermanen verwandten Volksgruppen (z.B. semitisch: Ba'al) als Name der Sonne.

Das „*Unheil-Heer*" des Beli könnte daher evtl. mit der „Wilden Jagd" verwandt sein. Hier sind damit allgemein die Riesen gemeint, die von ihrem „*Lebens-Vernichter*" Thor getötet werden.

Die „*lauten Stürme*" sind die Taten des Donnergottes Thor und auch einer seiner Aspekte als Gewittergott. Die „*geheimen Rückzugsorte*" vor diesen Stürmen sind die Höhlen in den Bergen. Der „*Bär*" der in diesen Höhlen lebte und sich vor den Stürmen, d.h. vor Thor fürchtete, ist Hrungnir.

Die „*Schild-Insel*" ist eine Anspielung darauf, daß Hrungnir auf seinem Schild stand, als Thor ihn tötete.

Das „*Schluchten-Land*" ist das Gebirge. Der „*Fürst des Gebirges*" ist Hrungnir.

Die „*Felsen-Dänen*" sind die Riesen. Hier wurden die Riesen und die Dänen als die Feinde der Isländer zusammengefaßt.

Der „*mächtige Trotzige*" ist Hrungnir.

„Kenning-freie Übersetzung" der Strophe: „*Thor ließ Hrungnir auf seine Schild-Insel fallen. Dort sank Hrungnir von dem rauhen Hammer des Thor besiegt nieder.*"

Der harte Splitter des Wetzsteines
des Besuchers der Frauen
von Vingnirs Leuten zischte zu dem Sohn der Erde
und in seinen Gehirn-Grat,

sodaß der Stahl-Reibstein
noch immer im Schädel
des Jungen des Odin steckt
und dort befleckt mit dem Blut des Eindridi herausragt, ...

Ein „*Splitter des Wetzsteines*", den Hrungnir als Waffe verwendete, flog Thor in den Kopf und blieb dort stecken.

„*Vingnir*" bedeutet „Werfer" und ist ein Beiname des Thor, der sich auf sein Werfen des Hammers, der wie ein Bumerang immer wieder zu Thor zurückkehrte, bezieht. „*Vingnirs Leute*" sind daher die Asen. Der „*Besucher der Asen-Frauen*" ist Hrungnir, der nach einem Wettritt mit Odin nach Asgard gekommen war und dort in betrunkenem Zustand damit geprahlt hatte, daß er alle Asen töten und Freya und Sif rauben würde, woraufhin ihn Thor zum Zweikampf herausforderte.

Der „*Sohn der Erde*" ist Thor, da seine Mutter die Erdgöttin Jörd ist.

Thors „*Gehirn-Grat*" ist sein Schädel. Mit dem hier als „Grat" übersetzen germanischen Wort sind solche Dinge wie ein Bergrücken, ein Firstbalken und andere „obenliegende Teile eines Ganzen" gemeint.

Der „*Stahl-Reibstein*" ist der Wetzstein.

„*Odins Junge*" ist Thor.

„*Eindridi*" bedeutet wörtlich „Alleine-Reiter" und ist ein Beiname des Thor.

„Kenning-freie Übersetzung" der Strophe: „*Ein harter Splitter des Wetzsteines des Hrungnir flog zu Thor und blieb in seinem Schädel stecken und ragte dort blutverschmiert heraus ...*"

... bis die Ale-Gefiun damit begann,
den roten Maulhelden, der der Feind des Rostes ist,
durch Zauberlieder von den sich neigenden Hängen
der Wunden zwischen den Haaren des Gottes zu entfernen.

Ich sehe diese Taten deutlich auf Geitirs Gesicht.
Ich habe die sich bewegende Klippe der Grenze,
die mit Schrecken geschmückt ist,
von Thorleif erhalten.

Die „*Ale-Gefiun*", also die „Met-Göttin" ist die Seherin Groa, die offenbar auch für den Met zuständig war. Sie wurde anscheinend als mit den Nornen und mit Idun identisch angesehen – vielleicht waren die Seherinnen auch Priesterinnen dieser Göttinnen. Groa ist auch die Mutter bzw. Wiedergeburts-Mutter des Tyr-Swipdag im Fiölswin-Lied

Die Szene, die die Heilung des Thor durch die Seherin Groa beschreibt, wird in der Prosa-Edda ausführlicher beschrieben. Ihr gelang es letztlich jedoch nicht, den Splitter aus Thors Haupt herauszuziehen, da sie aus Freude darüber, daß Thor ihr berichtete, daß er ihren Mann Aurvandil aus dem Eliwagar („Eiswogen") gerettet hatte, ihre Zauberlieder vergaß.

Der „*rote Maulheld, der der Feind des Rostes ist*", ist der Wetzstein. Er ist rot vom

Blut des Thor und evtl. auch vom Rost, den er dem Eisen abgeschliffen hat. Vielleicht ist der Begriff „*Maulheld*" hier eine Assoziation zu den Riesen oder eine Anspielung auf die „Gefräßigkeit" des Wetzsteines (seine „Gier" auf Rost"), worin er den Riesen glich, die auch „Jötun", d.h. „Gefräßige" genannt wurden.

Die „*sich neigenden Hänge*" sind der Schädel des Thor.

„*Geitir*" bedeutet „Ziegenbock (Geiß)" und ist ein Männername. Unter anderem trug Sigurds hellsichtiger Onkel diesen Namen. Warum der Schild hier als „Geitirs Gesicht" bezeichnet wird, ist unklar. Da die Ziegenböcke in der Edda vor allem mit Thor assoziiert gewesen sind, könnte ein Zusammenhang mit dem Donnergott bestehen. Falls diese Vermutung zutrifft, müßte es eine Übertragung von dem Göttervater zu dem Donnergott gegeben haben, da der Schild ein Symbol der Sonne, also ein „Sonnengesicht" und nicht ein Symbol des Thor gewesen ist. Solche Übertragungen finden sich bei den Indogermane sehr oft – der Sonnengott-Göttervater hat u.a. auf diese Weise seine Blitze erhalten.

„Kenning-freie Übersetzung" der Strophe: „*... bis die Seherin Groa damit begann, den Splitter durch Zauberlieder aus dem Schädel des Thor zu entfernen. Ich sehe diese Taten deutlich auf dem mit Bildern geschmückten Schild, den ich von Thorleif erhalten habe.*"

Die letzten drei Zeilen dieses zweiten Teiles des Liedes („Thor und Hrungnir") entsprechen den letzten drei letzten Zeilen des ersten Teiles („Idun und Thiazi"). Der erste Vers der letzten Halbstrophe beider Lieder ist gegensätzlich aufgebaut, was ein beliebtes Stilmittel der Skalden gewesen ist:

Die beiden letzten Halbstrophe des Liedes „Haustlöng"	
Erster Teils des Liedes: *Idun und Thiazi*	**Zweiter Teils des Liedes:** *Thor und Hrungnir*
Dies ist auf der Sohlen-Brücke meines Berg-Finnen abgebildet.	*Ich sehe diese Taten deutlich auf Geitirs Gesicht.*
Ich habe die sich bewegende Klippe der Grenze, die mit Schrecken geschmückt ist, von Thorleif erhalten.	*Ich habe die sich bewegende Klippe der Grenze, die mit Schrecken geschmückt ist, von Thorleif erhalten.*

Das Lied ist nun sozusagen „von den Fußsohlen bis zum Gesicht", also „von Kopf bis Fuß", d.h. vollständig von dem Skalden Thjodolfr vorgetragen worden.

- - -

Die folgenden Bilder stellen den Sonnenschild dar, der der Ursprung für die in den frühen Skalden-Liedern besungenen „Prunk-Schilde" gewesen sein wird, auf denen mythologische Szenen dargestellt wurden.

frühgermanische Felsritzung: viergeteilte (Himmelsrichtungen) Sonnenscheibe ca. 1.800 v.Chr.

zwei frühgermanische Felsritzungen: Sonnenscheiben ca. 1800 v.Chr.

Sonnenwagen von Trundholm (Replik) 1400 v.Chr.

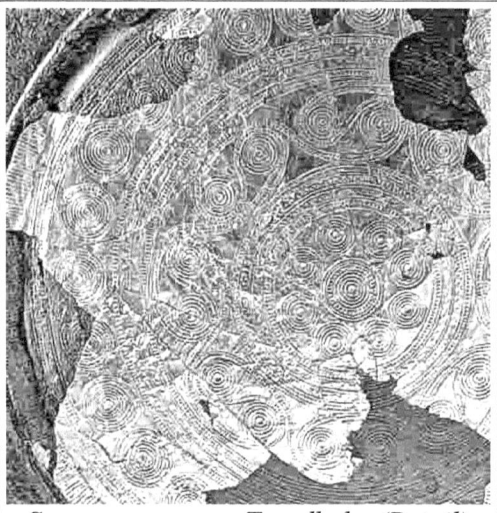

Sonnenwagen von Trundholm (Detail)

Hügelgrab eines Fürsten in Kivik: zwei Sonnenscheiben und Wasserwellen (Wasser-Unterwelt); die Zweizahl bezieht sich vermutlich auf den Sonnenaufgang und den Sonnenuntergang
1000 v.Chr.

Hügelgrab eines Fürsten in Kivik: zwei Sonnenscheiben unter den beiden Jenseitstoren im Osten und im Westen
1000 v.Chr.

Goldhorn von Gallehus: Sonnengott-Göttervater (Tyr) mit Schwert und Schild (links) und Mondgott oder Tyr im Jenseits (rechts)
400 n.Chr.

Runenstein von Martebo: zwei Götter (?) (Alcis?) mit Schild und Speer (Odin?); die Zweizahl bezieht sich vermutlich auf Tod und Wiedergeburt
400 n.Chr.

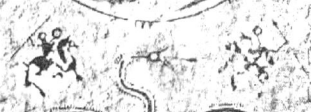

Runenstein von Martebo: zwei Reiter (Götter?) mit Schild und Speer (Odin?)
400 n.Chr.

 *Runenstein von Havor: Sonnensymbol und zwei Drachen (die beiden Pferde-Zwillinge vor dem Sonnenwagen in der Gestalt von Schlangen-Totengeistern) ca. 400 n.Chr.*	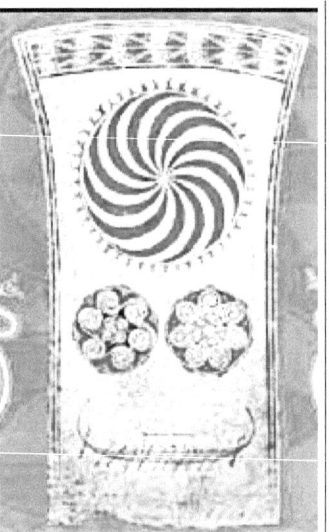 *Runenstein von Bro: Sonnensymbol, zwei Schilde und ein Schiff zwischen 400-500 n.Chr.*	 *Runenstein von Havor: viergeteilte Sonnenscheibe, darunter zwei Drachen zwischen 400 und 500 n.Chr.*
 *Runenstein von Husaby: Sonnenscheibe als viergeteilter Draupnir-Ring ca. 1050 n.Chr.*	 *Runenstein von Frugaerden: viergeteilter Draupnir-Ring ca. 1050 n.Chr.*	 *Runenstein von Sjonhem: viergeteilter Draupnir-Ring ca. 1050 n.Chr.*

Über das Aussehen des Schildes, den der Skalde Thjodolfr von dem Fürsten Thorleif erhalten hat, kann man ein paar „begründete Vermutungen" anstellen:

- Es wird ein runder Schild gewesen sein.
- In der Mitte wird sich der Schildbuckel befunden haben, hinter dem sich der Griff des Schildes befand. Dieser Buckel könnte noch immer die Mitte der Sonne dargestellt haben.
- Vielleicht ist die alte Vierer- oder Achterteilung der Schildfläche durch acht Strahlen beibehalten worden. Dann könnte in jedem Viertel bzw. Achtel eine Szene aus den beschriebenen Mythen dargestellt worden sein.
- Es wäre denkbar, daß die Szenen im Uhrzeigersinn angeordnet worden sind, da diese Richtung dem scheinbaren Sonnenlauf entspricht.
- In allen alten Mythologien und Sprache heißt es „Nacht und Tag" und nicht wie heute „Tag und Nacht", d.h. man hatte früher das Bild der Schwangerschaft (Nacht) und der Geburt (Sonnenaufgang) auf die das Leben (Tag) folgte, statt wie heute das Bild der Arbeit (Tag), von der man sich anschließend ausruht (Nacht). Dies würde dafür sprechen, daß die Szenen unten auf dem Bild (in der Nacht) beginnen und dann von dort im Uhrzeigersinn aufsteigen.
- Vielleicht befanden sich die Jenseits-Szenen auch unten auf dem Schild und die Diesseits-Szenen oben auf dem Schild.
- Die Szenen oder die Einzelnen Figuren der Szenen könnten aus Bronze- oder Goldblech geprägt und dann auf des Holz des Schildes angebracht worden sein. Diese beiden Methoden sind u.a. von den Goldhörnern von Gallehus, von dem Schild aus der Vendelzeit und von dem Grabschatz von Sutton Hoo bekannt. Diese Methode der Metallbearbeitung ist von fast allen indogermanischen Völkern gut bekannt.

Beispiele für Metallblech-Prägearbeiten der Germanen:

Sutton Hoo

Sutton Hoo

Sutton Hoo

Goldhorn von Gallehus

schwedischer Schild

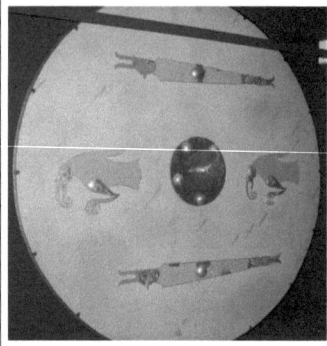
Vendelzeit

Diese Überlegungen zu dem Schild, den Thjodolfr als Dicher-Lohn erhalten hat, beruhen zwar auf dem, was über die Schilde, die Schild-Symbolik und der Handwerkskunst der Germanen bekannt ist, aber sie sind keineswegs eine genaue Rekonstruktion, sondern vielmehr der Versuch, aus der „rekonstruierten Sicht" eines germanischen Handwerkers zu schauen, wie man einen Sonnenschild mit mythologischen Szenen am sinnvollsten herstellen könnte.

Der Schild, den Bragi Boddason erhalten hat, enthält drei große Szenen (Jörmunrek, Freya, Thor und Jörmungandr) sowie drei kleine Szenen (Gefion, Thiazi, Trivaldi). In der Ragnarsdrapa wird gesagt, daß sich die Szenen der Völsungen-Saga auf dem Randstreifen des Schildes befanden. Sie bildeten dort vermutlich einen umlaufende Geschichte.

Auf dem Schild, der im Haustlöng besungen wird, werden zwei Mythen dargestellt: „Idun und Thiazi" sowie „Thor und Hrungnir".

Die Szenen aus der Husdrapa befanden sich im Inneren einer Halle – vermutlich als Malereien.

In der Thorsdrapa und in dem Thorslied gibt es keine Hinweise darauf, wo sich die beschriebenen Szenen befanden – und ob sich diese beiden Drapas überhaupt auf bildliche Darstellungen bezogen haben.

Für die Bilder auf den beiden Prunkschilden lassen sich die beiden folgenden sehr hypothetische Anordnung entwerfen. Die Holzflächen in dem Schaubild sind dunkel getönt, die Metallflächen hell. Auf dem Metall werden die Bilder geprägt gewesen sein, auf den Holzteilen entweder bemalt oder wahrscheinlicher aus Metallteilen appliziert.

hypothetische Rekonstruktion der beiden Prunk-Schilde	
Ragnarsdrapa	*Haustlöng*
1. Schildbuckel: Sonne (?) *2. Rand: Jörmunrek-Saga* *3. Strahlen: Flechtmuster-Ornamente?* *4. Innenfläche: Freya (Hedin und Högni)* *5. Innenfläche: Thor und Jörmungandr* *6. Innenfläche: Gefion* *7. Innenfläche: Thiazi, Trivaldi*	*1. Schildbuckel: Sonne (?)* *2. Rand: Flechtmuster-Ornamente?* *3. Strahlen: Flechtmuster-Ornamente?* *4. Innenfläche: Thor und Hrungnir* *5. Innenfläche: Thor und Hrungnir* *6. Innenfläche: Idun und Thiazi* *7. Innenfläche: Idun und Thiazi*

I 6. Hrafnagaldr Odhinns

Im Gegensatz zu fast allen anderen Erzählungen aus der Lieder-Edda ist „Odins Rabenzauber" in einer einfachen Variante des höfischen Stiles geschrieben – genauer gesagt, im „Balkarlag", d.h. in der „Reimform des (Skalden?) Balk". Daher steht dieses Lied von seinem Stil her den frühen Skalden-Liedern sehr nah.

Diese stilistische Verwandtschaft ist zwar keineswegs ein sicherer Beweis dafür, daß dieses Lied auch aus derselben Zeit wie z.B. die „Thorsdrapa" und das „Haustlöng" stammt, aber es ist doch zumindest ein Anhaltspunkt für eine ähnliche Entstehungszeit.

Es gibt auch einen inhaltlichen Hinweis darauf, daß „Odins Rabenzauber" in derselben Epoche wie das Lied „Haustlöng" geschrieben worden sein könnte: „Odins Rabenzauber" ist das einzige Lied aus der Edda, in der Idun an einer zentralen Stelle erscheint. Ansonsten tritt sie nur noch in einer Nebenrolle „Ägirs Trinkgelage" auf.

Die Zahl der Kenningar in „Odins Rabenzauber" ist zwar mit 15% der Worte im Vergleich zu den 38% des Haustlöng, den 39% der Ragnarsdrapa, den 50% der Husdrapa, den 57% des Thor-Liedes oder gar den 71% der Thorsdrapa recht niedrig, aber doch immer noch deutlich größer als in den übrigen Liedern der Edda, in denen meist unter 1% der Worte Teile von Kenningar sind. Eine Ausnahme unter den Edda-Liedern bildet das Alwismal, das allerdings hauptsächlich als Merkliste für Kenningar verfaßt worden zu sein scheint.

Aufgrund der eher einfachen Variante der „höfischen Form" und der für ein Edda-Lied zwar sehr hohen, aber im Vergleich zu den frühen Skalden-Liedern eher niedrigen Häufigkeit von Kenningarn steht „Odins Rabenzauber" in etwa zwischen der anspruchsvollen „höfischen Form" und der einfachen „Liedform", die in der Edda meistens verwendet wurde.

Man kann daher vermuten, daß dieses Lied vielleicht in der Spätzeit der „höfischen Dichtung mit mythologischen Inhalt" verfaßt worden ist. Snorri Sturluson führt in seinem „Hattatal" („Lehre von den Vers-Formen"), das das vorletzten Kapitel der von ihm geschriebenen Prosa-Edda bildet, ca. 100 verschiedene Formen der höfischen Dichtung auf, die aber alle Loblieder auf einen Fürsten und keine Erzählungen über Mythen sind. Dieser Umstand läßt vermuten, daß zu der Zeit, in der Snorri seine Edda verfaßt hat, keine mythologischen Lieder mehr gedichtet worden sind.

Ein weiterer Hinweis für das Alter von „Odins Rabenzauber" ist die allgemeine Einführung des Christentums in Island auf dem All-Thing im Jahr 1000 n.Chr. Auf diesem Thing wurde beschlossen, daß alle Isländer Christen werden, aber daß jeder im Privaten die alten Götter weiter verehren darf. Diese Situation spricht dafür, daß nach 1000 n.Chr. keine mythologischen Lieder mehr verfaßt worden sind, da diese ja für den öffentlichen Vortrag gedacht gewesen sind.

Daraus ergibt sich wiederum, daß wahrscheinlich alle mythologischen Lieder aus der Edda aus der Zeit von vor 1000 n.Chr. stammen. Auch die frühen Skaldenlieder stammen alle aus der Zeit vor 1000 n.Chr. Dies zeigt, daß „Odins Rabenzauber" recht sicher aus derselben Zeit und derselben Schaffensphase wie die „Thorsdrapa" und das „Haustlöng" stammen wird.

Es ist gut denkbar, aber keinesfalls sicher, daß die einfachen Lieder älter als die Lieder in der höfischen Form sind.

Im Gegensatz zu den anderen Liedern, die in der „höfischen Form" gedichtet wurden, ist der Skalde, der „Odins Rabenzauber" verfaßt hat, unbekannt.

Somit läßt sich vor allem sagen, daß „Odins Rabenzauber" den frühen Skalden-Liedern" stilistisch nahesteht. Aus diesem Grund erscheint es auch hier als Ergänzung zu den vorigen Liedern.

Die einfachen Lieder und die höfischen Drapas könnten durchaus gleichzeitig entstanden sein. Aus der Zeit vor Bragi Boddason (840 n.Chr.) sind von den Germanen nur noch das Beowulf-Epos (750 n.Chr.) und das Lied „Die Ruine" (750 n.Chr.?) bekannt, deren auffälligstes Merkmal der Stabreim und die fehlende Einteilung in Strophen ist. Daher könnte man als Entstehungszeit der Edda-Lieder in etwa die 250 Jahre zwischen 750 n.Chr. und 1000 n.Chr. annehmen. Diese Lieder sind jedoch keine „neuen Mythen", sondern nur „neue Formen" für die bereits bestehenden Mythen gewesen.

Nebenbei zeigen die eben angestellten Überlegungen, daß die Bezeichnung der „Ragnarsdrapa", der „Husdrapa" usw. als „frühe Skalden-Lieder" eigentlich irreführend ist, da die Lieder der Edda mit einiger Wahrscheinlichkeit genauso alt oder älter wie diese Lieder sind. Der Name „frühe Skalden-Lieder" bezieht sich nur auf das früheste mit den Liedern verbundene Datum: Bei den Edda-Liedern ist dies ihre Niederschrift um ca. 1230 n.Chr. und bei den „frühen Skalden-Liedern" die Lebzeiten ihrer Verfasser, die zwischen 800 und 1000 n.Chr. liegen.

Die Bezeichnung „frühe Skalden-Lieder" ist somit zwar praktisch, aber recht ungenau, da sie sich auf zwei ganz verschiedenen Arten von Zeitangaben bezieht.

Die Strophen des Liedes „Odins Rabenzauber" sind wie folgt aufgebaut:

(5) *Alföð<u>ur</u> ork<u>ar</u>,* (4) *<u>ál</u>far sk<u>il</u>ja,* (4) *vanir vitu,* (4) *vísa nornir,* (5) *elur ívið<u>j</u>a,* (4) *ald<u>ir</u> b<u>er</u>a,* (4) *þreyja þursar,* (4) *þrá valkyrjur.*	- 8 Zeilen je Strophe - 4, seltener 5 Silben je Zeile - Stabreim auf dem ersten und auf dem letzten Wort der ersten Zeile der Doppelverse und auf dem ersten Wort der zweiten Zeile - nur vereinzelte Halbreime - 15 % der Worte sind Teil einer Kenningar, d.h etwas mehr als eine Kenning je Strophe (also recht wenige)

Der Satzbau in „Odins Rabenzauber" ist zwar auf den ersten Blick recht vielfältig, aber er zeigt doch vier Regelmäßigkeiten.

Der Satzbau in „Odins Rabenzauber"

Zeile	Strophe																									
	1	2	3	4	5	6	7	8	9	10	11	12	13	14	15	16	17	18	19	20	21	22	23	24	25	26
1																										
2																										
3																										
4																										
5																										
6																										
7																										
8																										

Die erste Regelmäßigkeit besteht darin, daß die Strophen nur aus Satzgefügen bestehen, die die vorgeschriebenen Längen von 8, 4+4, 4+2+2, 2+2+4, 4+1+1+2 usw. Zeilen haben. Die verwendeten Satzlängen entstehen nur durch Teilung der Strophen in zwei gleichlange Sätze (Halbstrophe), durch die Teilung einer oder beider Halbstrophen in je zwei Doppelvers-Sätze und schließlich durch Teilung eines oder mehrerer Doppelverse in je zwei einzeilige Sätze. Es kommen also nur Sätze mit der Länge von 8, 4, 2 oder 1 Vers Länge vor. Die einzige Ausnahme ist die 8. Strophe, die einen 3+1+1+1+1+1 Satzbau hat.

Die zweite Regelmäßigkeit besteht in der Häufigkeit des 2+2+4 Satzbaus, die sich immerhin in 27% der Strophen findet. Zusammen mit den 4+4 Satzgefügen, die sich in 19% der Strophen findet, haben 46% der Strophen diesen Satzbau, der dafür sorgt, daß eine gewisse Ruhe in dem Textfluß entsteht.

Die dritte Regelmäßigkeit ist die Kürze der Sätze, die sich am ausgeprägtesten in der ersten Strophe findet. Dadurch entsteht der Eindruck einer Folge von Fakten und Ereignissen – sozusagen die Unvermeidbarkeit des Schicksals. Man könnte sagen, daß man in diesem Stilmittel die Nornen und ihre Botinnen, die Walküren sprechen hört. Das Lied beginnt sozusagen mit einem Paukenschlag.

Die vierte Regelmäßigkeit bezieht sich auf die Dynamik der Satzgefüge:

Strophen, in denen zunächst kurze Sätze stehen, auf die dann ein längerer Satz folgt (2+2+4, 1+1+2+4 u.ä.) haben einen verlangsamenden Charakter. Dieser Stil findet sich in 10 der 26 Sätze.

In 11 Strophen finden sich 1, 2, 4 oder 8 gleichlange Sätze. Die 8-Zeilen-Sätze haben einen tragenden, berichtenden Charakter (3 Strophen). Die „4+4"-Satzgefüge sind recht neutral (5 Strophen). Die „2+2+2+2"-Satzgefüge haben den Charakter von einer schnellen Ereignisfolge (2 Strophen) und die erste Strophe mit ihren 8 Einzelsätzen ist eine Art „Orakel-Stakkato".

In lediglich 5 Strophen findet sich ein „Crescendo", also erst lange und danach kurze Sätze: zweimal 4+2+2 sowie je einmal 6+2, 4+1+1+2 und 3+1+1+1+1+1. Von diesen Satzgefügen verlangsamt sich der 4+1+1+2-Satzbau gegen Ende jedoch wieder.

In dem Lied „Odins Rabenzauber" finden sich somit Strophen mit dem folgenden Charakter:

- 11mal: „Decrescendo"
    - 10mal: verlangsamen
    - 1mal: erst steigernd und dann verlangsamend

- 8mal: ruhig
    - 3mal: ruhig tragend
    - 5mal: neutral

- 3mal: Plötzlichkeit
    - 2mal: schnelle Ereignisfolge
    - 1mal: Orakel-Stakkato

- 4mal: „Crescendo"
    - 3mal: steigernd
    - 1mal: langsam steigernd

Der Satzbau dieses Liedes unterstützt deutlich den Charakter der Mythe, die in dem Lied geschildert wird: das sich unaufhaltsam anbahnende Schicksal – der Tod des Baldur.

Man könnte den Satzbau von „Odins Rabenzauber" aus musikalischer Sicht ein „Largo morendo" nennen.

*Allvater waltet,
Alfen verstehen,
Wanen wissen,
Nornen weisen,*

*Iwidie gebiert,
Menschen dulden,
Thursen erwarten,
Walküren trachten.*

„*Iwidie*" ist vielleicht eine der Asinnen – der Name könnte „die All-Weite" bedeuten und wäre dann eine Parallelbildung zu „Allvater". Möglicherweise ist damit Freya gemeint, die als Totengöttin aufgrund der Wiedergeburtssymbolik zumindestens in früherer Zeit die Toten wiedergeboren haben wird.

„*Thursen*" sind Riesen.

Die „*Alfen*" sind wie die Zwerge Totengeister. Ihr Name bedeutet „Leuchtende" und bezieht sich vermutlich auf die hellsichtige Wahrnehmung der Geister Verstorbener, die recht einheitlich in allen Kulturen als milchigweiß leuchtende Schemen beschrieben werden (die „Bettlaken-Gespenster" der Sagen).

„Kenning-freie Übersetzung" der Strophe: „*Odin herrscht, die Alfen verstehen, die Wanen wissen, die Nornen weisen, Freya gebiert, Menschen dulden, Riesen erwarten, Walküren trachten.*"

*Die Asen ahnten
übles Verhängnis:
Geister verwirrten
mit Runen das Wetter.*

*Urda sollte
Odhrörir beschützen,
vor dem
mächtigsten Winter.*

Ungewöhnliche Vorgänge im Wetter und allgemein in der Natur wurden früher bei fast allen Völkern als böses Omen angesehen, die meistens durch böse Geister verursacht wurden. Der „böse Geist" schlechthin ist in der germanischen Mythologie Loki, der auch den Tod des Baldur herbeiführte, der zum Ragnarök führte.

„*Urd(-a)*" ist eine der drei Nornen, die unter den Wurzeln der Weltesche in der Unterwelt sitzen und das Schicksal bestimmen. Sie scheint die „ursprüngliche Norne" zu sein, die später durch Skuld und Verdandi zu einer Dreiheit ergänzt wurde. Da sie das Schicksal kennt, kann sie entweder selber als Seherin aufgefaßt werden oder als diejenige, an die sich die Seherinnen innerlich wenden, um die Zukunft zu erkennen.

„Ödrörir" ist der Göttermet, der die Götter unsterblich macht. Da Urd ihn bewacht, muß er sich in der Unterwelt befinden. „Ödrörir" bedeutet „der die Ekstase anregt". Mit dieser Ekstase ist ursprünglich die Jenseitsreise gemeint gewesen.

Der Hinweis, daß dadurch, daß der Met von Urd bewacht wird, großer Schaden (wie sich im folgenden zeigt, ist dies Baldurs Tod) vermieden werden kann, zeigt zumindestens, daß der Met mit dem Tod assoziiert wurde. Es hat geradezu den Anschein, als ob Baldurs Tod mit dem Raub des Mets identisch wäre – was dann auch dem Raub der Idun und ihrer Äpfel entsprechen würde.

Der „*mächtigste Winter*" ist identisch mit dem „Fimbulwinter" („riesiger Winter"), der den Ragnarök, also den Untergang der Götter ankündet. Hier zeigt sich bereits, daß Baldurs schwere Träume berechtigt sind, da sie auf seine bevorstehende Ermordung hinweisen, die dann zu dem Untergang der Götter führt.

Baldurs Tod ist offenbar identisch mit dem Winter.

„Kenning-freie Übersetzung" der Strophe: „*Die Asen sahen schlechte Wetter-Omen und ahnten, das Böses drohte. Urda sollte den Met vor dem mächtigsten Winter beschützen.*"

*Auf hob sich Hugin
den Himmel zu suchen;
Unheil fürchteten die Asen,
wenn er verweilte.*

*Thrains Ausspruch
ist schwerer Traum;
dunkler Traum
ist Dains Ausspruch.*

„*Hugin*" ist einer von Odins beiden Raben. Der andere heißt „Munin". Ihre Namen bedeuten „Gedanke" und „Erinnerung". Hugins Verweilen ist wohl als Tatenlosigkeit aufzufassen, d.h. als das Versäumen, die Zukunft zu erforschen.

„*Thrain*" ist ein Zwerg. Sein Name bedeutet „der Bedrohliche". Die Zwerge waren ursprünglich die Ahnen in der Unterwelt: das germanische Wort „dwergaz" bedeutet wörtlich „Totengeist". Thrains Deutung von Baldurs Träumen kommt folglich wie die Worte der Norne Urd aus der Unterwelt.

"Dain" („Toter") ist ein Erdzwerg. Er hat zusammen mit dem Zwerg „Nabbi" („Pickel, Beule, Makel") Frejas Reittier, das Wildschwein Hildiswini („Kampfschwein") hergestellt. Dain wird manchmal auch als ein Zwerg angesehen, der Runen ritzen kann, d.h. der die Magie beherrscht. Zudem scheint er eine Verbindung zu den beiden Zwergen Fjalar und Gallar zu haben, die den Göttermet herstellen, da dieser auch „Dains Trank" genannt wurde. Schließlich ist „Dain" auch noch der Name eines der Hirsche am Weltenbaum.

Die verschiedenen Zweiheit von magiekundigen Zwergen gehen auf die beiden Pferde-Jünglinge (Alcis") vor dem Streitwagen des Göttervaters zurück. Sie passen hier als Orakel-Verkünder besonders gut, da die Pferde-Zwillinge am Abend bzw. im Herbst zusammen mit dem Sonnengott-Göttervater sterben und mit ihm dann am Morgen bzw. im Frühling wiedergeboren werden – wie Baldur.

„Kenning-freie Übersetzung" der Strophe: *„Odins Rabe Hugin flog zum Himmel empor, denn die Asen befürchteten Schlimmes. Die beiden Zwerge Thrain und Dain sahen Unheil voraus."*

Den Zwergen
schwindet die Stärke.
Die Himmel neigen sich nieder
zu Ginnungs Nähe.

Alswidr sinkt
oftmals herab,
oft hebt er die Sinkenden
wieder empor.

„Ginnung(-agap)" ist der „gähnende Abgrund", der am Anfang der Zeit die beiden Urgegensätze Niflheim (das kalte „Nebelheim" im Norden) und Muspelheim (das heiße „Flammenheim" im Süden) voneinander trennte. Der Himmel droht also in diesen Abgrund zu stürzen.

Die in dem ersten Satz dieser Strophe erwähnten Zwerge sind die vier Zwerge Austri, Sudri, Westri und Nordri, die am Horizont in den vier Himmelsrichtungen den Himmel tragen, den die Asen aus dem Schädel des Urriesen Ymir erschaffen haben.

„*Alswidr*" („Allgeschwind") und „*Arwakr*" („Frühwach") sind die beiden Pferde, die den Sonnenwagen ziehen. Das drohende Unheil scheint mit dem Sonnenuntergang assoziiert worden zu sein, da sich Alswidr am Horizont befinden muß, um den Zwergen helfen zu können, die sich am unteren Rand der Himmelskuppel befinden – eine Deutung als (hoffnungsvoller) Sonnenaufgang gäbe an dieser Stelle wenig Sinn.

Zumindestens eines dieser beiden Pferde scheint den vier Zwergen dabei zu helfen, den Himmel zu tragen, wenn die schwächer werdenden Zwerge ihn zur Erde (Ginnung) niedersinken lassen. Dies wäre eine Umdeutung des ursprünglichen Motives, in dem die beiden Pferde den Streitwagen des Sonnengott-Göttervaters des Morgens durch das Horizonttor im Osten den Himmel hinauf ziehen. Vermutlich sind die schwächer werdenden Zwerge, die den Himmel tragen, ein Bild für die drohende Zerstörung der Welt – dieses mythologische Motiv ist in neuerer Zeit durch einige Gallier, die nur „fürchten, daß ihnen der Himmel auf den Kopf fällt", wieder etwas bekannter geworden …

Es ist recht fraglich, daß dem Skalden, der diese Verse verfaßt hat, noch bewußt war, daß die beiden Zwerge Thrain und Dain aus der vorigen Strophe möglicherweise mit den beiden Pferde Alswidr und Arwakr identisch waren.

„Kenning-freie Übersetzung" der Strophe: *„Die vier Zwerge werden schwächer: der Himmel droht herabzustürzen. Alswidr bemüht sich, den Zwergen zu helfen."*

*Nirgends haben Sonne
und Erde Halt;
widrige Winde
wollen nicht enden.*

*In Mimirs klarer Quelle
liegt verborgen
die Weisheit der Männer.
Wißt ihr was das bedeutet?*

Das drohende Niederstürzen des Himmels wird hier weiter ausgemalt: Die Sonne beginnt zu wanken, die Erde schwankt und Sturm kommt auf. Dies ist wohl die große Gefahr, von der die Asen wissen (siehe Strophe 2 und 3), daß sie nach Baldurs Tod drohen wird – eine wahrscheinlich ursprünglichere Version des Ragnarök in Bildern von Naturkatastrophen.

Das Schwanken der Erde ist wohl als Erdbeben aufzufassen – das der Edda zufolge durch den gefangenen Loki entsteht, der seinerseits den Tod des Baldur durch seine List herbeigeführt hat. Daher könnten Erdbeben von den Germanen als Omen für den drohenden Tod des Baldur angesehen worden sein.

Die Erwähnung der „schwankenden Sonne" in dieser Strophe stützt die Deutung des „Alswidr am Horizont bei den Zwergen" in der vorigen Strophe als Bild für den Sonnenuntergang.

„*Mimir*" („Erinnerung") ist ein Riese, der an der Quelle „Hvergelmir" („brodelnder

Kessel") unter dem Weltenbaum Yggdrasil am Nordpol wohnt. Odin unterhält sich an dieser Quelle des öfteren mit dem Schädel des toten Mimir. Auch dies ist wieder ein Bild dafür, daß die Asen versuchen, aus der Unterwelt eine zuverlässige Deutung von Baldurs schweren Träumen zu erlangen.

Da in der Edda das Wasser von Mimirs Quelle manchmal dieselben Qualitäten wie der Göttermet hat, ist dieses Motiv vielleicht bereits eine Anspielung auf die Göttin Idun, die die ewige Jugend der Asen sichert: durch die Äpfel ihres Baumes, durch den Göttermet und durch das Wasser der Mimir-Quelle.

„Kenning-freie Übersetzung" der Strophe: *„Nirgends haben Sonne und Erde Halt, widrige Winde wehen. In Mimirs klarer Quelle liegt die Weisheit der Männer verborgen. Wißt ihr was das bedeutet?"*

*Im Tale weilt
die vorwissende Dise;
von Yggdrasils Esche
ist sie hinabgesunken.*

*Sie ist von Alfengeschlecht,
Idun genannt:
die Jüngste von Iwalts
älteren Kindern.*

„*Dise*" ist eine alte Bezeichnung für Göttin – die Feminin-Form zu „Diar, Tyr".

„*Idun*" ist die Göttin, die den Asen die Äpfel bringt, die ihnen ewige Jugend geben. Ihr Apfelbaum ist wahrscheinlich mit der Weltesche Yggdrasil identisch. Ihre Schwäche steht vermutlich mit dem bevorstehenden Tod des Baldur zusammen. Die Wirkung ihrer Äpfel und Baldurs „Schönheit" scheinen ähnliche Qualitäten zu sein.

Mit Iduns „*Herabsinken*" ist, wenn man die Aussage wörtlich nimmt, gemeint, daß sie normalerweise neben dem Stamm der Weltesche steht und nach ihren Äpfeln schaut, aber nun erschöpft an dem Stamm des Weltenbaumes niedergesunken ist und zwischen seinen Wurzeln sitzt. Da sich zwischen den Wurzeln des Weltenbaumes jedoch die Quelle Hvergelmir befindet, die als Eingang in die Unterwelt angesehen wurde, könnte das „Herabsinken" auch bedeuten, daß Idun vom Diesseits ins Jenseits ging. Dann würde dieses Bild ihrer Entführung durch den Riesen Thiazi entsprechen.

Mit dem „*Tal*", in dem Idun weilt, könnte die Unterwelt gemeint sein.

„*Iwalt*", „Iwaldi" „Alwaldi" und „Ölwaldi" bedeuten alle „All-Herrscher" oder All-Mächtiger" und sind der Name eines Zwergenkönigs. Ein solcher Name kann nur die höchste Gottheit bezeichnen, d.h. den Göttervater Tyr, der in der Unterwelt ein Totengeist und somit auch ein Zwerg ist. Als König der Götter ist Tyr im Jenseits auch der König der Toten, d.h. der Zwergenkönig.

Idun wird hier als eine seiner älteren Töchter aufgefaßt. Dies sieht nach einer Umdeutung aus, da das ursprüngliche Motiv die Wiedergeburt des Sonnengott-Göttervaters durch die Jenseitsgöttin gewesen ist.

Diese spezielle Umdeutung des Verwandtschaftsverhältnisses zwischen Göttervater und Jenseitsgöttin, d.h. die Auffassung der Göttin als Tochter statt als Mutter des obersten Gottes findet sich in sehr vielen Mythen beim Übergang zum Königtum und dem mit ihm verbundenen Patriarchat. Durch diese Uminterpretation sollte die Herrschaft des Göttervaters abgesichert werden. Diese Umdeutung ist auch von nicht-indogermanischen Religionen gut bekannt wie z.B. von den Ägyptern, bei denen die Mutter- und Himmelsgöttin Hathor anfangs den Sonnengott Re gebar, aber später dann als seine Tochter angesehen wurde.

Iduns Bezeichnung als „Alfe" paßt gut zu ihrer Auffassung als Tochter des Iwalt, da die „Alfen" die Totengeister sind und Iwalt der König der Zwerge/Alfen/Totengeister ist. Idun befindet sich folglich im Jenseits. Dies stimmt mit der Deutung des „Herabsinkens" als Eintritt in die Unterwelt überein.

Die Himmelskuppel ruht auf dem Weltenbaum und berührt ihn dort, wo der Polarstern steht. Da sich die Himmelskuppel auf dem Weltenbaum „wie auf einer Schwertspitze dreht" (wie es im Fiölswin-Lied heißt), hat die Schwäche der vier Zwerge und die Schwäche der Idun und des mit ihr verbundenen Weltenbaumes dieselbe Wirkung: Die zentrale Stütze der Himmelskuppel (Yggdrasil/Idun) und auch ihre vier äußeren Stützen (vier Zwerge) wanken, wodurch die Himmelskuppel niederzusinken beginnt und auf die Erde zu stürzen droht.

Idun ist im folgenden die Göttin, von der die Asen Rat zu erhalten hoffen, da sie die Zukunft kennt. Sie wird offenbar der Urd gleichgesetzt.

„Kenning-freie Übersetzung" der Strophe: *„Die Alfe Idun, die jüngste von Tyrs älteren Kindern, ist vom Weltenbaum herabgesunken und weilt nun in der Unterwelt."*

Schwer nur erträgt
sie dies Niedersinken:
sie ist an den Stamm
des ehrwürdigen Baumes gebannt.

Es behagt ihr nicht
bei Nörwis Tochter,
da sie heitere Wohnung
daheim gewöhnt war.

Der „*ehrwürdige Baum*" ist die Weltesche.

„*Nörwi*" („der Finstere") ist ein Riese. Er ist der Vater der Riesin Nott („Nacht"). Der bedrohliche Zustand, den Baldurs Träume ankündigen, wird hier auch der Nacht verglichen. Von den Germanen wurden demnach Tag, Diesseits, Schönheit, Idun und Baldur miteinander assoziiert und als Gegenpol dazu auch Nacht, Jenseits, Chaos, Loki und Hödur.

Idun ist nun in den Bereich der Nacht, d.h. in die Unterwelt gelangt, wo es ihr „*nicht behagt*". In diesem Lied wird sie nicht von Riesen in das Jenseits im kalten Niflheim im Norden entführt, sondern „*sinkt*" in die Unterwelt. Es ist gut denkbar, daß dies das ursprünglichere Bild gewesen ist.

Vermutlich ging zunächst Idun im Herbst in den kalten Norden und kehrte dann im Frühjahr zurück. Da der Norden mit Unterwelt assoziiert war und dort die z.T. als bedrohlich empfundenen Ahnen in Riesen- und Zwergengestalt lebten, sah man diese Ahnen auch als die Verursacher des Winters an: die Reif-Riesen. Sie waren die Nachfolger eines älteren mythologischen Themas, das sich bei den südlicheren Indogermanen und bei ihren Nachbarn hat erhalten können: Die in der Unterwelt wohnende Riesenschlange raubte im Frühjahr den Regen, wodurch die sommerliche Dürre entstand, und im Spätsommer holte der Donnergott in den Spätsommergewittern den Regen wieder von ihr zurück. Aus diesem Motiv wurde im regenreichen, kalten Norden der Kampf des Donnergottes gegen die Riesen, die den Winter verursachten.

„Kenning-freie Übersetzung" der Strophe: „*Idun leidet unter ihrer Verbannung in die dunkle Unterwelt.*"

Die Sieggötter sehen
Nauma trauern
in der Wohnung des Wolfes:
sie geben ihr ein Wolfsfell.

Damit bekleidet sie sich:
verändert ist ihre Stimmung,
sie erfreut sich der List,
sie verwandelt ihre Gestalt.

„*Nauma*" ist ein germanischer Frauenname und auch der Name eines Flusses und einer Insel. Diese Namen leiten sich von dem germanischen Wort „naumae" ab, das „Geizige", „Leiche", „abquälen, zusammensinken, stoßen, rücken, nicken, winken" sowie „Enge, Schmalstelle" bedeutet. Der Ursprung dieser Worte ist das indogermanische „neu" für „nicken".

Der Fluß und die Insel lassen einen Zusammenhang mit dem Motiv der Unterwelt als einer Insel jenseits des tiefen Wassers vermuten. Auch die Bedeutung „Leiche" würde dazu passen. Das „Zusammensinken" wäre eine Beschreibung der Idun, die am Weltenbaum niedersinkt. Die „enge Stelle" und das „Stoßen" erinnern wiederum an den „Hnitbjerg" („Stoßfels"), in dem Gunnlöd den Met bewacht und der seinen Namen von dem sich magisch verschließenden (bzw. durch Magie verschlossenen) „engen" Eingang in die Grabkammer in seinem Inneren erhalten hat.

Nauma scheint demnach eine Jenseitsgöttin in der Grabkammer-Höhle eines Hügelgrabes zu sein. Da bisher in den beiden vorigen Strophen von Idun die Rede war, kann man davon ausgehen, daß „Nauma" ein Beiname der Idun als Unterweltsgöttin auf der anderen Seite des Flusses, auf einer Insel oder in einem Hügelgrab ist. Dieser Fluß ist offensichtlich mit dem Gjallar identisch. Die Insel ist vermutlich dasselbe wie Utgard jenseits des Weltmeeres. Die Grabkammer in dem Hügelgrab entspricht schließlich der Halle der Hel – was Idun auch mit der Göttin Hel verbindet, wobei Hel die Angst vor dem Jenseits verkörpert und Idun die Hoffnung auf ein Weiterleben nach dem Tod.

Die *„Wohnung des Wolfes"* ist die Unterwelt. Nauma trauert um den toten Baldur in der Unterwelt – oder wegen ihrer Vorahnung seines Todes. Nauma wird daher auch Baldurs Frau Nanna sein. Anscheinend wurden in diesem Lied entweder alle Göttinnen, die mit dem Jenseits verbunden waren, einander gleichgesetzt, oder der Skalde erinnerte sich noch daran, daß diese verschiedenen Göttinnen Aspekte einer früheren, umfassenderen Göttin waren.

Das *„Heim des Wolfes"* könnte die Insel „Amswartnir" sein, auf der der Fenris-Wolf von den Asen gefangengehalten wurde. Auch Wieland (Tyr in der Unterwelt) lebte mit seinen beiden Brüdern Egil und Slagfid im „Wolfstal" am „Wolfssee". Da der Wolf sowohl als Jenseitsführer als auch als Jenseitswächter mit der Unterwelt verbunden ist, ist die Deutung des „Heimes des Wolfes" als das Jenseits recht sicher – zumal auch die vorigen Bilder eine Reise der Idun in die Unterwelt beschreiben.

Das *„Wolfsfell"*, das die Asen der Idun geben, wird ebenfalls ihre Reise in die Unterwelt bzw. ihren Aufenthalt in der Unterwelt, in die auch Baldur bald gelangen wird, ausdrücken.

Das Wolfsfell gibt Nauma-Idun-Nanna offenbar wieder Hoffnung. Diese Szene gibt eigentlich nur dann einen Sinn, wenn man hier von der Funktion des Wolfes als Helfer auf dem Weg ins Jenseits ausgeht und das Motiv als Anspielung auf die spätere Rückkehr aus dem Jenseits auffaßt. Zunächst einmal wird hier Nauma-Idun-Nanna durch das Wolfsfell selber zu einer Wölfin und freut sich über diese *„List"*, d.h. über diese Magie, durch deren Hilfe sie über den Jenseitsfluß reisen kann.

Diese Verwandlung erinnert an die Verwandlungen der Walküren, die wie Nauma-Idun-Nanna eng mit den Nornen verbunden waren, in Schwäne.

Diese Deutung dieser Szene setzt voraus, daß auch die Asen selber die Zukunft vorhersehen und Nauma-Idun-Nanna dadurch beruhigen, daß sie bei ihrem Mann Baldur bleiben wird, auch wenn er ins Jenseits gehen sollte.

Mit einem Wolfsfell bekleidet sind ansonsten die Ulfhedinn-Ekstasekrieger – eine Anspielung auf sie ergibt hier aber nicht viel Sinn.

„Kenning-freie Übersetzung" der Strophe: *„Die Asen sehen Idun-Nauma-Nanna in der Unterwelt trauern und geben ihr ein Wolfsfell, mit dem sie sich bekleidet. Sie freut sich über die Verwandlung."*

*Widar wählte den
Wächter der Brücke,
den Gjallar-Bläser,
um die Trägerin*

*von Gjallars Sonne zu befragen,
was sie von den Weltgeschicken weiß.
Ihn geleiten als Zeugen
Loptr und Bragi.*

„Widar" oder „Vidar" ist ein Sohn des Odins und der Riesin Grid, die dem Thor auf seiner Reise zu Geirröd den Zauberstab, den Kraftgürtel und die Eisenhandschuhe gegeben hat. „Widar" bedeutet „der weithin Herrschende". Aus dem Zusammenhang ergibt sich, daß Widar Odin sein muß. Es wäre denkbar, daß hier „Widar" anstelle von „Odin" benutzt werden konnte, weil Widar der wiedergeborene Odin gewesen ist. Diese Deutung würde auch den Königstitel „der weithin Herrschende" erklären.

Da Odin so gut wie die gesamte Symbolik des Tyr übernommen hat, ist es recht wahrscheinlich, daß er auch dessen Symbolik von Tod und Wiedergeburt beibehalten hat. Auch Odins „Hängen am Weltenbaum" und seine Reisen zu den Riesinnen in die Unterwelt gehören zu dieser Symbolik.

Es ist denkbar, daß der Skalde, der „Odins Rabenzauber" verfaßt hat, absichtlich an dieser Stelle „Widar" statt Odin benutzt hat, da der Tod und die Wiedergeburt das generelle Thema dieses Liedes sind.

Der *„Giallar-Bläser"* ist Heimdall. *„Gjallar"* („das Gellende", „das Laute") ist Heimdalls Horn. *„Gjallar"* ist auch der Name des tosenden Jenseitsflusses, über den die Gjallar-Brücke zum Tor der Hel hinüberführt.

„Loptr" („Luft") ist ein Beiname des Loki, der auf Lokis Schuhe, mit deren Hilfe er fliegen kann, hinweisen.

„Bragi" ist der Gott der Dichtkunst und der Mann der Göttin Idun.

Die *„Sonne des Gjallar-Flusses"* ist eine Kenning für „Gold". Die *„Trägerin des*

Goldes" ist eine Kenning für eine Königin, eine vornehme Frau oder auch für eine Göttin. Damit ist in diesem Zusammenhang Idun gemeint. Es ist gut denkbar, daß diese Kenning, die eine Variante der üblichen Kenning „Feuer des Meeres" ist, auch eine Anspielung auf die Sonne als dem Urbild von Tod und Wiedergeburt ist. Die „Sonne" in der Kenning für Idun wird hier auch auf die freundliche Wärme und auf die existentielle Wichtigkeit der Idun für die Götter hinweisen.

Das Stehen der Idun auf der Gjallarbrücke entspricht der Deutung der Göttin „Nauma" als Idun auf oder hinter dem Jenseitsfluß „Nauma" in der vorigen Strophe.

Idun wird hier als Seherin aufgefaßt. Dies stimmt mit dem Ort, an dem Idun gerade steht, überein, da das Wissen über die Zukunft aus dem Jenseits kommt und sozusagen über die Gjallar-Brücke, auf der Idun gerade steht, ins Jenseits gelangt – die Seherinnen stehen an der Grenze zwischen den beiden Welten.

In dieser Strophe wird berichtet, daß Odin Heimdall in Begleitung von Loki und Bragi aussendet, damit diese die Seherin-Göttin auf der Gjallar-Brücke vor dem Tor in die Unterwelt um eine Deutung der Träume des Baldur bitten. Diese Göttin ist Idun und zugleich auch Nanna, Urd und Hel.

„Kenning-freie Übersetzung" der Strophe: *„ Odin wählte Heimdall aus, um die Idun danach zu befragen, was sie über die Zukunft weiß. Ihn begleiten Loki und Bragi als Zeugen."*

Zauberlieder sangen,
auf Wölfen ritten
Rögnir und Regin
gegen das Haus der Welt.

Odin spähte
von Hlidskialfs Sitz
und blickte den in die Ferne
Reisenden nach.

Das *„Haus der Welt"* ist der Himmel – der Schädel des Urriesen Ymir, aus dem die Asen die Himmelskuppel schufen. Die Asen in Asgard sind die Hüter des Himmels.

Die auf *„Wölfen reitenden Rögni und Regin"* sind den Asen offensichtlich feindlich gesonnen. Sie werden Wesen des Jenseits sein, da der Wolf ein „Jenseitstier" war und auch Hyrrokkin-Hel in der Baldur-Mythe auf einem Wolf ritt.

Sowohl *„Rögni"* als auch *„Regin"* bedeutet „Herrscher". Eine Zweizahl von Wesen im Jenseits, die aufgrund ihrer Namen wie Zwillinge wirken, kann eigentlich nur auf die beiden Söhne des Göttervaters zurückgehen, die als Pferde-Zwillinge seinen

Streitwagen ziehen. Diese Söhne des Göttervaters könnten, abgesehen von dem Göttervater selber, auch noch am ehesten Königs-Namen tragen. Diese beiden Zwillinge scheinen hier als „böse Geister" aufgefaßt worden zu sein.

Diese Deutung paßt dazu, daß *„Regin"* („König") in der Siegfried-Sage ein Zwerg ist, der für Siegfried das Schwert Gram neuschmiedet, denn der Schmied in der Unterwelt ist Wieland, der auch „Weisester der Alben" und „König der Alben" genannt wird. *„Rögnir und Regin"* wäre dann eine Ausweitung des Titels des Göttervaters Tyr zu Namen für seine beiden Söhne, die Pferde-Zwillinge.

„Rögni und Regin" werden mit den „Geistern, die das Wetter verwirrten" aus einer früheren Strophe dieses Liedes identisch sein. Sie kannten offenbar Zauberlieder, mit denen sie Stürme herbeirufen konnten. Für diesen speziellen Zauber waren vor allem die Druiden der Kelten berühmt. In dem „Buch des Taliesin" wird ein beeindruckendes Beispiel für ein solches Sturm-Zauberlied vollständig dargestellt.

Für die Auffassung von *„Rögni und Regin"* als „Wettergeister" spricht auch, daß das im Originaltext in der ersten Zeile dieser Strophe verwendete Wort „galdur" wörtlich „Zauberlieder" im Sinne von „magisch wirksame Lieder" bedeutet.

„Hlidskialf" („Insel-Tor" = „Jenseits-Tor") ist Odins Thron, von dem aus er in die ganze Welt blicken und alles sehen kann, was geschieht. Dieser Thron hat die Eigenschaft, daß auch andere Götter diesen Thron nutzen können. Er bildet vermutlich zusammen mit dem Stierfell beim „utiseta" ein gemeinsames Motiv, da dieses Fell und der hölzerne Sitz, auf dem es liegt, auch in den Mythen einiger anderer indogermanischer Völker zusammengehören. Der Sitz ist in symbolischer Hinsicht mit dem Weltenbaum identisch, mit dem Odin auch sonst eng verbunden ist.

Ein solcher Sitzplatz, der von Feuern umgeben ist und den Blick in das Jenseits ermöglicht, wird auch in der Isländer-Sage über Thrond von Gate beschrieben, der ihn nutzt, um einen ertrunken Gefährten aus dem Jenseits herbeizurufen.

Die *„in die Ferne Reisenden"* sind die drei Asen Heimdall, Loki und Bragi.

„Kenning-freie Übersetzung" der Strophe: *„Rögni und Regin sangen Zauberlieder und bedrohten damit den Himmel. Odin sah von seinem Thron aus den in die Ferne reisenden Asen Heimdall, Loki und Bragi nach."*

Der Weise frug die
Wächterin des Tranks,
es frugen der Nachkomme der Asen
und seine Weggefährten,

ob sie den Ursprung,
die Dauer und das Ende
des Himmels,
der Hel und der Erde wisse.

Die „*Wächterin des Tranks*", die der „*Weise*" (Heimdall) hier befragt, ist die Norne Urd, die offenbar mit Idun identisch ist.

Die Frage nach dem „*Ursprung, der Dauer und dem Ende des Himmels, der Hel und der Erde*" ist die umfassendste Frage, die einer Seherin gestellt werden kann. Ihre Antwort ist in der „Seherin Vision", dem ersten Lied der Lieder-Edda, niedergeschrieben worden.

„Kenning-freie Übersetzung" der Strophe: „*Heimdall und seine beiden Gefährten frugen Idun-Urd nach der Zukunft.*"

Sie mochte nicht sagen,
was sie wußte.
Gefion konnte kein Wort sprechen
und zeigte keine Freude:

Tränen schossen aus
den Schildern des Schädels,
die Mächtige
war ihrer Macht beraubt.

„Gefion" („Geberin") ist eine Erdgöttin, die nun auch der Urd, der Idun, der Nanna und der Hel gleichgesetzt wird. „Gefion" ist wahrscheinlich ein Beiname der Freya als „freigiebige Göttin". Sie ist auch „*die Mächtige*".

Die Gleichsetzungen der vielen Göttinnen miteinander ist aus vielen Mythologien gut bekannt. Diese Verbindungen liegen darin begründet, daß diese Göttinnen alle Aspekte der ursprünglichen Muttergöttin sind. Die umfassendste Synthese der verschiedensten Göttinnen war die Göttin Isis in der Zeit von 300 v.Chr. bis 400 n.Chr im Mittelmeerraum. In „Odins Rabenzauber" wird offenbar auch eine solche Synthese entworfen, die vermutlich aber kein theoretisches Konstrukt war, sondern weitgehend den allgemeinen Empfindungen der Germanen gegenüber ihren Göttinnen entsprochen haben wird.

Es gab viele Kenningar (Umschreibungen) für die Augen, von denen „*Schilder des Schädels*" und „*Sterne der Stirn*" die geläufigsten waren. Mit „*Schild*" ist hier ein Kampfschild gemeint. Es ist auch gut denkbar, daß Sonne und Mond, die man auch als Schilde angesehen hat, mit diesen „Schilden des Schädels" assoziiert wurden. Dann wären mit „Schild" der „Sonnenschild" und der „Mondschild" gemeint gewesen. Wenn dies zutreffen sollte, waren Sonne, Mond und Sterne die Bilder für die Augen. Die Auffassung von Sonne und Mond als den beiden Augen einer Himmelsgottheit ist sehr weit verbreitet.

So wie Idun am Weltenbaum niedergesunken war, so ist auch Gefion völlig kraftlos geworden. Vielleicht kann man *„sie war ihrer Macht beraubt"* auch mit „sie war einer Ohnmacht nah" übersetzen.

„Kenning-freie Übersetzung" der Strophe: *„Idun-Urd mochte nicht sagen, was sie wußte. Sie war stumm und traurig: Tränen flossen aus ihren Augen und sie war einer Ohnmacht nah."*

Da hebt sich von
Osten aus dem Eliwagar
die dornige Rute
aus dem Feld

des reifkalten Riesen,
mit dem Dain jede Nacht
alle Menschen in Schlaf schlägt,
die Midgard bewohnen.

„Eliwagar" sind die kalten Gletscher im Norden und im Osten. Der *„Riese"* ist Nörwi, der Vater der Riesin Nott („Nacht"), die bereits am Anfang des Liedes als Bedrohung für Idun erschienen ist. Wenn sich dieser Riese erhebt, bricht die Nacht an.

Das *„Feld des reifkalten Riesen"* ist eine Kenning für Eliwagar („Eiswogen"), also das Niflheim-Jenseits.

Mit einem *„Schlafdorn"* versetzte auch Odin die Walküre Brünhilde in einen tiefen Schlaf. Dieser Dorn ist vermutlich eine Kenning für das todbringenden „Schwert" und somit für das Sterben allgemein. Das Einschlafen als „kleiner Tod" konnte daher auch mit dem Schlafdorn, d.h. mit dem „Schlafdorn" umschrieben werden. Dieser Schlafdorn befindet sich meist im Besitz des Odin, weil dieser als Schamanengott zwischen dem Diesseits und dem Jenseits hin- und herreisen kann.

„Dain" ist der magiekundige Zwerg, von dem am Anfang des Liedes schon berichtet wurde, daß er düstere Orakelsprüche zu Baldurs Traum verkündet hat. Der Zwerg Dain scheint hier mit dem Riesen Nott und mit dem Schamanengott Odin identisch oder zumindestens gleichgesetzt worden zu sein. Auch er scheint demnach zu der früheren Symbolik des Todes und der Wiedergeburt des Göttervaters Tyr zu gehören.

„Midgard" („Ort in der Mitte", „Mittelerde") ist der Name für das Diesseits, in dem die Menschen leben.

„Kenning-freie Übersetzung" der Strophe: *„Im Osten dunkelt es, die Nacht bricht an und die Menschen fallen in Schlaf."*

*Die Kräfte ermatten,
die Arme ermüden,
Schwindelnd wankt
der weiße Schwertgott.*

*Benommenheit vertreibt
den Wind der Riesin,
die Tätigkeit des Geistes
aller Menschen.*

Wie in der vorigen Strophen wird auch hier noch immer der Einbruch der Nacht beschrieben.

Der *„weiße Schwertgott"* ist der Sonnengott-Göttervater Tyr. Er ist *„weiß"* weil er leuchtet – diese beiden Bedeutungen werden im Altnordischen wie in den meisten alten Sprachen kaum unterschieden.

Das Bewußtsein und das Denken der Menschen wird hier als der *„Wind einer Riesin"* umschrieben. Der „Wind des Geistes" ist in vielen Kulturen ein beliebtes Bild für das Bewußtsein. Mit diesem Wind ist der Lebenshauch und daher auch die Seele gemeint, die von einer Riesin, d.h. von der Jenseitsgöttin nach dem Tod wiedergeboren wird.

In der Genesis im Alten Testament wird der „Geist Gottes", der „über den Wassern schwebt" mit dem Wort „ruach" bezeichnet, das „Wind, Hauch, Atem, Leben, Seele, Geist" bedeutet.

Welche Riesin hier gemeint ist, ist unklar, aber es ist letztlich auch unwichtig, welche Göttin hier gemeint ist, da es eine der vielen Erd- und Jenseitsgöttin, die die Toten wiedergebiert, sein muß und diese Göttinnen kaum unterschieden worden sind – Idun, Jörd, Nauma, Freya, Menglöd, Frigg, Skadi …

„Kenning-freie Übersetzung" der Strophe: *„Tyr sinkt nieder und die Menschen schlafen ein."*

*So sahen die Asen
den Zustand der Jorunn:
überschwemmt von Sorgen,
als keine Antwort von ihr kam.*

*Sie drängten stärker,
als die Antwort verweigert wurde,
doch all ihre Worten
waren ohne Nutzen.*

„Jorunn" ist wahrscheinlich der Beiname oder eine Kenning der Erdgöttin oder der Norne Urd, da er sich aus „Jörd" für „Erde" und aus „Rune" für „Zeichen, Geheimnis" zusammensetzt und daher „Erd-Geheimnis", „Erd-Rune", „Grab-Geheimnis" (=Wiederzeugung) oder vielleicht auch „Erd-Zauberin" bedeutet.

Der Skalde hat in diesem Lied mittlerweile sechs Göttinnennamen benutzt und sie miteinander gleichgesetzt: Urd, Idun, Nauma, Hel, Gefion und Jorunn sowie indirekt auch noch Nanna.

„Kenning-freie Übersetzung" der Strophe: *„So sahen die Asen die Göttin: überschwemmt von Sorgen. Sie gab ihnen keine Antwort. Sie drängten sie noch mehr zu antworten, doch all ihre Worte waren vergeblich."*

*Da fuhr hinweg
der Führer der Gruppe:
Der Hüter von Herians
gellendem Horn.*

*Den Sohn der Nal
nahm er zum Begleiter.
Als Wächter der Erde
blieb Grimnirs Skalde.*

„Herian" („Heerführer") ist ein Beiname des Odin. Ihm gehört offensichtlich Heimdalls Horn. Der *„Hüter von Herians gellendem Horn"* ist Heimdall, der das *„gellende Horn"*, wie es scheint, nur von Odin geliehen erhalten hat. Vielleicht ist Heimdall auch aus einem Beinamen des Odin als Jenseitswächter entstanden – der Jenseitsführer (Odin) und der Jenseitswächter (Heimdall) sind in den meisten Mythen ursprünglich dieselbe Gestalt gewesen: der Schamane bzw. der Schamanengott.

„Nal" („Nadel"), die auch „Laufey" („Laubinsel") genannt wird, ist die Mutter des Loki – der *„Sohn der Nal"* ist folglich Loki. Ihr Name „Nal" („Nadel") könnte sie als Norne bezeichnen, da diese Spinnerinnen der Schicksalsfäden auch als Weberinnen aufgefaßt wurden – eine Darstellung der Nornen auch als als Näherin läge folglich sehr nahe.

„Grimnir" ist ein Beiname des Odin. *„Grimnirs Skalde"* (Dichter) ist folglich Bragi. Er blieb bei der Erde, womit an dieser Stelle wohl seine Frau Idun gemeint ist, die hier als Erdgöttin oder Jenseitsgöttin (die Unterwelt liegt unter der Erde) aufgefaßt wird.

Bragi scheint hier als mit Baldur identisch angesehen zu werden, da Bragi in der

Unterwelt bleibt. Das bedeutet, daß Bragi und Idun vermutlich dieselbe Mythe hatten wie Baldur und Nanna. Diese Deutung ist aber nicht sicher.

Idun erscheint in diesem Lied deutlich archaischer als Nanna und hat auch einige Ähnlichkeit mit Freya, die auch eine Totengöttin ist.

Heimdall, Loki und Bragi waren auch schon 5 Strophen vorher die drei Asen, die ins Jenseits reisten. Der *„Führer der Gruppe"* ist in beiden Strophen Heimdall. Vermutlich hat er diese Funktion, weil er als Wächter der Regenbogenbrücke ein Gott der Verbindung von Diesseits und Jenseits ist. Bragi begleitet ihn, weil er der Mann der Idun ist und weil die Skalden ursprünglich auch Priester-Schamanen gewesen sind. Loki tritt hier wohl als Gott der Unterwelt auf.

„Kenning-freie Übersetzung" der Strophe: *„Da reiste Heimdall zusammen mit Loki zurück. Bragi jedoch blieb bei Idun."*

*Nach Wingolf kehrten
Widars Gesandte zurück:
beide von Forniots
Söhnen getragen.*

*Unverzüglich traten sie ein
und grüßten die Asen,
Yggrs Gefährten
beim fröhlichen Bier-Fest.*

„*Widar*" und „*Yggr*" sind Beinamen des Odin.

„*Wingolf*" („Haus der Freundschaft") ist ein Gebäude neben Odins Halle Walhalla.

Der Riese „*Forniot*" ist der Vater des Hler (Meeresgott), des Logi („Feuer") und des Kari (Gott des Windes). „Forniot" bedeutet „uralter Riese", womit wahrscheinlich der Urriese Ymir und zugleich der ehemalige Sonnengott-Göttervater Tyr als Riesenkönig im Jenseits gemeint sein wird.

„*Forniots Söhne*" tragen offenbar Heimdall und Loki nach Asgard zurück – Bragi ist bei Idun im Jenseits geblieben. Da einer der drei Söhne des Forniot der Windgott Kari ist, könnte das Getragenwerden der beiden Asen von Forniots Söhnen eine Umschreibung für „durch die Luft fliegen" sein – zumal Loki Schuhe besitzt, mit denen er fliegen kann, und Heimdall meistens auf der Regenbogenbrücke Wache hält, wobei er ja auch „in der Luft steht".

„Kenning-freie Übersetzung" der Strophe: *„Heimdall und Loki kehrten von dem Windgott Kari getragen nach Asgard zurück. Unverzüglich traten sie ein und grüßten die Asen, die beim fröhlichen Bier-Fest beisammen saßen."*

Heimdall:
'Heil Dir, Hangatyr,
glücklichster Ase,
Mögest Du auf dem Hochsitz
des Mets walten!'

Odin:
'Setzt euch in Freuden,
ihr Götter, zum Trink-Fest,
Mögt ihr zusammen mit Yggjungur
ewigen Segen genießen.'

„Hangatyr" bedeutet „Hängender Tyr", d.h. „Hängender Gott". Dies ist ein Beiname des Odin, der sich darauf bezieht, daß Odin einst am Weltenbaum gehangen hat, als er nach Weisheit suchte. Dieses Motiv stammt aus der Schamaneneinweihung, bei der der Einzuweihende vermutlich an einem Baum hing und in einen wassergefüllten Schacht hinuntergelassen wurde, der die Unterwelt symbolisierte – zumindestens war dies das Verfahren bei den Druiden-Einweihungen der Kelten, die die Nachbarn und nahen Verwandten der Germanen gewesen sind.

„Yggjungur", also „Junge des Ygg" im Sinne von „Nachkomme des (Gottes) Ygg" ist einer der vielen Beinamen des Gottes Odin. „Yggr" bedeutet „Schrecken", vielleicht aber auch „Pflock". Im ersten Fall wäre der Weltenbaum „Ygg-Drasil" das „Pferd des Schreckens", womit dann wohl Odins achtbeiniges Roß Sleipnir als derjenige, der die Toten ins Jenseits bringt, gemeint wäre, während im zweiten Fall der Weltenbaum der Pflock wäre, an den Odin sein Pferd anbindet, wenn er ins Jenseits reist.

Eigentlich ist es ein Widerspruch, wenn Odin zugleich „Ygg" und „Nachkomme des Ygg" genannt werden kann – es sei denn, man geht von dem Motiv der Wiederzeugung und der Wiedergeburt aus, durch die ein Toter oder ein Schamane im Jenseits zu seinem eigenen Sohn wird.

„Kenning-freie Übersetzung" der Strophe: „Heimdall: *'Heil Dir, Odin, mögest Du auf dem Hochsitz des Mets walten!'* Odin: *'Setzt euch in Freuden, ihr Götter, zum Trink-Fest, genießt zusammen mit mir ewigen Segen.'*"

Nach Bölwerks Gebot
auf die Bänke verteilt,
von Sährimnir speisend

saß die Göttersippe.

Skögul schenkte an den Tafeln
aus Hnikars Schalen
den Met des Mimir
in Trinkhörner ein.

„*Bölwerk*" („Anstifter") und „*Hnikar*" („Aufhetzer") sind Beinamen des Odin, die sich auf ihn als Kriegsgott beziehen.

„*Sährimnir*" („rußiges Tier") ist ein Eber, den die Asen immer wieder schlachten und der sie ernährt und der immer wieder neu entsteht – wie auch Thors zwei Ziegenböcke.

„*Skögul*" ist eine der Walküren, die u.a. in Walhalla die Asen bedient.

„*Mimir*" ist der Riese am Fuße der Weltesche. Er scheint hier derjenige zu sein, von dem der Met stammt. Da er wie die Nornen, die den Met bewachen, an der Quelle Hvergelmir am Fuße der Weltesche wohnt, könnte er so etwas wie der Bote der Nornen oder das Urbild der Ahnen, d.h. der Urahn (Tyr-Ymir) sein.

In der Strophe wird beschrieben, wie Odin die heimkehrenden Asen Heimdall und Loki zu einem (rituellen) Essen einlädt, bei dem sie Fleisch von dem immer aufs neue wiedergeborenen Eber essen und Met aus Mimirs Horn trinken. Dies könnte eine nach Asgard übertragene Szene aus dem germanischen Bestattungsritual sein. Diese Szene erinnert auch an das rituelle Mahl von Odin, Hönir und Loki, mit dem die im Haustlöng berichtete Mythe über Idun und Thiazi beginnt.

„Kenning-freie Übersetzung" der Strophe: „*Die Götter saßen nach Odins Gebot auf die Bänke verteilt und aßen von Sährimnir und tranken aus ihren Trinkhörnern den Met, den ihnen die Walküre Skögul aus Odins Schalen einschenkte.*"

Mancherlei frugen
über dem Mahle
die Götter den Heimdall,
die Göttinnen Loki:

Ob ihnen die Frau Weissagung
oder Weisheit gegeben hat –
den ganzen Tag frugen sie
bis das Zwielicht kam.

Die „*Frau*" ist Idun/Nanna/Urd/Hel, also die Jenseitsgöttin, die alles weiß, was in der Welt geschah, geschieht und noch geschehen wird.

„Kenning-freie Übersetzung" der Strophe: *„Bei dem Mahl frugen die Götter den Heimdall und die Göttinnen den Loki den ganzen Tag bis zum Abend, ob Idun-Urd ihnen etwas über die Zukunft gesagt hatte."*

Übel, sagten sie,
sei es ihnen
mit ihrer nutzlosen Botenfahrt
von geringem Ruhm ergangen:

Es zeigte sich, daß es schwer ist,
die List zu finden,
mit der von der Frau
eine Antwort zu erhalten ist.

„Kenning-freie Übersetzung" der Strophe: *„Heimdall und Loki antworteten, daß ihre Fahrt nutzlos gewesen sei und daß sie keinen Weg gefunden hätten, um von Idun-Urd eine Antwort zu erhalten.*

Omi antwortete
und alle horchten:
'Die Nacht ist die Zeit
für neuen Rat.

Jeder, der es vermag,
denke bis zum Morgen,
um nützlichen Rat
für die Götter zu finden.'

„Omi" bedeutet „(Kampf-)Lärm" und ist einer der zwölf Namen des Odin als Allvater.

Die Erkenntnis, daß es manchmal hilft, eine Sache erst einmal zu überschlafen, ist offensichtlich schon recht alt.

„Kenning-freie Übersetzung" der Strophe: *„Da befahl Odin den Asen, die Nacht über nach Rat für die Götter zu suchen."*

*Über den Rand
der Ebene der Rindr
sank nieder die müde
Nahrung Fenrirs.*

*Vom Gastmal schieden
die Götter,
Hroptr und Frigg grüßend,
als Hrimfaxi auffuhr.*

„*Rindr*" ist eine Riesin und die Erde. Die „*Ebene der Rindr*" ist die Erdoberfläche. Der „*Rand der Ebene der Rindr*" ist somit der Horizont.

„*Fenrirs müde Nahrung*" ist der Gott Tyr, dem der Riesenwolf den rechten Arm abbiß. Da Tyr ursprünglich der Sonnengott-Göttervater gewesen ist, ist diese Szene eine düstere Umschreibung für „die Sonne (Tyr) ging unter und es wurde Abend". Dieser Deutung entspricht, daß Tyr als „*müde*" bezeichnet wird.

„*Hroptr*" („Rufer, Schreier") ist ein Beiname des Odin, der sich vermutlich auf Kriegsschreie bezieht.

„*Hrimfaxi*" („Rußmähne") ist das Pferd der Riesin Nott („Nacht"). Sein Aufsteigen über den Horizont bedeutet, daß der Himmel dunkel wird. Der Rappe der Nacht bildet den Gegenpol zu den beiden Schimmeln („Alcis" = Dioskuren) vor dem Streitwagen des Sonnengott-Göttervaters Tyr.

„Kenning-freie Übersetzung" der Strophe: „*Als die Sonne unterging, verließen die Asen das Fest und verabschiedeten sich von Odin und Frigg.*"

*Da trieb aus dem Tore
wieder Dellings Sohn
sein schön mit Gestein
geschmücktes Roß.*

*Weit über Menschenheim hinweg
glänzte die Mähne des Pferdes:
das Roß zog in seinem
Wagen Dvalins Spielgesellen.*

„*Delling*" bedeutet „Strahlender" oder „Tagesbruch". Der Sohn des Tagesanbruchs ist die Sonne und somit auch der Gott Tyr, der am Abend vorher eingeschlafen, d.h.

gestorben ist.

„Menschenheim" ist identisch mit Midgard, der Welt der Menschen.

„Dvalin" („Schläfer") ist ein Zwerg, der wie Odin runenkundig war und als Vater einiger Walküren galt. Er stellte zusammen mit drei anderen Zwergen Freyas Halskette Brisingamen her und durfte dafür eine Nacht lang mit der Göttin das Lager teilen.

Diese Symbolik scheint darauf hinzuweisen, daß Dvalin entweder der Göttervater Tyr/Odin selber gewesen ist oder daß seine Mythen auf Dvalin übertragen worden sind: Der Göttervater „schläft" des nachts in der Unterwelt, d.h. er ist tot; für die Toten wurde bei der Bestattung zur Sicherung ihrer Zeugungskraft ein Herdentier (Hirsch, Pferd, Stier, Ziegenbock, Eber) geopfert; er vereint sich im Jenseits mit der Muttergöttin; er trinkt dort den Göttermet; und er ist runenkundig, d.h. er kann zaubern.

„*Dvalins Spielgeselle*" ist eine ironische Kenning für die Sonne: Im Alwis-Lied wird berichtet, wie Thor den Zwerg Alwis dadurch überlistete, daß er ihn solange in Rätselfragen verstrickte, bis die Sonne aufging und der Zwerg durch die ersten Sonnenstrahlen zu Stein wurde. Diese Szene zeigt deutlich, daß die Zwerge Wesen der Unterwelt, ursprünglich also Ahnen waren. Der Begriff „*Spielgeselle*" zeigt den bisweilen etwas derben Humor der Germanen, da das „Spiel" der Sonne mit Dvalin den Zwerg das Leben kostete.

„Kenning-freie Übersetzung" der Strophe: „*Es wurde wieder Tag.*"

*Am nördlichen Rand
der Jörmungrund,
unter des edlen Baumes
äußerster Wurzel*

*gingen zu ihren Lagern
Riesinnen und Riesen,
Totengeister, Zwerge
und Schwarzalfen.*

„*Jörmungrund*" ist die Erdgöttin Jörd.

Der „*edle Baum*" ist die Weltesche Yggdrasil, die am Nordpol stand.

Wenn die Sonne aufgeht, gehen die Wesen der Unterwelt schlafen: „*Riesinnen, Riesen, Totengeister, Zwerge* (Tote) *und Schwarzalfen* (Tote)."

Die Wohnstatt dieser Wesen ist Niflheim im Norden: der Platz „*im Norden unter der äußersten Wurzel der Weltesche*".

„Kenning-freie Übersetzung" der Strophe: „*Die Wesen des Jenseits gingen im*

Norden unter der äußersten Wurzel des Weltenbaumes schlafen."
Die Herrscher erhoben sich,
die Alfenbestrahlerin lief,
Njola ging nördlich
gen Nifelheim.

Ulfrunas Sohn,
der mächtige Hornbläser,
hob Argiöl hinauf
zu den Himmelsbergen.

    Die „*Herrscher*" sind die Asen.
    Die „*Alfenbestrahlerin*" ist die Sonne. Hier sind mit „*Alfen*" die Lichtalfen gemeint. Die Lichtalfen lebten im dem südlichen Himmels-Jenseits in Muspelheim und die Schwarzalfen im nördlichen Höhlen-Jenseits in Niflheim.
    „*Njola*" ist ein Frauenname und bezeichnet auch die Nacht.
    Zusammen mit der Riesin „*Ulfruna*" („Wolfs-Rune") hat Odin den Heimdall gezeugt. Ulfrunas Sohn ist also der Gott Heimdall. Er hebt am Morgen die Regenbogenbrücke Bifröst („*Argiöl*") empor. Heimdall ist auch der „*Hornbläser*".
    Die „*Himmelsberge*" sind Asgard.
    „Kenning-freie Übersetzung" der Strophe: „*Als die Sonne sich erhob und die Nacht verging, hob Heimdall die Regenbogenbrücke nach Asgard empor und die Asen erhoben sich.*"

II Die Lieder in einfacher Form

Das älteste bekannte germanische Lied ist das Beowulf-Epos, das in fortlaufenden Versen ohne Stropheneinteilung geschrieben ist. Die Doppelverse sind zweimal vier, fünf oder sechs Silben lang und enthalten zwei bis drei Stabreime sowie einen Halbreim bzw. selten auch einen Vollreim.

Das Beowulf-Epos ist in der einfachsten aller Liedformen, die „Malahattr" („Sprachform") genannt wurde, verfaßt worden. Diese Form findet sich auch in vielen anderen Dichtungen der Germanen.

Das Beowulf-Epos ist jedoch nicht in diese Übersicht über die frühen Skaldenlieder mitaufgenommen worden, da es von ihm bereits mehrere deutsche Übersetzungen gibt. Mit seinen 3.182 Versen würde das Beowulf-Epos zudem auch schon ohne jeden Kommentar in diesem Buch 82 Seiten einnehmen.

Da dieses Lied bereits um 750 n.Chr. verfaßt wurde, ist es auch deutlich älter als die in dem ersten Teil dieses Buches dargestellten Skalden-Lieder in der höfischen Form, die aus der Zeit zwischen 850 bis 1000 n.Chr. stammen.

Das kurze Lied-Bruchstück „Die Ruine" ist in derselben Weise wie das Beowulf-Epos gedichtet worden. Vermutlich stammt es aus ungefähr derselben Zeit wie das Beowulf-Epos der Angelsachsen.

Die nächstanspruchsvollere Form ist das „Kviduhattr" („Liedform"), dies sich vom „Malahattr" nur dadurch unterscheidet, daß die Verse kürzer sind und nur 3-5 Silben enthalten. Dadurch steht der Stabreim in der „Liedform" dichter als in der „Sprachform" und erweckt einen lyrischeren Eindruck beim Hörer. Der Übergang zwischen beiden Formen ist fließend.

Der deutlichste Unterschied zwischen den beiden sind die Strophen, in die die Liedform unterteilt ist und die bei der Sprachform meistens fehlt.

Im allgemeinen enthalten diese beiden Dichtungsformen nur sehr wenige Kenningar (unter 1% der Worte).

Die Sprachform und vermutlich auch die ihr eng verwandte Liedform ist somit älter als die „höfische Form". Dies ergibt sich auch schon dadurch, daß die komplexen Formen in aller Regel aus den einfacheren Formen entwickelt werden.

Über das Alter der Dichtungen aus der Lieder-Edda ist viel diskutiert worden, ohne das es zu einem für die meisten überzeugenden Ergebnis gekommen wäre. Man kann aber zumindestens sagen, daß die Themen dieser Lieder zu einem guten Teil bis auf indogermanische Vorstellungen zurückgehen und daher zumindestens die in den

Liedern dargestellten Motive ein hohes Alter haben.

Die im Beowulf-Epos verwendete „Malahattr"-Form besaß offensichtlich zu der Zeit, in der dieses Lied verfaßt wurde, schon eine hohe Reife, da der unbekannte Skalde sonst sicherlich keine 3182 Verse in diesem Stil hätte verfassen können.

Da diese Form, wenn man einmal von dem Stabreim absieht, einige Ähnlichkeit mit den Epen der Griechen, Perser, Inder und Hethiter hat, wird man davon ausgehen können, daß das „Malahattr" eine Weiterentwicklung der bei den Indogermanen nur mündlich bewahrten und weitergegebenen Epen ist.

Das Beowulf-Epos zeigt auch, daß der Stabreim um 750 v.Chr. bei den Germanen bereits ein geläufiges lyrisches Mittel gewesen sein muß.

Der älteste germanische Stabreim findet sich in der „Herstellerangabe" auf einem der beiden Goldhörner von Gallehus, die um 400 n.Chr. hergestellt wurden. Dieser Stabreim hat bereits die „klassische Verteilung" von zwei Stabreimen in dem ersten Vers und einem dritten Stabreim auf der ersten Silbe des zweiten Verses.

Inschrift auf dem kleineren Goldhorn von Gallehus	
ek	Ich,
hlewagastir	Hlewagastiz („der berühmte Gäste hat")
holtijaz	Holtijaz („der aus der Sippe des Holt")
horna	(hat dieses) Horn
tawidô	gemacht

Vor dieser Zeit findet sich lediglich noch die Beobachtung des römischen Historikers Tacitus, daß die Namen der Männer innerhalb einer Germanen-Familie sehr oft alle mit demselben Buchstaben beginnen. Ob man dies bereits als einen Hinweis auf einen Stabreim werten kann, ist fraglich, aber es zeigt zumindestens, daß die Germanen dem Anfangsbuchstaben von Worten bereits damals eine besondere Aufmerksamkeit gewidmet haben.

Da sich die anspruchsvollen und komplexen Dichtungsformen mit Stabreim, Halbreim und Vollreim innerhalb der indogermanischen Völker nur bei den Germanen und bei den Kelten finden, kann man davon ausgehen, daß die „Lyrik-Feinschmecker", die diese poetischen Formen erfunden haben, entweder bei den gemeinsamen Vorfahren der Skalden und Barden zu suchen sind oder daß sich die Sänger der Germanen und der Kelten gegenseitig beeinflußt und inspiriert haben.

Die Verwandtschaft zwischen den Germanen und den Kelten sieht wie folgt aus:

westliche Indogermanen	Slawo-Balten	Slawen	
		Balten	
	Kelto-Germanen	Kelto-Romanen	Kelten
			Römer
		Germanen	

Wenn die komplexen Formen der Dichtkunst bereits bei den gemeinsamen Vorfahren der Germanen und der Kelten (Kelto-Germanen) entstanden wären, sollten sich eigentlich zumindestens Spuren dieser Dichtkunst auch bei den Römern finden – bei ihnen findet sich jedoch nur ganz vereinzelt einmal ein Stabreim. Daher wird die keltisch-germanische Dichtkunst wohl im Austausch zwischen den Germanen und den Kelten entstanden sein.

Aus dieser Überlegung ergibt sich zumindestens der Anfangsverdacht, daß es eine Zeit gegeben haben muß, in der sich die keltischen und die germanischen Völker noch ähnlich waren und sich so nahe standen, daß sich die Dichter, also die Skalden und die Barden, des öfteren zu intensiveren Gesprächen getroffen haben müssen.

Da die Dichter damals zugleich auch die Priester gewesen sind, also bei den Germanen die Diar/Goden und bei den Kelten die Druiden, muß es, vermutlich in vorchristlicher Zeit, auch eine religiöse Einheit zwischen beiden Völkern gegeben haben, die noch lange nach der Trennung der beiden Völker voneinander um ca. 2000 v.Chr. weiterbestanden hat. Ein Hinweis auf eine solche noch lange Zeit weiterbestehende „Religions-Verwandtschaft" ist z.B. der Kessel von Gundestrup, der um 400 v.Chr. von Thrakern hergestellt wurde, Bilder aus der keltischen Mythologie darstellt und von Germanen benutzt wurde.

Diese drei indogermanischen Völker müssen demnach ihre religiösen Vorstellungen um 400 v.Chr. noch als sehr ähnlich empfunden haben und konnten die von dem jeweils anderen Volk benutzten Namen für die Götter und für mythologische Symbole anscheinend ohne große Mühe in ihre eigene Sprache übersetzen. Dieses Verfahren ist aus derselben Zeit vor allem von den Griechen gut bekannt, die alle Götter des Mittelmeerraumes ihren eigenen Göttern gleichsetzen („griechische Interpretation").

Die komplexe Dichtkunst der „höfischen Form" ist vermutlich eine recht späte Entwicklung, da sich auch in der Dichtung der Kelten wie z.B. in der um 597 n.Chr. verfaßten „Amra für Columcille" („Loblied für St. Columban") als zusätzliches lyrisches Stilmittel im Vergleich mit den Epen anderer indogermanischer Völker lediglich der Stabreim findet.

Der Stabreim ist als lyrische Strukturierungsmethode auch von den Finnen und den

Turk-Völkern (Kasachstan, Usbekistan, Nordwestchina) bekannt. Während die turksprachigen Stabreim-Gedichte sehr weit von den Germanen entfernt entstanden sind, waren die Finnen die direkten Nachbarn der Germanen in Skandinavien. Der Stabreim findet sich in der finnischen Sprache nicht nur in dem Nationalepos „Kalevala", sondern auch schon in alten Liedern und Sprichworten.

Es läßt sich daher lediglich sagen, daß die Germanen, die Kelten und die Finnen eine miteinander verknüpfte Lyrik-Tradition gehabt haben.

Aus diesen Betrachtungen ergibt sich die folgende ungefähre Zeittafel für die germanische Dichtung:

	germanische Dichtung
Entstehungszeit	*Dichtungsform*
vor 2800 v.Chr.	Epen der Indogermanen: - Doppelverse mit 4 Silben oder 4 betonten Silben je Vers - der Satzbau orientiert an sich an den Versen und Doppelversen - keine Strophen - alle Verse beginnen mit einer betonten Silbe
2000 v.Chr.	- Trennung der Germanen von den Kelto-Romanen: noch keine zusätzlichen lyrischen Regeln; - evt. schon eine besondere Beachtung der Anfangsbuchstaben von Worten
1900 n.Chr.	- noch keine komplexen Dichtungsformen, da sie bei den Römern, die sich um ca. 1900 v.Chr. von den Kelten trennten, unbekannt ist
1900 bis 800 v.Chr.	- die Erfindung des Stabreimes durch die Finnen, die Germanen oder die Kelten, die dieses Stilmittel dann später den beiden anderen Völkern weitergaben; die Entstehung des Stabreimes bei den Kelten ist unwahrscheinlich, da er bei ihnen keine große Rolle gespielt zu haben scheint
800 v.Chr.	- die Kelten sind bis in das Mündungsgebiet von Rhein, Donau und Rhone gezogen und haben nach Norden hin Kontakt mit den Germanen: möglicher Beginn einer gegenseitigen lyrischen „Stabreim-Inspiration"
400 n.Chr.	- frühester bekannter germanischer Stabreim
ab ca. 850 n.Chr.	- Entwicklung der „höfischen Form" bei den Germanen und evtl. auch bei den Kelten (die überlieferten irisch-keltischen Lieder stammen erst aus dem Mittelalter, sind aber recht sicher deutlich älter)
1000 n.Chr.	- Ende der höfischen Dichtung in Island, da mit der Einführung des Christentums der öffentliche Vortrag „heidnischer Lieder" endete - Anwendung der germanischen Dichtung auf christliche Themen

II 7.   Darradarliod

1014 n.Chr.

In diesem Lied werden keine Kenningar benutzt, sondern das Gleichnis zwischen einer Schlacht und dem Weben. Dieses Bild wurde durch das Spinnen des Schicksalsfadens durch die Nornen inspiriert: Die Schicksalsfäden der einzelnen Menschen verbinden sich in der Schlacht zu einem Gewebe.

Dieses Motiv ist weit verbreitet. So wurden z.B. die frühen buddhistischen Schriften „Sutras" d.h. „Fäden" genannt. Die späteren Schriften des nordindischen und des tibetischen Buddhismus wurden hingegen „Tantra", d.h. „Gewebe" genannt, weil sie alle „Fäden" zusammenfaßten und zu einem effektiven Meditationssystem verbanden.

„Darradar" bedeutet in etwa „die Verletzende", womit eine Walküre gemeint ist.

Dieses Walküren-Lied berichtet über die Schlacht von Clontarf („Stier-Wiese") bei Dublin in Irland, die am Karfreitag, dem 23. April um 1014 n.Chr. stattfand. Es ist wahrscheinlich, aber nicht sicher, daß das Lied noch in demselben Jahr verfaßt worden ist.

In dieser Schlacht kämpfte auf der einen Seite das 7.000 Mann umfassende Heer des irischen Hochkönigs Brian Boru (seine Harfe ist heute auf allen irischen Münzen zu sehen) auf der der anderen Seite das 2.000 Mann starke Heer des irischen Fürsten Mael Mordhra sowie die mit ihm verbündeten Normannen Sigtrygg Seidenbart, Sigurd Lodvesson von den Orkney-Inseln und Brodir von der Isle of Man mit ihren 8000 Männern. Am Ende der Schlacht hatte das Heer des irischen Hochkönigs zwar gesiegt, aber sowohl der Hochkönig Brian Boru als auch fast alle anderen Anführer waren gefallen.

Diese Schlacht beendete weitgehend den Einfluß der Wikinger in Irland. Lediglich Sigtrygg Seidenbart herrschte noch bis zu seinem Tod um 1042 n.Chr. über Dublin.

Wie so oft gab es auch bei dieser Schlacht nur Verlierer …

Das Darradarliod wurde im „Kviduhattr"-Stil, d.h. in der „Liedform" gedichtet.

(4) *Vítt er orpit*	- 8 Zeilen je Strophe, an die bisweilen ein zusätzlicher Doppelvers angehängt wurde
(4) *fyri valfalli*	
(3) *rifs reidiský*	- 3 bis 6 Silben je Zeile, also eine unregelmäßige Verslänge
(4) *rignir blódi;*	
(6) *nú er fyri geirrum*	- ein bis zwei Stabreime (einer davon meist auf dem ersten Wort) in der ersten Zeile der Doppelverse und ein Stabreim meist im ersten Wort der zweiten Zeile
(4) *grár upp kominn*	
(4) *vefr verthjódar*	- keine Halbreime und nur zufällig verteilte Vollreime
(6) *er thoer vinur fylla*	- ca 37% der Worte sind Teil von Allegorien oder anderen Umschreibungen und zu einem sehr geringen Teil auch von Kenningar und Heitis
(4) *raudum vepti*	
(4) *Randvés bana.*	

Dieses Lied steht aufgrund seiner fast durchgängigen Verwendung des Walküren/Weberinnen-Gleichnisses den frühen Skalden-Liedern recht nah.

Eine Heiti ist das Ersetzen eines Wortes durch die Bezeichnung einer Sache, die dem gemeinten ähnlich ist. Eine Kenning ist das Umschreiben einer Sache durch mehrere Substantive, durch die das Gemeinte neue Assoziationen hinzu erhält. In manchen Strophen der Skalden-Lieder wird ein Bild in mehreren Kenningar beibehalten wie z.B. in der Beschreibung des Kampfes des Thor mit Geirröd in der Thorsdrapa mithilfe der Bilder eines Trinkgelages. Im Darradarliod wird ein einzelnes Gleichnis schließlich auf das gesamte Lied ausgedehnt.

Man kann daher das Trinkgelage-Gleichnis aus der Thorsdrapa als die Ausweitung des Prinzipes der bildhaften Umschreibung auffassen, die mit der Heiti begann, in den Kenningar ausgebaut wurde und in dem eine ganze Strophe umfassenden Bild zu einem übergeordneten Thema wurde. Im Darradarliod prägt das Gleichnis schließlich das gesamte Lied.

Stilistisch entspricht das Darradarliod zwar den einfachen Liedern in der Kviduhattr-Form, aber von seinem gleichnishaften Aufbau her gehört es eher zu den anspruchsvoll „komponierten" Dichtungen in der höfischen Form. Dazu paßt, daß dieses Lied über die Schlacht von Contarf verfaßt worden ist, die um 1014 n.Chr. stattgefunden hat, also am Ende der Frühphase der kunstvollen Drapas. Der Skalde, der das Darrardarliod gedichtet hat, hat offenbar nach einer lyrischen Form gesucht, die eine Mischung aus der einfachen Form und der höfischen Form war.

Der Satzbau enthält einige Unregelmäßigkeiten wie zwei angehängte Doppelverse am Anfang und eine angehängte Halbstrophe am Ende, aber hat ansonsten einen eher ruhigen Satzbau, da es fast durchgehend aus einem vierzeiligen oder zwei zweizeiligen Sätzen je Halbstrophe besteht. Lediglich der bei den beiden ersten Strophen angehängte Doppelvers ist eine Fortführung des vorhergehenden Satzes und reicht daher über die „Spalte" zwischen zwei (Halb-)Strophen hinüber.

Der Satzbau im Darrardarliod												
Zeile	*Strophe*											Nach-satz
	1	2	3	4	5	6	7	8	9	10	11	
1	■	■	■	■	■	■	■	■	■	■	■	ohne Versmaß und ohne Reime
2	■	■	■	■	■	■	■	■	■	■	■	
3	■	■	■	■	■	■	■	■	■	■	■	
4	■	■	■	■	■	■	■	■	■	■	■	
5			■			■						
6			■			■						
7		■										
8	■	■										
9	■											
10	■											

*Blut regnet
aus dem wolkigen Gewebe
auf dem breiten Webstuhl
der Schlacht.*

*Das Gewebe der Männer,
das grau wie Rüstungen ist,
wird nun gewoben;
die Walküren*

*werden es mit einem karmesinroten
Schußfaden weben.*

*Die Schußfäden sind
aus menschlichen Eingeweiden gefertigt;
Menschenköpfe werden
als Webergewichte benutzt.*

*Der Webrahmen
sind blutrote Speere;
Die Balken sind mit Eisen verbunden
und Pfeile sind die Weberschiffchen.*

*Mit Schwertern werden wir
dieses Schlachtgewebe weben.*

*Die Walküren gehen mit
gezogenen Schwertern zum Weben:
Hild und Hjorthrimul,
Sanngrid und Svipul.*

*Speere werden zerbrechen
und Schilde werden zersplittern;
Schwerter werden wie Wölfe
durch die Rüstungen beißen.*

*Laßt uns nun das Gewebe
des Krieges aufwickeln,
den der junge König
einst geführt hat.*

*Laß uns vorgehen
und durch die Reihen waten,
in denen unsere Freunde
Schläge austauschen.*

*Laßt uns nun das Gewebe
des Krieges aufwickeln
und dem König
zu der Schlacht folgen.*

*Gunn und Gondul
können dort
die blutbespritzen Schilde sehen,
die den König beschützt haben.*

*Laßt uns nun das Gewebe
des Krieges aufwickeln
wo die Banner der Krieger
vorwärts stürmen,*

*Laßt ihm sein Leben
nicht genommen werden –
nur die Walküren wählen
die Getöteten aus.*

*Die Länder werden von
neuen Leuten beherrscht werden,
die einst nur fernliegende
Landzungen bewohnten.*

*Wir verkünden,
daß ein großer König sterben wird;
Nun fällt ein Herrscher
durch Speere.*

Die *„neuen Leute, die einst nur fernliegende Landzungen bewohnten"* sind die Fürsten der irischen Teilreiche, die nun nach dem Tod des irischen Hochkönigs wieder eigenständig waren.

*Die Männer Irlands
werden einen Schmerz erleiden,
der in der Erinnerung
der Männer nie alt werden wird.*

*Das Gewebe wird nun gewoben
und das Schlachtfeld wird gerötet;
Die Neuigkeiten des großen Unglücks
wird durch die Lande eilen.*

*Es ist schrecklich,
nun umherzuschauen
während eine blutrote Wolke
den Himmel verdunkelt.*

*Der Himmel wird vom Blut
der Menschen befleckt,
während die Walküren
ihr Lied singen.*

*Wir haben gut
die Sieges-Lieder
für den jungen König gesungen;
begrüßt unser Singen!*

*Die, die unserem
Walküren-Lied lauschen,
sollen es gut lernen
und es anderen vortragen.*

*Laßt uns unsere Pferde
antreiben und ohne Sattel
mit gezogenen Schwertern
fort von hier reiten!*

 Und dann rissen sie das gewebte Tuch von dem Webstuhl und zerrissen es in Fetzen; jede von ihnen behielt das Stück, das sie in ihren Hände hielt ... Die Frauen bestiegen ihre Rösser und ritten fort – sechs nach Süden und sechs nach Norden.

 Die Namen der Walküren in diesem Lied bedeuten:

„*Hild*"	=	„Kampf/Schlacht"
„*Hjorthrimul*"	=	„Schwertlärm"
„*Sanngrid*"	=	„die sehr Gierige"
„*Svipul*"	=	„die Veränderliche"
„*Gunn*"	=	„Kampf"
„*Gondul*"	=	„Zauberstab"

 Die Anzahl der zwölf Walküren soll diese wohl als „vollständig, mächtig" o.ä. kennzeichnen – ähnlich wie die zwölf Asen, die zwölf Asinnen, die zwölf Flüsse (die aus der Quelle Hvergelmir am Fuße des Weltenbaumes entspringen) usw. Diese Zahl wird durch die zwölf Tierkreiszeichen angeregt worden sein.

 In der germanischen Kosmogonie befindet sich das „gute Jenseits", also das Walhalla des Odin und des Tyr im Süden in Muspelheim, während das „böse Jenseits" der Hel im Norden liegt. Vermutlich reiten aus diesem Grund am Ende des Liedes je sechs Walküren nach Süden und nach Norden.

II 8. Eiriksmal

954 n.Chr.

Das Eiriksmal wurde entweder um 954 n.Chr. oder kurz danach auf Veranlassung von Gunnhild, Königin von Norwegen, zu Ehren ihres in der Schlacht gefallenen Mannes Erik Blutaxt verfaßt. Leider ist nur der Anfang dieses Preisliedes erhalten.

Das Lob des Königs könnte kaum größer sein: Selbst Odin träumt von seiner Ankunft und Bragi vergleicht den Aufruhr, den Eriks Kommen auslöst, mit der Rückkehr Baldurs aus Walhalla. Der König wird zudem von zwei der wichtigsten Helden aus der Völsungen-Saga empfangen: von Siegmund und von Sinfjötli, die der Vater und der Halbbruder von Siegfried Drachentöter sind.

In dem Lied werden keine Kenningar verwendet und es ist in dem einfachen „Fornyrdislag"-Versmaß geschrieben. Dies ist eine Variante des „Malahattr" („Sprachform"), in der stärker darauf geachtet wird, keine unbetonten Silben, sondern möglichst nur Stammsilben zu benutzen, wodurch die Verse wuchtiger und eindringlicher werden. „Fornyrdislag" bedeutet „Versform der alten Dichtungen".

Das Eiriksmal ist in einer in Bezug auf die Verslängen und in Bezug auf die Stabreime sehr freien Variante des „Fornyrdislag" gedichtet worden. Der Text ist fast noch Prosa.

(8) *Hvat er that drauma, qvad Odenn,* (9) *er ek hugdumk firi dag litlu,* (4) *Valhöll ridja* (6) *firi vegno folki?* (11) *Vacta ec einherja, bad ec uprisa* (4) *becki at stra,* (11) *bordkaer at lydra, valkyrjur vin bera,* (5) *sem visir come.*	- 8 Zeilen je Strophe - sehr unterschiedlich lange Verse: 4 bis 12 Silben - in der ersten Zeile der Doppelverse ein, seltener zwei Stabreime und in der zweiten Zeile ein Stabreim - gelegentliche Vollreime - keine Kenningar

Der Satzbau ist in diesem Lied genauso frei gestaltet worden wie die Verslängen. Es findet sich sogar ein Satz, der die beiden mittleren Zeilen einer Halbstrophe umfaßt. Diese sehr freie Form des Satzbaues findet sich nur in der „Sprachform", in der z.B. auch das Beowulf-Epos verfaßt worden ist. Sie klingt beim Vortragen wie eine Zwischenform zwischen Lyrik und Prosa – sozusagen wie eine klangvolle „gehobene Sprache" für besondere Anlässe.

Der Satzbau im Eiriksmal						
Zeile	*Strophe*					
	1 und 2	3	4	5	6	7	8
A 1							
A 2							
A 3							
A 4							
A 5							
A 6							
A 7							
A 8							
B 1							
B 2							
B 3							
B 4							
B 5							
B 6							
B 7							
B 8							

Die beiden ersten Strophen bilden eine Einheit, weil der Satz, der am Ende der ersten Strophe beginnt, erst in der zweiten Strophe endet.

„Was ist das
für ein Traum?",
sprach Odin
kurz vor Sonnenaufgang.

„Ich dachte, daß Walhalla
für ein getötetes Heer bereitet wird.
Ich weckte die Einherier
und gebot ihnen aufzustehen

und die Bänke zu bedecken
und die Becher zu reinigen.
Ich gebot den Walküren Wein
zu bringen als wenn ein Fürst käme.

Ich habe Hoffnung,
daß edle Helden
aus der Welt nahen –
so glücklich ist mein Herz."

„Was ist das für ein Aufruhr?"
sprach Bragi, „als wenn
Tausende in Bewegung wäre?
Naht ein besonders großes Heer?

All die Bohlen
der Bänke knirschen
als wenn Baldur zu Odins Heim
zurückkehren würde."

„Du redest gewiß Narrheiten,
weiser Bragi", antwortete Odin,
„obwohl Du alle Dinge
so gut kennst.

Der Lärm kündet
den Helden Erik an,
der nun zu Odins
Heim kommt."

*„Siegmund und Sinfjötli!
Erhebt euch geschwind
und geht
dem Fürsten entgegen.*

*Wenn es Erik ist,
heißt ihn willkommen!
Ich glaube nun gewiß,
daß er es ist."*

*„Warum hoffst Du,
daß es Erik ist
und nicht ein anderer König?",
frug Siegmund.*

*„Weil er sein Schwert
in vielen Ländern gerötet hat,"
antwortete Odin,
„und eine blutbefleckte Klinge trug."*

*„Warum hast Du ihm
den Sieg genommen,
wenn Du doch wußtest,
daß er kühn ist?"*

*„Dies kann niemand klar wissen,"
antwortete Odin,
„Der graue Wolf blickt
auf die Hallen der Götter."*

*„Heil Dir, Erik!"
rief Siegmund, „
Du sollst hier willkommen sein!
Betritt die Halle, weiser Fürst!*

*Eines möchte ich Dich fragen:
Welche Helden begleiten Dich
aus dem Brüllen der Schlacht?" –
„Hier sind fünf Könige mit mir,"*

sprach Erik,
„ich werde Dir
all ihre Namen künden.
Ich selber bin der sechste."

II 9. Hakonarmal

961 n.Chr.

Dieses Preislied auf König Hakon den Guten von Norwegen wurde nach seinem Tod in der Schlacht von Fitjar im Jahr 961 n.Chr. von Eyvindr Finnson Skaldaspillir verfaßt. Sein Beiname „Skaldaspillir" bedeutet „Skalden-Verderber" im Sinne von „der die anderen Dichter durch seine eigene Kunst in den Schatten stellt".

König Hakon der Gute war der Halbbruder von Erik Blutaxt, dessen Ruhm-Lied in dem vorigen Kapitel dargestellt worden ist. Hakon wurde nach Erik König von Norwegen.

Diese Ruhmlieder wurden nach alter indogermanischer Tradition kurz nach dem Tod eines Königs oder wichtigen Kriegers verfaßt und bildeten dann sozusagen ein neues Kapitel in dem (auswendig gelernten) Geschichtsbuch der Sänger.

Der Vater der beiden Brüder war König Harald Schönhaar, der geschworen hatte, sich nicht die Haare und die Fingernägel zu schneiden, bis er König von Norwegen war – und deshalb nach einer Weile „Harald Strubbelkopf" genannt wurde. Glücklicherweise gelang es ihm, König von Norwegen zu werden, sodaß er sich wieder die Haare scheren lassen konnte. Fortan wurde er nur noch „Harald Schönhaar" genannt.

Gamle Eriksson, Sigurd Sleva und Harald Graumantel, drei der Söhne von Erik Blutaxt, wollten sich jedoch einen Teil des Reiches von Hakon dem Guten unterwerfen und überfielen den norwegischen König mit einem Überraschungsangriff. König Hakon gewann zwar trotzdem die Schlacht von Fitjar, aber er starb an seinen Wunden. Hakon der Gute bestimmte, daß seine drei Neffen nach seinem Tod Norwegen regieren sollten. Von ihnen wurde Harald II der einflußreichste der drei Teilreich-Könige.

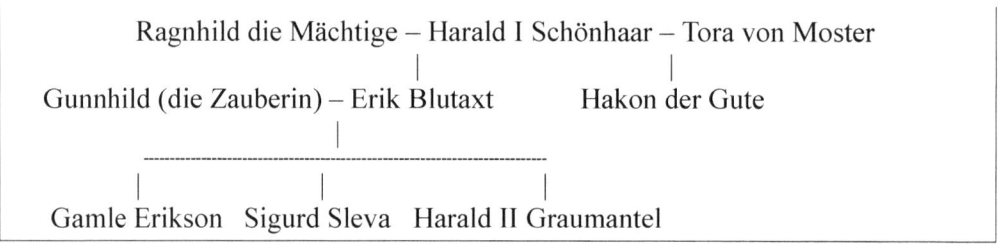

Das Hakonarmal ist wie das Eirksmal in der poetisch einfachen, altertümlichen „Malahattr"-Form („Sprachform") verfaßt worden.

(4) *Gódu doegri*	- 6 oder 8 Zeilen je Strophe
(6) v<u>e</u>rdr sá *gramr of b<u>o</u>rinn,*	- 3 bis 8 Silben je Vers
(7) *es sér getr slíkan sefa.*	- je ein Stabreim in der ersten und in der zweiten Zeile eines Doppelverses
(3) *Hans aldar*	- nur selten ein wohl zufälliger Halbreim
(4) *mun ae vesa*	- in ca. jeder zweiten Strophe findet sich eine Kenning, d.h. es sind ca. 4% der Worte Teil von Kenningarn, was für ein „Malahattr" sehr viel ist
(5) <u>*at*</u> *gódu* <u>*getit*</u>.	

In der Hakonarmal ist es manchmal nicht leicht zu entscheiden, wie man ein Satzgefüge gliedern soll, da es viele Einschübe („er sagte" u.ä.), zusammengehörige Satzteile (Aufzählungen u.ä.) und ähnliches gibt. Daher ist die folgende Übersicht über das Satzgefüge in den Strophen nur eine Näherung.

Satzgefüge des Hakonarmal																				
Zeile	Strophe																			
	1	2	3	4	5	6	7	8	9	10	11	12	13	14	15	16	17	18	19	20
1																				
2																				
3																				
4																				
5																				
6																				
7																				
8																				

Bis auf die Strophen 16 und 17 sind alle Satzgefüge in der „klassischen Weise" geteilt: 8-Zeilen-Sätze, Halbstrophen-Sätze, Doppelvers-Sätze und Ein-Vers-Sätze.

Die 30 Doppelvers-Sätze umfassen 37,5% der Zeilen. Die 5 achtzeiligen Sätze enthalten 25% der Zeilen. Die 9 Halbstrophen-Sätze umfassen 22,5% der Verse. Die 12 Ein-Vers-Sätze und die übrigen Sätze machen jeweils 7,5% des Umfangs des Gedichtes aus. Die prägende Satzform ist der Doppelvers-Satz, der durch seine Länge und durch seine Übereinstimmung mit dem Stabreim, der innerhalb eines Doppelverses einheitlich ist, hat diese Satzlänge einen festen, „marschierenden" Charakter.

*Gondull und Skogul wurden
von Gauta-Tyr ausgesandt,
um einen König
aus Yngvis Geschlecht*

*auszuwählen,
der zu Odin gehen
und in seiner Halle
leben sollte.*

„Gondull" („Zauberstab") und „Skogul" („Kampf") sind zwei Walküren.

Die „Gauten" sind die Goten. „Tyr" bedeutet hier allgemein Gott (wie das lateinische „deus" und das indische „deva"). Der „Gauta-Tyr", also der „Gott der Goten" ist Odin.

„Yngvi" ist ein Beiname des Gottes Freyr, der als der Ahnherr der norwegischen Könige angesehen wurde.

*Sie fanden Bjorns Bruder,
der sich die Rüstung anlegte;
der edle König stand
unter seinem Banner.*

*Pfeile stiegen auf
und Speere kamen herab:
Die Schlacht
hatte begonnen.*

„Bjorns Bruder" ist König Hakon, da einer seiner vielen Brüder „Bjorn" hieß.

Das Bild der aufsteigenden Pfeile und der herabkommenden Speere, die eine entgegengesetzte Bewegungsrichtung haben, ist ein Beispiel für das bei den Skalden sehr beliebte Stilmittel der Gegensatzbildung.

Er rief die Männer von Halogaland
zu sich und ebenso die von Rogaland,
bevor der Schützer der Nordmänner
in die Schlacht zog.

Eine tapfere Schar von Kriegern aus Norwegen
hatte der Fürst versammelt.
Mit einem Helm aus Bronze stand er da –
ein Schrecken der Dänen.

„Halogaland" und das südlich von ihm gelegene „Rogaland" sind Teile von Norwegen und Schweden.

Er legte sein Kriegs-Gras ab
und warf seine Brünne nieder,
der großherzige Herr,
bevor er die Schlacht begann.

Lachend kämpfte er mit seinen Lehnsmännern,
sein Land schützte er,
der freudvolle Held,
der unter dem Goldhelm stand.

„Kriegs-Gras" ist eine sehr alte Kenning für „Rüstung", die sich sich bereits um 750 n.Chr. im Beowulf-Epos findet: Kleider wurden aus Flachs/Leinen gesponnen und gewoben – Kettenpanzer für den Krieg aus Metall. Das „Gras", d.h. das Leinen steht hier also abkürzend für „Kleidung".

Das „Gras" ist hier das Stofnord im allgemeinen Sinn von „Kleidung". Das Wort „Krieg" ist das Kenniord, das näher bestimmt, um welche Art von Kleidung es sich hier handelt.

Das Fortwerfen der Rüstung ist auch von den Berserkern und anderen Ekstase-Kriegern der westindogermanischen Völker bekannt. Die Ekstase-Krieger der Kelten kämpften sogar nackt.

Dann durchdrang das Breitschwert
in der Hand des Königs
der Feinde Kriegs-Gras,
als wenn es Wasser wäre.

Er zerbrach ihre Speerspitzen
er zerbarst ihre Schilde.
Ring-bedeckte Kriegs-Schwerter
schrillten auf Helmen.

„*Breitschwert*": König Hakon hatte von seinem Ziehvater König Athelstan von England das Schwert „Mühlstein-Beißer" erhalten, von dem gesagt wird, daß Hakon mit ihm einen Mühlstein entzweigeschlagen haben soll.

Das „*ringbedeckt*" bezieht sich vermutlich darauf, daß die Schwerter manchmal an ihrem Knauf einen Ring besaßen.

Die Berger wurden niedergetreten
von dem Tyr der Schilde,
von der hartfüßigen Parierstangen-Klinge,
und auch Köpfe durch die Nordmänner.

Die Schlacht tobte auf den Inseln,
die Athelinge röteten
die strahlenden Schildburgen
mit vergossenem Lebens-Blut.

In der ersten Zeile finden sich im Original zwei verschiedene Worte für „*Schild*" – im Deutschen gibt es leider nur eins. Da es in der Skaldenkunst nur in wenigen Ausnahmen erlaubt war, in einer Strophe zweimal dasselbe Wort zu benutzen, findet sich daher in der Übersetzung die neu erfundene Umschreibung „*Berger*" im Sinne von „das, hinter dem man sich verbirgt" für „Schild".

Ein „*Tyr des Schildes*" ist ein Krieger – hier König Hakon.

Das „*hartfüßig*" der Schwertklingen ist im übertragenen Sinne gemeint und spielt auf das „*Niedertreten*" in dem ersten Vers an. Auch die Nordmänner enthaupten wie der König ihre Feinde.

Die Nordmänner wurden „*Athelinge*" genannt, weil ihr König Hakon bei König Athelstan aufgewachsen war.

Die „*Schildburgen*" der Nordmänner sind die Reihen von Schilden der nebeneinanderstehenden Krieger, die dadurch sozusagen eine „Burgmauer" bilden. Vermutlich ist damit der Schutz der Leibgarde rings um Königs Hakon gemeint.

*Das Wundfeuer brannte
in blutig klaffenden Wunden,
die Langbärte wurden gegen
das Leben der Krieger erhoben.*

*Das Meer der Wunden brandete
auf die Schneiden der Schwerter.
Der Fluß der Schwerter brach sich
an dem Strand der Insel Storth.*

Ein „*Wundfeuer*" ist ein Schwert.
Ein „*Langbart*" ist eine Streitaxt.
Das „*Meer der Wunden*" und der „*Fluß der Schwerter*" ist das Blut.
Die Schlacht fand z.T. auf der Insel „*Storth*" statt.

*Gerötete Kriegs-Schilde
klirrten aneinander.
Skoguls Sturmböen
zerschrammten rote Schilde.*

*Blut-Wogen türmten sich
in Odins Winden auf.
Vieler Männer Söhne
fielen in der Schlacht.*

„*Skoguls Sturmböen*" und „*Odins Blutwogen*" sind die Angriffe der Krieger aufeinander.

*Nun saß der Fürst
mit gezogenem Schwert,
mit geborstenem Schild
und zerfetzter Rüstung.*

*Das Heer der Menschen
war nicht glücklichen in ihren Herzen
und wandte seinen Weg
nach Walhalla.*

„*Nach Walhalla gehen*" bedeutet „sterben".

*Da sprach Gondul,
während sie auf dem Stab ihres Speeres lehnte:
„Nun wächst
das Gefolge der Götter,*

*da Hakon
mit einem so großen Heer
von den Asen
heimgerufen wurde."*

*Der Kriegs-Herr hörte,
worüber die Walküren sprachen,
hochherzig,
auf dem Rücken ihrer Rösser –*

*weisheitsvoll
sprachen sie,
saßen mit Kriegshelmen
und von Schilden beschützt.*

  Hakon:
*„Warum hast Du uns, Speer-Skogul,
den Sieg vorenthalten?
Denn wir waren es wert,
daß die Götter ihn uns gegeben hätten."*

  Skogul:
*„Wir haben entschieden,
daß ihr die Schlacht
gewonnen habt
und eure Feinde flohen."*

Die Aussage der Walküre Skogul scheint zu bedeuten, daß der schwer verletzte König Hakon noch nicht erkannt hat, daß sein Heer die Schlacht in Kürze gewinnen würde.

„Nun müssen wir beide reiten,"
sprach die grimmige Skögul,
„zu den grünen Heimen
der Gottheiten,

um dort Odin zu berichten,
daß der Atheling
nun selber kommt,
um ihn zu sehen."

„Hermod und Bragi,"
sprach Hropta-Tyr,
„Geht und heißt
den Helden willkommen;

denn ein König kommt,
der kühn gekämpft hat,
zu unseren
Hallen hier."

„*Hropta-Tyr*" bedeutet wörtlich „weiser Tyr" und ist eine Umschreibung für Odin.

Da sprach der Kriegs-Arbeiter
und wandte sich von der Schlacht –
seine Brünne
war ganz blutig –

„Mir deucht,
Odin ist wütend.
Wir sollten uns darum sorgen,
seinen Zorn zu vermeiden!"

„Alle Einherier
sollen euch Eide schwören:
Sie teilen mit euch
den Asen-Met,

ihr Feinde der Jarle!
Hier drinnen
hast Du acht Brüder,"
sprach Bragi.

    Die *„Einherier"* sind die gefallenen Krieger in Walhalla.
    Die *„Jarle"* sind die drei Söhne von Erik Blutaxt, gegen die König Hakon in dieser Schlacht gekämpft hat.
    Offenbar sind acht der vielen Brüder des Königs Hakon bereits verstorben gewesen.

„Unser Kriegsgerät,"
sprach der stattliche König,
„werden wir
in unserem Besitz behalten.

Auf Helm und Halsberge
sollte man gut achten
und es ist gut,
über seinen Speer zu wachen."

    Dies entsprach der allgemeinen Ansicht der (Indo-)Germanen, die ihre verstorbenen Fürsten mitsamt ihren Waffen und ihrem Pferd in Hügelgräbern bestatteten.

Da sah man,
wie dieser See-König
die heiligen Altäre
hoch geachtet hatte,

denn alle hießen
Hakon willkommen,
sowohl die Götter
als auch die himmlischen Heere.

*An einem guten Tag
wurde der Herr
mit der großen Seele geboren,
der ein solches Herz hat.*

*Über seine Zeiten wird man
auf der Erde noch lange sprechen
und die Menschen werden
über seine Macht erzählen.*

*Der Fenriswolf wird sich
von seinen Fesseln befreien
und über die Felder
der Menschen herfallen,*

*bevor ein solch guter
königlicher Herr
wieder an seiner Stelle
stehen wird.*

Hier wird der Ragnarök, an dem der „*Fenriswolf*" wieder frei wird, schon als das Ende der Welt angesehen. Die Strophe bedeutet, das es vor dem Weltuntergang keinen so guten König wie Hakon mehr geben wird.

*Rinder und Sippen-
Männer sterben,
Land und Lehen
liegen verödet.*

*Seit Hakon zu den
heidnischen Göttern gefahren ist,
fand so manches Heer
sein Ende.*

Die letzte Zeile ist eine Anspielung auf die Schlachten in der Zeit nach der Herrschaft von König Hakon dem Guten, in der es viele Kämpfe in Norwegen gab, an denen u.a. die drei Söhne von Erik Blutaxt beteiligt waren.

II 10. Sonatorrek

960 n.Chr.

Das folgende Lied mit dem Namen „Klage über die Söhne" wurde von dem Skalden, Wikinger und Politiker Egil Skallagrimsson um ca. 960 n.Chr. nach dem Tod zweier seiner Söhne (einer von ihnen war erst 17 Jahre alt) bei einem Schiffsunglück verfaßt.

Die Strophen sind in der recht einfachen „Sprachform" („Malahattr") gehalten:

4	*Mjok erum tregt*	- achtzeilige Strophen,
5	*tungu at hröra*	- 3 bis 5 Silben pro Zeile
3	*med loptvétt*	- je ein Wort in den beiden Zeilen eines Doppelverses bilden miteinander einen Stabreim, wobei sich der Stabreim in der zweiten Zeile wie in der höfischen Gedichtform im ersten Wort befindet, vor dem lediglich ab und zu solche unbetonten „Hilfsworte" wie „und", „oder", „von", „des" usw. stehen
4	*ljódpundara;*	
4	*esa nú vönligt*	
5	*of Vidurs thýfi,*	
3	*né hógdrögt*	- keine Halb- oder Vollreime
5	*ór hugar fylgsni.*	- entgegen den Regeln enden die Sätze nicht immer am Ende eines Doppelverses, einer Halbstrophe oder einer Strophe
		- 5% der Worte sind in Kenningar eingebunden, wobei viele diese Kenningar eigentlich eher bildhafte Umschreibungen sind; es findet sich ungefähr eine Kenning bzw. bildhafte Umschreibung pro Strophe

Egil Skallagrimsson hat in diesem Lied sein eigenes, tiefes Leid dargestellt und daher wohl eine einfache Form ohne Halbreime, Vollreime u.ä. gewählt. Die Strophen erhalten jedoch durch die Kenningar, die vielen bildhaften Umschreibungen und die Bezugnahme auf mehrere germanische Götter einen sehr starken poetischen Ausdruck. Man könnte dieses Lied zwar nicht von seinem formalen Aufbau, aber doch zumindest von seiner Wirkung her zu den „frühen Skalden-Liedern" rechnen.

Die Strophe des Sonatorrek bestehen aus eher langen, unregelmäßig angeordneten Sätzen. Die Satzgefüge sehen wie folgt aus:

Das Satzgefüge des Sonatorrek																								
Zeile	Strophe																							
	1	2	3	4	5	6	7	8	9	10	11	12	13 14	15	16	17	18	19 20	21	22	23	24
A 1																								
A 2																								
A 3																								
A 4																								
A 5															?								
A 6															?								
A 7															?								
A 8															?								
B 1																							
B 2																							
B 3																							
B 4																							
B 5																							
B 6																							
B 7																							
B 8																							

Egil Skallagrimssons „Sohnesklage" ist das erste rein persönliche Gedicht, das von den Germanen bekannt ist.

Es fällt mir schwer,
mit meiner Zunge ein hehres Gedicht
in Bewegung zu setzen.
Es gibt nun nichts mehr zu erhoffen

von Odins Gaben.
Es fällt mir nicht leicht,
aus den Rückzugsorten
in meiner Seele herauszukommen.

„*Odins Gabe*" ist die Dichtkunst.

Die glückliche Entdeckung
von Friggs Verwandten,
die vor langer Zeit
von Jötunheim geholt wurde,

will nicht mehr leicht
aus den Tiefen meines Herzens
hervorquellen, denn es wird
von schwerem Kummer bedrückt.

„*Friggs Verwandte*" sind die Asen. Das, was die Asen vor langer Zeit aus Jötunheim, d.h. aus der Unterwelt geholt haben, sind der Göttermet (von Gunnlöd) und der Braukessel für diesen Met (von Hymir). Der Göttermet ist hier ein Bild für den Skalden-Met, d.h. für die dichterische Inspiration. Aufgrund seiner Trauer und seiner zunehmenden Introvertiertheit fällt Egil das Dichten schwer.

Ohne Makel … …
… … … … … …
… … … … … …
… … … … … …

Ymirs Flüsse brausen herab
vor dem Eingang
der Gräber
meiner Verwandten.

Dreieinhalb Zeilen dieser Strophe sind verlorengegangen.

Die „*Gräber von Egils Verwandten*" sind hier vor alle die (Hügel-)Gräber seiner beiden ertrunkenen Söhne.

Da alles Wasser seinen Ursprung in dem Blut des Urriesen Ymirs hat, ruft die Bezeichnung der Flüsse als „*Ymirs Flüsse*" an dieser Stelle die Assoziation zu Blut, Tod und Verlust hervor.

Meine Linie
geht zu Ende
wie vom Sturm
gefällte Bäume im Wald.

Es ist keine Freude
in dem Mann,
der die letzten Überreste
eines Familienmitglieds hinabträgt.

Mit „*hinab*" ist „in die Grabkammer hinab" gemeint.

Nun werde ich zuerst von meinem eigenen,
des Vaters Verlust erzählen
und von dem Trauerfall seiner Mutter.
Solcherart ist das Holz,

bedeckt mit den Blättern der Wortwahl,
das ich aus dem Tempel meiner Sprache
hervorbringen werde,
um mit ihm das Gebäude meiner Dichtkunst zu errichten.

Die Lücke, den die Wogen
in die Grenzen der Familie
meines Vaters gerissen haben,
erschüttert mich.

Leer und unbesetzt
sehe ich den Platz,
von dem die See
meinen Sohn geraubt hat.

*Ran hat mich
schwer heimgesucht.
Mir wurde
ein lieber Freund geraubt.*

*Die See hat die Bande
meiner Sippe durchtrennt
und mir selber
eine starke Faser ausgerissen.*

Die Göttin „*Ran*" ist die Göttin des Meeres, in dem Egils Söhne ertrunken sind. Der Name der Göttin „Ran" bedeutet wörtlich „Räuberin" – was in diesem Zusammenhang Egil wohl schmerzlich bewußt gewesen sein wird.

*Es ist gewiß,
daß der Bier-Brauer
nicht mehr
leben würde,*

*wenn ich
meinen Fall
durch das Schwert
hätte rächen können.*

„*Bier-Brauer*" ist hier eine allgemeine Kenning für „Mann". Die Strophe bedeutet, daß Egil den Tod seiner beiden Söhne bereits gerächt hätte, wenn der Tod der beiden von einem Mann und nicht von dem Meer bzw. von Odin verursacht worden wäre.

*Aber ich fühle,
daß ich nicht die Stärke habe,
mit dem Zerstörer
meines Sohnes zu streiten.*

*Die Hilflosigkeit
des alten Mannes
ist für alle
sichtbar.*

Der „*Zerstörer meines Sohnes*" ist entweder das Meer, gegen das Egil nicht kämpfen kann, oder Odin selber.

Das Meer hat mich
schmerzhaft beraubt,
es quält mich, von dem Verlust
eines Verwandten zu sprechen –

seit der Zeit,
zu der der Schild meiner Sippe
von dieser Welt
zu den gesegneten Pfaden wechselte.

Die „*gesegneten Pfade*" sind das Jenseits.

Ich kenne meine eigene Überzeugung –
mein Sohn versprach
zu einem guten Mann heranzuwachsen,
wenn seiner kriegerischen Seele

heranzureifen
erlaubt worden wäre,
bis ihn die Hände
des Kriegsgottes umfangen.

Er gab stets sehr viel
auf die Worte seines Vaters,
selbst wenn alle Welt
mir widersprach;

er hielt mich in Ehren
in meinem Haus
und war die größte Stütze
meiner Kraft.

*Die Leere, die die Brüder
hinterlassen haben,
ist oft in mir
und ich frage mich,*

*ich blicke um mich,
ich rätsele,
wo ich,
wenn der Kampf tobt,*

*einen anderen
begeisterten Kämpfer finden kann,
der mir im Kampf
zur Seite stände.*

*Ich bin oft in dieser Not.
… ich werde
vorsichtshalber fliehen müssen,
nun da meine Freunde schwinden.*

    Die „*Brüder*" sind die beiden Söhne des Egil, die ertrunken sind.

*Es ist schwer,
in der Welt jemanden zu finden,
dem wir
trauen können,*

*denn der,
der seine Sippe erniedrigt,
verkauft auch seinen Bruder
für Schätze.*

*Ich sehe es
immer wieder,
daß dann,
wenn Münzen verlangt werden,*

… … … … … …
… … … … … …
… … … … … …
… … … … … …

    Die zweite Halbstrophe fehlt.

Es wird auch gesagt,
daß niemand Ersatz für einen Sohn erhalten kann,
es sei denn, er zöge sich
einen zweiten Sohn auf,

und daß man auch nicht
den Sohn eines anderen erhalten kann,
um den Platz
des eigenen Sohnes einzunehmen.

Die Gesellschaft
der Menschen mißfällt mir,
obwohl alle
Frieden halten.

Mein Sohn, das Kind meiner Frau,
ist fortgegangen,
um seine Freunde
in dem Bienenkorb-Haus zu suchen.

    Vielleicht ist „*Bienenkorb-Haus*" eine Anspielung darauf, daß es in der Halle („Haus") des Odin den Göttermet, der aus dem Honig der Bienen hergestellt wird, zu trinken gibt. Möglicherwiese spielt Egil jedoch auch nur auf die Form-Ähnlichkeit zwischen einem Bienenahaus und einem Hügelgrab an.

Aber der Herr
des Malz-Gebräus steht vor mir
in unbeugsamer
Gesinnung.

*Ich bin nicht mehr
in der Lage,
mein Gebäude des Wissens
aufrecht zu erhalten, ...*

„*Malz-Gebräu*" ist hier eine Kenning für „Göttermet". Der „*Herr des Göttermets*" ist Odin.

Das „*Gebäude des Wissens*" ist ein ungewöhnlicher Ausdruck. Vielleicht bedeutet er hier soviel wie „optimistische Weltanschauung".

*... denn das tobende Fieber
hat der Welt
meinen Sohn entrissen,
der, wie ich bezeugen kann,*

*ein makelloses
Leben führte
und sich selbst frei
von Tadel hielt.*

Das „*Fieber*" scheint hier ein Bild für das tosende Meer oder eine Heiti für „Tod" zu sein.

*Ich erinnere mich
noch immer daran,
wie der Freund der Gautar
einen Schößling*

*aus meiner Wurzel
zu seinem Heim emporhob,
der aus mir entsprungen war,
ein Keim meiner Frau.*

Odin wurde oft „*Gautr*", d.h. „Gote" genannt, weil die Goten Odin als ihren Beschützer ansahen. Mit der Zeit wurde „Gautar" zu einer Heiti für „Krieger".

*Ich war mit dem Herrn
des Speeres befreundet;
ich vertraute ihm
ohne Bedenken,*

*bis der Herr der Streitwagen,
der Verteiler des Sieges,
die Freundschaft
mit mir brach.*

Der *„Herr des Speeres* (Gungnir)", der *„Herr der Streitwagen"* und der *„Verteiler des Sieges"* ist Odin.

*Ich verehre Vilis Bruder,
den Fürsten der Götter,
nicht deshalb,
weil es mich so danach verlangt.*

*Mimirs Freund hat mir
jedoch einen Ausgleich für meine
Unglücke gegeben, die ich
als eine erhebliche Unterstützung erlebe.*

Die drei Brüder Woden, Wili (= „*Vili*") und We treten in vielen germanischen Mythen auf. Sie tragen viele verschiedene Namen – am häufigsten ist vermutlich die Dreiheit von Odin, Hönir und Loki.

Sie verkörpern die drei Stände der germanischen Gesellschaft: Woden/Odin („Wut/Ekstase") steht für die Krieger und Fürsten, Ve („der etwas weiht") bzw. Hönir für Priester und Heiler sowie „Wili („Wille") bzw. Loki („Lohe") für Bauern und Handwerker.

„*Vilis Bruder*" ist in diesem Zusammenhang Odin.

Die erste Halbstrophe drückt anscheinend Resignation aus, aber die genaue Bedeutung ist unklar. Sie scheint wie das gesamte Lied einen psychischen Zustand auszudrücken. Egil verehrt Odin offenbar noch immer und ist ihm treu geblieben, aber er scheint sein Vertrauen in ihn verloren zu haben. Andererseits ist er Odin aber dankbar, daß er ihm die Dichtergabe geschenkt hat.

*Der Feind des Wolfes,
in Schlachten viel erprobt,
gewährte mir
eine makelloses Kunst*

*und eine Veranlagung,
die es mir ermöglicht hat,
die Feindschaft verborgener Feinde
sichtbar zu machen.*

Der „*Feind des* (Fenris-)*Wolfes*" ist Odin.

*Schwer ist mein Los.
Die Riesenschwester
von Odins Gegner
steht auf der Landzunge.*

*Dennoch werde ich meinen eigenen Tod
dankbar erwarten,
mit gutem Willen
und ohne Bedauern.*

„*Odins Gegner*" ist der Fenris-Wolf. Seine „*Riesenschwester*" ist die Unterweltsgöttin Hel, die Egil in seiner Vorstellung neben oder in den (Hügel-)Gräbern seiner Söhne auf der Landzunge, die in „Ymirs Flüsse" hineinragt, stehen sieht.

II 11. Die Ruine

ca. 500-650 n.Chr.

Das Lied, das nach dem in ihm verwendeten Gleichnis der Ruine benannt worden ist, ist im „Kviduhattr" („Liedform") geschrieben worden. Das genaue Datum, zu dem dieses Lied verfaßt worden ist, ist unklar.

Dieses Lied stammt von den Angelsachsen in England. Beachtenswert ist die Erinnerung an die heißen Bäder, die eine Errungenschaft der Römer gewesen sind. Die Erinnerung an die römischen Thermen spricht für ein recht frühes Entstehungsdatum dieses Liedes.

Stilistisch ist „Die Ruine" dem um 750 n.Chr. von den Angelsachsen verfaßten Beowulf-Epos sehr ähnlich: Es hat denselben Stabreim, eine ähnliche Verslänge, denselben unregelmäßigen Satzbau und ist ebenfalls nicht in Strophen unterteilt.

Solche speziell germanischen Begriffe wie „Met-Halle" oder wie die Verwendung des Begriffes „Urd" (angelsächsisch: „Wyrd") für „Schicksal" zeigen, daß es einen germanischen, d.h. angelsächsischen Ursprung hat und keine Übersetzung einer älteren keltischen oder gar römischen Elegie ist.

Da die Angelsachsen ab 450 n.Chr. in Großbritannien eingedrungen sind und die Erinnerung an die Römer zunehmend verblaßt sein wird, könnte dieses Lied zwischen 500 und 700 n.Chr. niedergeschrieben worden sein.

(6) *Wraetlic is thas wealstan,* (5) *Wyrde gebraecon.* (5) *Burgstede burston,* (6) *brosnad enta geweorc.* (7) *Hrofas sind gehrorene,* (3) *hreogr torras,* (7) *hrim geat torras berofen,* (3) *hrim in lime,* (5) *scearde scurbeorge,* (6) *scorene gedrorne,* (7) *aeldo undereatone.* (5) *Eordgrap hafnad ...*	- keine Strophen, sondern fortlaufende Doppelzeilen - 3 bis 7 Silben je Zeile - je ein Stabreim am Anfang der Zeilen und in ca. einem Viertel der ersten Zeilen der Doppelverse noch ein zusätzliches drittes Wort mit Stabreim - nur seltene, eher zufällige Halb- und Vollreime - die Sätze enden nicht immer am Ende einer Doppelzeile - keine Kenningar

Wundersam ist dieses Mauerwerk,
das von Urd zerstört wurde.
Die Fliesen der Höfe sind zerbrochen,
die Arbeit von Riesen zerfällt.
Die Dächer sind eingestürzt;
die Türme liegen im Staub ...
Rauhreif liegt auf den dachlosen Toren,
Rauhreif liegt auf dem Mörtel.
Die Mauern sind geborsten,
zerbrochen und umgestürzt,
untergraben vom Alter.
Die mächtigen Erbauer
sind gefallen und vergangen;
sie wurden fest
in der Umarmung der Erde gehalten
– in dem gnadenlosen Griff des Grabes,
während hundert Generationen
von Menschen vorüberzogen.
Flechten-grau und rotgefleckt
hat diese Mauer Königreich
nach Königreich überdauert
und stand unbewegt von den Stürmen.
Der hohe, weite Torbogen ist eingestürzt.
Aber noch immer erträgt das Mauerwerk
die scharfen Winde ... ...
erträgt ... ...
... ...
hart geschärft ... ...
... ...
... geschickte uralte
Handwerksarbeit ... ...
... ... von Krusten
und Schlamm fortgewandt ...
Geist ... ... fügten
mit scharfem Urteil zusammen
ein schneller Entwurf von Ringen,
und sehr geschickt band man
die Mauern mit Draht
wundervoll zusammen.
Hell waren die Burggebäude,

groß die Zahl der Bade-Hallen,
hoch ragte die Fülle der Giebel,
laut war der Lärm der vielen Menschen,
in den vielen Met-Hallen voll von Feiern,
bis das mächtige Schicksal dem ein Ende setzte.
Weit und breit lagen die Getöteten,
Tage der Pest kamen,
der Tod trug all die tapferen Männer fort,
ihre Orte des Krieges
wurden zu Einöden,
die Stadt zerfiel.
Die, die sie wieder aufbauten, vergingen;
die Heere liegen in der Erde.
Und so sind diese Gebäude nun einsam geworden,
und diese rot-gebogene Decke
läßt die Ziegel des Gewölbes
seines Daches niederfallen.
Die Ruine ist zur Erde niedergestürzt,
zerbrochen zu Steinhaufen –
dort wo in alten Zeiten
so mancher Krieger frohen Mutes,
mit prächtigem Gold geschmückt
in seiner Schlachtrüstung,
stolz und erheitert vom Wein
auf die Schätze, das Silber,
die Edelsteine, den Wohlstand,
den Reichtum und die Perlen,
auf diese herrliche Zitadelle
eines weiten Landes blickte.
Dort standen Höfe aus Stein,
und ein kräftiger Strahl
ergoß sich in einem weiten Bogen;
dort, wo die Bäder waren,
barg die Mauer alle
in ihrem hellem Busen –
mit heißem Herzen.
Das war behaglich.
Dann ließen sie … … …
… … … strömen
heißes Wasser ergoß sich

über grauen Stein.
... ...
... ...
bis das das runde Becken
heiß ... ...
... ...
wo die Bäder waren.
Dann war ... ...
... ...
... ...
das ist eine edle Sache,
zu dem Haus ... ...
... ... Burg ... ...
... ...
... ...

Verzeichnis der Themen

(die Zahl ist die Nummer des Bandes, in dem sich das Thema findet)

1 47	540 47	Alius 32	Aur 55
2 47	700 47	Alraune 45	Aurboda 35
3 47	800 47	Alsvatr 5	Aurgelmir 5
4 47	900 47	Alswid 34	Aurgrimnir 5
5 47	1.200 47	Althiof 7	Aurnir 34
6 47	10.000 47	Alvor 35	Aurvandil 20
7 47	432.000 47	Alwis 7	Aurwang 7
8 47	1+8=9=8+1 47	Alwit 31	Aurwang 48
9 47	**Adler** 40	Ama 35	Austri 32
10 47	Adler auf dem	Amboß 67	Auzon => Kiste
11 47	Weltenbaum 41	Amgerdr 28	Axt 66
12 47	Adler bei der	Ampfer 45	**Bafur** 32
13 47	Einweihung 40	Andad 34	Bakrauf 35
14 47	Adlergestalt:	Andhrimnir 39	Baldrian 45
15 47	- des Franmar 40	Andvari 7	Baldur 9
16 47	- des Hraesvelgr 40	Angantyr 39	Bara 35
17 47	- des Odin 40	Angeyja 35	Bari 6
18 47	- des Thiazi 40	Angrboda 26	Bari 20
20 47	Adler-Traum der	Ann 32	Baugi 5
22 47	Kostbera 40	Annar 20	Bär 43
23 47	Aelrun 31	Arm-Wunde 63	Bärenfell 62
24 47	Affe 44	Arngrim 6	Barke 49
28 47	Agdai 39	Apfel 45	Bärlapp 45
30 47	Ägir 10	Asen 36	Basilikum 45
32 47	Agnar 39	Asgard 52	Beifuß 45
33 47	Ahnen 36	Ask 39	Beinvidr 34
36 47	Ai 32	Aslaug 31	Bekkhild 31
37 47	Aki 6	Asperan 34	Beleidigungs-
40 47	Aki 16	Astralreise 50	Wettstreit 73
41 47	Alban 32	Asvid 6	Beli 5
46 47	Alberich 7	Atem 64	Beowulf 39
48 47	Albewin 7	Atla 35	Bergdis 28
72 47	Alcis 12	Atli 37	Bergelmir 6
80 47	Alf 6	Atward 20	Bergriese 6
90 47	Alf 32	Auchoff 34	Berg-Zwerge 32
99 47	Alfarin 34	Aud 20	Berling 32
100 47	Alfen 36	Auerhahn 40	Bertha 28
120 47	Alfhild 31	Auge 63	Berserker 62
300 47	Alfrigg 32	Augenbraue 63	Bertram 45

Bertramsgarbe 45
Besen => Stab
besonderer Schrei 64
Bestattung 64
Bestla 35
Betonica 45
Beyla 39
Biber 44
Biene 40
Bifröst 49
Bifur 32
Bikki 16
Bil 29
Bild 7
Billing 5
Billing 7
Bilsenkraut 45
Birkhuhn 40
Biört 29
Björgolfr 6
Björgulfr 34
Blain 33
Blapthvari 34
Blasebalg 67
blau 46
Blau-Menschen 36
Blau-Riesen 36
blau-schwarz 46
Blick 63
Blid 29
Blidur 29
Blind 16
Blindheit 63
Blodughadda 35
Blutsbrüder 55
Bödhild 28
Bogen 66
Bömbur 32
Bölthorn 5
Borr 34
Botewart 7
Both 20

Bragi 19
Bragi-Riesin 35
Brak 16
Brana 35
Brandingi 5
braun 46
Brenner 39
Brezel-Ornament 64
Brimir 33
Brisingamen 60
Brokk 32
Brombeere 45
Brücke 49
Bruderkampf 55
Brüngerd 35
Brünhild 31
Bruni 5
Bruni 32
Brünne 66
Brunnen 49
Buri 34
Bryja 35
Bryla 34
Bryngerd 28
Buri (Zwerg) 32
Buseyra 35
Byggvir 39
Byleist 20
Bylgia 35
Comandion 7
Dag 48
Dagfinnr 32
Dain 32
Dalar 32
Dalr 32
Delling 20
Delling 48
Dellingr 32
Delphin 44
Dietwarta 29
Disen 36
Distel 45

Diurnir 7
Dofri 34
Dolgtrasir 32
Donnerrebe 45
Dori 32
Dorn => Schlafdorn 55
Drachen 41
Drachenblut => Drachen
Drachenschiff 55
Drasian 6
Draupnir (Zwerg) 32
dreifarbiger Stein 67
dreiköpfiger Riese 5
drei Riesinnen 35
drei wahre Worte 64
Drifa 35
dritter Bruder 55
Dröfn 35
Drossel 40
Drudgelmir 5
Duf 32
Dufa 35
Dufr 32
Dulin 32
Dumbr 6
Dunneir 32
Durathor 32
Durin 32
Durnir 32
Durnir 34
Düsterwald 49
Dwalin 32
Eber 42
Eberesche 45
Edda (vollständig) 77
Efeu 45
Egdir 5
Egil 39
Ei 40
Eibe 45

Eiche 53
Eicheln 45
Eichhörnchen 44
Eid 68
Eik 28
Eikinskjaldi 32
Eimer 67
Eimgeitir 35
Eimyria 35
Einäugigkeit 63
Einheer 34
Einweihung 50
Eir 29
Eir 31
Eis 52
Eisa 35
Eisen 55
Eisenkraut 45
Eisriesen 34
Eistla 35
Eisurfala 35
Eiymyria 35
Ekstase-Kieger 62
Elch 42
Eldhrimnir 57
Eldir 39
Eldr 34
Elefant 42
Elendshaut => Hel-Haut
Else 35
Erde 52
Embla 28
Embla 39
Ente 40
Erce 20
Erdbeben 55
Erste Ursache 55
Eschenholzkasten => Kiste 57
Esel 42
Estroval 39

Eugel 7
Eule 40
Eyrgjafa 35
Faden 55
Fafnir (Zwerg) 32
Fährmann 49
Fala 35
Falkenkleid:
- der Freya 40
- der Frigg 40
Falke 40
Fallar 32
Farbauti 6
Farn 45
Farseti 6
Faulheit =>
Feuersitzen 55
Feima 35
Fenchel 45
Fenja 28
Fenrir 6
Fenrir 43
Fernhypnose 64
Ferse 63
Fessel 66
Fessel-Zauber 64
Feuer 55
Feuersitzen 55
Feuerzauber 64
Fialar 32
Fid 32
Fieberkraut 45
Fili 32
Fimafeng 39
Fimbulwinter 55
Finger 63
Finnalf 5
Finnar 32
Finnmark-Riese 34
Fiölkald 34
Fiölmor 39
Fiölnir 20

Fiölvör 35
Fiörgyn 20
Fiörgyn 23
Fisch 44
Fjölverkr 34
Fjötra 29
Flachs 45
Flegda 35
Fleur-de-lys 55
Fleggr 34
Fliege 40
Fluch 68
Flügel des Wieland 40
Flügelschuhe 67
Flugschuhe des Loki 40
Fluß 49
Freya 22
frühe Skaldenlieder 78
Freyr 15
Fried 29
Friedenszauber 6
Fridr 29
Frigg 21
Folde 20
Fonn 34
Forat 35
Forelle 44
Fornjotr 6
Forseti 19
Frägr 32
Franmar 37
Frar 32
Freki 43
Frosti 32
Frosti 34
Fruchtbarkeit 64
Fuchs 43
Frauenhaarfarn 45
Frühling 54

Frühlingstagund-
nachtgleiche 54
Fulla 29
Fullas Haarreif 60
Fullafle 34
Fundin 32
Fuß 63
Fylgia 50
Fynir 6
Fynir 34
Galar 32
Galarr 34
Galdr 64
Gallapfel 45
Gandalf 32
Ganglati 34
Ganglot 6
Gangr 34
Gangr 33
Gans 40
Gänsefuß 45
Garm 43
Gautan 39
Gautrek-Saga => Snotra
Geban 20
Geburts-Orakel 64
Gefäße 57
Gefion 20
Gefion-Geliebter 6
Gefiun 20
Gefjon 20
Geist 50
Geier 40
Geirahöd 31
Geiravör 31
Geirdriful 31
Geirönul 31
Geirröd 5
Geirrota 31
Geirsfögul 31
Geitir 6

Geitla 35
Geitir 35
gelb 46
Geliebter der Gefion 6
Gerber-Schaber 67
Gerdr 28
Geri 43
Gespenst 50
Gestaltwandel => Verwandlung
Gesang 68
Gestilja 35
Getreide 45
Gewöhnlicher Flachbärlapp 45
Geysa 35
Gialar 32
Gift 70
Gifur 43
Gigas 6
Gilling 6
Gillings Frau 28
Ginnar 32
Ginnungagap 49
Gjalp 35
Glamr 34
Glatundshundr 43
Glaumar 34
Glaumarr 34
Glaumr 6
Glenr 48
Glitni 5
Glöd 35
Gloi 32
Glück 64
Glückstrank 70
Glumra 35
Glymra 35
Gna 29
Gneip 35
Gnepja 35

237

Goi 34	Grotunagard 52	Har 32	Hel-Haut 49
Gold 55	grün 46	Hära 35	Helidi 27
Goldalter 55	Gryla 35	Hardbeen 6	Hellebarde 66
Goldemar 7	Gudr 31	Hardgreip 35	Helreginn 5
golden 46	Gudrun 31	Hardgreipir 34	Helm 66
Goldhelm 66	Gudmund 5	Hardverkr 34	Hengikefta 35
Goldhörner von Gallehus 57	Gullnir 5	Harek Eisenkopf 6	Hengiköpt 6
	Gullveig 29	Harfe 57	Hengjankapta 35
Göll 31	Guma 35	Harz 45	Hepti 32
Golnir 5	Gundelrebe 45	Hase 44	Herbst 54
Göndul 31	Gunn 31	Hasel 45	Herbsttagundnachtgleiche 54
Gorr 34	Gunnlöd 28	Hastingi 34	
Görsemi 29	Gunnthinga 31	Hati 5	Herche 20
Götter 36	Gürtel 60	Hati 43	Herdentiere 42
Götterdämmerung 55	Gusir 6	Hattatal 77	Herdentierfell 42
Götterkampf 55	Gygr 35	Haudr 20	Herfjötur 31
Göttermet 69	Gylfaginning 77	Haugspori 32	Hergrim Halbtroll 5
Götter-Tiere 44	Gyllir 5	Haym 34	Hergunnur 35
Gottesurteil 64	Gyllir 34	Hecht 44	Heri 32
Gurgelbiß 55	Gyma 20	Hedin 39	Herja 31
Grab 49	Gymir 5	Hedin und Högni 79	Herkir 6
Grani 6	**Haarband** 60	Hefring 35	Herkja 35
grau 46	Haare 63	Heid 35	Hermodr 37
Grendel 5	Habicht 40	Heiddraupnir 5	Hertha 28
Grendels Mutter 35	Hafle 34	Heide 49	Hervor => Heidrek
Greppur 34	Hafli 5	Heidrek 39	Hervor und Heidrek => Heidrek
Grer 32	Hafthi 39	Heidungi 6	
Grid 28	Hagen 16	Heilige Hochzeit => Wiederzeugung 55	Herz 63
Grid 35	Hahn 40		Hexe 58
Grim 5	Hala 35	Heiliger Hain = Weltenbaum 52	Hianka 31
Grim 39	Halfdan 39		Hidde 34
Grima 35	Halfdan Brana-Ziehsohn 79	Heilung 64	Hild 31
Grimhild 31		Heilziest 45	Hildolf 5
Grimling 5	Halfdan Eisteinson 79	Heimdall 8	Hildolf 20
Grimnir 5	Hamdir 39	Heimir 39	Himingläva 35
Grim Struppig-Wange 79	Hamingja 50	Heinir 34	Himmel 52
	Hammer 66	Heith 35	Himmelsrichtungs-Mandala 54
Grip 35	Hand 63	Heithdraupnir 5	
Gripir 34	Handschuhe 60	Hel 26	Himmelsträger-Zwerge 32
Grissa 35	Hanf 45	Helblindi 20	
Groa 28	Hannar 32	Helgi 39	Hirsch 42
Grottintanna 35	Hantel-Symbol 55	Helgi Thorisson 79	Hjaltrimul 31

238

Hjortrimul 31
Hjötra 28
Hjuki 29
Hläwang 32
Hlebard 6
Hleidr 35
Hler 10
Hlidolf 32
Hlif 29
Hlifthursa 29
Hlin 29
Hlodyn 20
Hlödyn 20
Hloi 34
Hlöll 31
Hlora 35
Hnoss 29
Hochsitz 57
Hochsitzsäulen 57
Hoddraupnir 5
Hoddrofnir 5
Hödur 19
Hofund 19
Höggstari 32
Högni 16
Högni 39
höhere Mächte 36
Holmgang =>
Zweikampf 55
Holunder 45
Homöopathie 64
Honig 40
Honigtau 45
Hönir 18
Horn 57
Horn (Riesin) 35
Hörn 29
Hörn 35
Horn-Neb 35
Hornbori 32
Hraesvelgr 6
Hrafnhild 35

Hraudnir 6
Hraudungr 5
Hrede 29
Hreidmar 7
Hremsa 35
Hrimgerdr 28
Hrimgerdr 35
Hrimgrimnir 34
Hrimnir 34
Hrim-Riesen 34
Hrimthurs 34
Hringi 5
Hringvölnir 5
Hripstodr 34
Hrist 31
Hrist 29
Hrisungr 6
Hroarr 5
Hrod 35
Hrodwitnir 5
Hrodwitnir 43
Hrökkvir 6
Hrönn 35
Hrossthjofr 34
Hrotti 5
Hruga 28
Hrungnir 5
Hrungnir-Herz 67
Hryggda 35
Hyria 35
Hrym 34
Hrund 31
Hügelgrab 49
Hugin 40
Huhn 40
Huldar 28
Hund 43
Hundalfr 6
Hunding 16
Hvalr 6
Hvedra 35
Hvedrungr 16

Hymir 6
Hymnen an die Götter 80
Hyndla 26
Hypnose 64
Hyrrokkin 26
Idi 34
Idun 25
Igel 44
Illugi Grid-Ziehsohn 79
Ilmr 29
Ima 35
Imd 35
Imgerdr 35
Imr 6
Imsigul 34
Imth 35
In 20
Ingibjörg 29
Ingibiörg 31
Intuition 64
Inzest 51
Irmin 20
Irpa 29
Itrek 5
Itreksjod 5
Itreksjod 20
Ividja 35
Iwaldi 5
Iwalt 5
Iwiedie 29
Jari 32
Jamtaland-Zwerg 7
Jarngerdr 28
Jarnglumra 35
Jarnhauss 6
Jarnnef 34
Jarnsaxa 28
Jarnvidja 35
Jenseits 49

Jenseitsbarke 49
Jenseitsberge 49
Jenseitsbrücke 49
Jenseitsfährmann 49
Jenseitsfluß 49
Jenseitsgrenzen-Landkarte 49
Jenseitshalle 49
Jenseitsinsel 49
Jenseitsleiter 49
Jenseitsmauer 49
Jenseitsreise 49
Jenseitstor 49
Jenseitstor-Gitter 49
Jenseitstor-Hund 49
Jenseitswächter 49
Jenseitswald 49
Jenseitswasser =>
Wasser 49
Jenseitsweg 49
Johanniskraut 45
Jokul 34
Jokul Eisenrücken 34
Jörd 23
Jomali 20
Jörmungandr 41
Jörmunrek 39
Jorunn 29
Jötunn 6
Jotunbjorn 6
Julnacht 54
Käfer 40
Kaldgrani 34
Kamille 45
Kampfmagie 64
Kannibalismus 55
Kara 31
Karabin 34
Kari 6
Katze 43
Kausalität 55
Keila 34

Keiler 42	**Lachanfall** 64	Luchs 43	Miötwitnir 32
Kenningar 75	Lachen 55	Lutr 34	Mjoll 34
Kerbel 45	Lachs 44	Lyngheid 35	Modgudr 29
Kessel 57	Landgeister 36	**Magni** 19	Modgudr 31
Keule 66	Lauch 45	Malseron 34	Modi 19
Kiebitz 40	Laufey 26	Mana 35	Modrädnir 32
Kili 32	Laurin 7	Managarm 43	Modsognir 7
Kisi 34	Laus 40	Mannus 20	Mögthrasir 6
Kiste 57	Leber 63	Mardalla 27	Moin 32
Kjallandi 6	Leib 63	Marder 43	Mökkurkjalfi 6
Kjallandi 35	Leidi 34	Margerdr 35	Molda 35
Klaufi 34	Leifi 6	Margerthur 35	Mona 20
Klee 45	Leifnir 6	Mangold 45	Mond 48
Kleima 35	Leikn 35	Mantel 67	Mondul 32
Knochen 67	Leimrute 66	Mantel der Nanna 67	Moosfrau von Saalfeld 32
Knoten 64	Leiter 49	Marnar 29	Moosleute von Arntschgereute 32
Kobolde 36	Leirvör 35	Märzviole 45	Mörn 35
Kol der Bucklige 39	Leopard 43	Maske => Helm	Möwe 40
Kolfrosta 28	Lerche 40	Maus 44	Mühle 66
Kolga 35	Lidskialf 20	Meer 49	Mundilfari 6
Kopf 63	Liebestrank 70	Meer der Zeit 55	Munin 40
Kormoran 40	Liebeszauber 64	Meer-Menschen 36	Munnharpa 35
Korn 45	Lif 39	Mehlbeere 45	Münze 67
Körperteile 65	Lifthrasir 39	Mehltau 45	Muspel 6
Köttr 34	Litr 6	Meili 9	Muspelheim => Feuer 52
Kraftgütel => Gürtel	Litr 32	Meise 40	Myrkrida 35
Krähe 40	Ljod 29	Menglöd 22	Myrkvid 49
Kraka 31	Ljota 35	Menja 28	**Nabbi** 32
Kranich 40	Lodin 6	Menschenopfer 64	Nacktheit 60
Kräuter 45	Lodinfingra 35	Messer 66	Nadel 55
Kreppvör 35	Lodur 16	Midgard 52	Nägel 55
Kriegerin 62	Lofar 7	Midgardschlange 41	Naglfar 49
Kreuzblume 45	Lofn 29	Midi 6	Nain 32
Kreuzkraut 45	Lofnheid 35	Midjungr 34	Nali 32
Krönung 64	Logi 34	Midwitnir 6	Namensgebung 64
Kröte 44	Loki 16	Mimir 6	Nanna 21
Kuckuck 40	Loni 32	Mist 31	Nauma (Hel) 35
Kuril 6	Lopthoena 28	Mistel 45	Nar 32
Kult 55	Lori 35	Mistkäfer 40	Narfi 6
Kundalini 64	Loricus 6	Mittelpfeiler => Yggdrasil	
Kwasir 20	Löwe 43	Mittsommer 54	
Kyrmir 6	Löwenmäulchen 45		

Nari Loki-Sohn 19
Nati 6
Naudir 36
Nebel 64
Nefia 35
Nehalennia 29
Neri 30
Neris Schwester 30
Nerthus 28
Nepr 20
Nessel 45
Netz 67
Neuentstehung aus den Knochen 55
neun Heimdall-Mütter 35
neun Schwestern 35
Niblung 7
Niblung 39
Nicor 34
Nid 64
Nidi 32
Nidr 28
Nidud 16
Nieswurz 45
Niflheim => Eis 52
Niping 32
Nirdir 10
Niola 48
Njola 48
Njörd 10
Njörun 29
Nölvi 10
Norden 54
Nordosten 54
Nordri 32
Nordwesten 54
Nori 32
Nornen 30
Norr 34
Norr 48
Nott 48

Nyi 32
Nyr 32
Nyrad 32
Oddrun 31
Odin 13/14
Odr 20
Ofoti 5
Öflugbarda 35
Öflugbardi 6
Ogautan 39
Ogladnir 6
Ogn 35
Ohr 63
Oin 7
Olius 32
Ölwaldi 5
Omen 71
Onarr 48
Öndudr 6
Onn 32
Opfer 64
Orakel 71
Oregano 45
Ori 32
Örnir 6
Ortnit 34
Ösgrui 5
Öskrudr 34
Ostara 29
Osten 54
Otr 32
Otter 44
Otunfaxe 39
Penis 55
Perchta 28
persönliches Glück 64
Pfeil 66
Pferd 42
Pferdezwillinge 12
Pflug 67
Phol 9
Polygamie 55

Priester 60
Priesterin 58
Prolog (Edda) 77
Prophezeiung 71
Pukis 36
Rabe 40
Rad 67
Radgrid 31
Radvör 35
Ragnar Lodenhose 39
Ragnarök 55
Ran 27
Randalin 31
Randgnid 31
Randgrid 31
Rangbeinn 5
Rasereitrank 70
Raswid 32
Rätsel 76
Raud 34
Raugnir 34
Raum 6
Reck 32
Regenbogenbrücke 49
Regin 7
Reginleif 31
Reiher 40
Rentier 42
Riesen auf der West-Insel 6
Riesen-Baumeister 6
Riesen von Feldkirchen 34
Riesen von Lichtenberg 35
Rifingalfa 35
Rifingöflu 35
Rigingöflu 35
Rind 42
Rindr 20
Ring 57

Ringkampf 55
Rist 31
Robbe 44
Rögnir 7
Rose 45
Röskva 37
rot 46
rota 31
Rotkehlchen 40
Rücken 63
Rud 35
Rudent 6
Rudi 34
Runa 35
Runen 72
Runenkästchen von Auzon => Kiste
Runenstein 64
Runenstein von Ardre 64
Rußland-Riese 6
Rütze 35
Rygi 35
Saemdill 6
Saga 28
Sährimnir 42
Säkarsmuli 6
Salbei 45
Salfangr 6
Sam 34
Sämingr 39
Sanngrid 31
Sati 51
Säule => Weltenbaum 52
Saxnot 20
Sceaf 20
Schachtelhalm 45
Schädelschale 63
Schadenszauber 64
Schaf 42
Schafgarbe 45

Schaumkraut 45	Siar 32	Skorpion 40	Sternbild 55
Schierling 45	Sichel => Sense	Skrati 34	Stigandi 5
Schild 66	sieben Schwestern 28	Skrymir 5	Storch 40
Schlafdorn 55	Siegfried 38	Skrimnir 5	Storkvid 34
Schlangen 41	Sieglind 31	Skuld 30	Stoverkr 34
Schlangenauge 63	Siegstein 67	Slagfid 39	Strahlen-Breitsame 45
Schlangengrube 49	Sif 24	Sleggja 35	Strudel 49
Schlangenzunge 63	Sigdrifa 31	Snae 34	Struthan 34
Schleifstein => Wetzstein	Sigurd 38	Snotra 29	Stumi 5
Schmetterling 40	Sigi 39	Solbiart 5	stumm 63
Schmied 4	Sigrlami 39	Sohn der Freya 19	Süden 54
Schmied 55	Sigrun 31	Sohn des Freyr 19	Südosten 54
Schnecke 44	Sigyn 28	Solblindi 5	Sudri 32
Schneeweiß-Goldschöne 28	silbern 46	Sölfn 29	Südwesten 54
Schuh 63	Simul 31	Sommer 54	Surtur 6
Schutzgeist => Fylgja/Hamingja	Sinmara 28	Somr 5	Suttung 6
Schutzzauber 64	Sindri 32	Sonne 48	Svada 5
Schwalbe 40	Sinthgunt 29	Sonnengöttin 48	Svadi 5
Schwan 40	Sivör 35	Sonnenhymne 64	Svaf 7
Schwanenkleider der Walküren 40	Sjuld 31	sonstige Magie 64	Svarangr 5
Schweden-Riese 6	Skadi 20	Sörli 39	Svasudr 6
Schwein 42	Skafid 32	Spatz 40	Svatr 6
Schwert 66	Skalden 61	Specht 40	Sveid 31
Schwitzhütte 64	Skaldatal 77	Speer 66	Sveipinfalda 35
sechsköpfiger Riese 6	Skaldenlieder 78	Sperber 40	Svidi 6
Seehund 44	Skaldinnen 61	sprechende Tiere 41	Svip 5
Seekuh 44	Skalli 34	Sprichworte 74	Svipul 31
Seelenvogel 40	Skalmöld 31	Spindel 55	Svivör 31
Seelenvogel 50	Skadskaparmal 77	Spinnerin 55	Swaf 20
Segen 68	Skärir 5	Spiritus familiaris 36	Swanhild 31
Seher 60	Skeggiöld 31	Sprettingr 5	Swanwit 31
Seherin 58	Skidbladnir 49	Stab 67	Swawa 31
Seidelbast 45	Skimsli 5	Starkad 6	Swior 32
Seidr 64	Skirnir 37	Starkad 39	Swipdag 20
Sel 6	Skirkjar 35	Stärketrank 70	Syn 29
seltsamer dritter Bruder 55	Skirwir 32	Statue 57	Syr 29
	Skjalf 29	Stein 64	**Tafl** 57
	Skjalv 34	Steine und Edelsteine 64	Tal 52
	Skjellinefja 29	Steinigung 55	Tamfana 29
	Skjöldr 39	Stern 48	Tarn-Kappe 67
	Skögul 31	Sternbild 48	Tarn-Umhang 67
Sense 67	Sköll 43		

Tasche 60	Thrungva 29	Uri 20	- in Fuchs 65
Tätowierungen 55	Thrym 6	Utgard 52	- in Geier 65
Tattoo 60	Thulur 77	Utgardloki 6	- in Habicht 65
Tau 52	Thundr 6	Ungeheur 41	- in Hecht 65
Taufe 64	Thundr 29	Utiseta 50	- in Hirsch 65
Teer 45	Thurbiörd 35	**Vagnhöftdi** 34	- in Hund 65
Telemark-Riese 5	Tiere 44	Valbrandur 5	- in Krähe 65
Telepathie 64	Tiere der Götter 44	Vali Loki-Sohn 19	- in Lachs 65
Teller 57	Tierfelle 60	Valthögn 31	- in Löwe 65
Tempel 56	Tierfelle bei Hinrichtungen 67	Vandil 5	- in Mücke 65
Teufelsabbiß 45		Vandlir 5	- in Otter 65
Thagnar 31	Tor 49	Var 29	- in Pferd 65
Theck 32	Torfa 35	Vardrun 28	- in Rabe 65
Thialfi 37	Tote wiederbeleben 64	Vardrun 35	- in Rind 65
Thiazi 5		Vardruna 35	- in Robbe 65
Thing 73	Tragestange 67	Vasad 6	- in Schlange 65
Thiodwitnir 34	Trana 35	Vatermord 55	- in Schwalbe 65
Thistilbardi 34	Traum 71	Velle 5	- in Schwan 65
Thjodrerir 7	Traumdeutung 71	Venus 48	- in Seekuh 65
Thögn 31	Traumfrau 31	Verbene 45	- in Spinne 65
Thökk 35	Trima 31	Verdandi 30	- in Tier 65
Thor 17	Trolle 36	Vervielfältigung von Körperteilen 65	- in Vogel 65
Thora 28	Trona 35		- in Wal 65
Thorgerdr Hölgabrudr 29	Tuch 57	Vergessenheitstrank 70	- in Walroß 65
	Tuisto 20		- in Widder 65
Thorin 7	Tuisto 33	Verirren auf der Hirschjagd 55	- in Wolf 65
Thorir 6	Turm 56		- in Ziege 65
Thorn 5	Tyr 3	Verr 34	- in Ziegenbock 65
Thorstein Haus-Macht 79	Tyr-Riesen 5	Verwandlung:	Vidblindi 5
	Udr 35	- einer Frau in einen Mann 65	Viddi 34
Thrain 32	Uffe 39		Vidgreipr 34
Thrasir 6	Ulfhedinn 62	- einer Frau in eine andere Frau 65	Vidgymir 5
Thrigeitir 5	Ulfrun 35		vier Riesen-Ritter 34
Thrivaldi 5	Ullr 11	- eines Mannes in eine Frau 65	vier Stier-Riesen 34
Thröng 29	Umhang => Mantel 60		viertüriges Haus 52
Thror 7		- in Adler 65	Vifflöd 29
Thror 20	Uni 20	- in Bär 65	Vignir 34
Thror 32	Unn 35	- in Drache 65	Vikarr 6
Thorri 34	Unsichtbarkeit 64	- in Eber 65	Vilja 20
Thrud 31	Unsichtbarkeits-Stein 67	- in Falke 65	Vindr 34
Thrudgelmir 5		- in Fliege 65	Vingnir 6
Thrudr 29	Urd 30	- in Floh 65	Vingrip 34

Vipar 34
Vogel 40
Vogelsprache 64
Volkrast 7
Vör 29
Vörnir 34
Vulkan-Riese 34
Waage 64
Waberlohe 49
Wächter 49
Wafthrudnir 6
Wagen 67
Wagnhofde 6
Wal 44
Wälder =>
Weltenbaum 52
Wald-Riesin 35
Wali 19
Wali 32
Walküren 31
Walnuß 45
Walroß 44
Waltam 20
Wandteppich =>
Tempel
Wanen 36
Warkald 6
Warr 20
Wasser 52
We 20
Weberin 55
Wegdrasil 20
Wegerich 45
Wegetritt 45

Wegwarte 45
Weig 32
Weihung => Segen
Weinen 55
weiß 46
Weisheiten 74
Weisheitstrank 70
Weißstern 39
Weltenbaum 53
Weltesche 53
Wespe 40
Westen 54
Westri 32
Wetter 64
Wettlauf 55
Wetttrinken 55
Wetzstein 67
Wichte 36
Widar 19
Widfinnr 5
Wiedergeburt 51
Wiederholungen 55
Wiederzeugung 51
Wieland 4
Wiesel 43
Wig 32
Wigrid 55
Wili 20
Wili (Zwerg) 32
Wind (Magie) 64
Wind 52
Windalf 32
Windloni 6
Windswal 6

Winter 54
Winteranfang 54
Wirwir 32
Witr 32
Witwen-Selbstmord 51
Wolf 43
Wolfsfell 62
Wortschatz Magie 64
Wohlstandszauber 64
Wucherblume 45
Wurzel 45
Wyrd 30
Yggdrasil 53
Ymir 33
Ymis 33
Yngvi 32
Zahlen 47
Zähne 63
Zauberer 59
Zauberin 58
Zaubersprüche 68
Zeh 63
Ziegen 42
Zisa 29
Zunge 63
Zweikampf 73
zweiköpfige Riesen 34
zwei Zwerge 32
Zwerg auf dem Felsen 32
Zwergberg zu Aachen 32

Zwerge 32
Zwerge:
- im Berg 32
- im Gebirge 32
- Kuttenberg 32
- Untersberg 32
- Blankenburg 32
- Bonikau 32
- Dardesheim 32
- Eilenburg 32
- Elbogen 32
- Glaß 32
- Hohenstein 32
- Heilingsfelsen 32
- Nünberg 32
- Osenberg 32
- Plesse 32
- Rosenberg 32
- Selbitz 32
- Sion 32
Zwerg:
- Gebirge 32
- Kyffhäuser 32
- Hohenstein 32
- Dresden 32
- Hoia 32
- Lützen 32
- Ralligen 32
- Rantzau 32
- Scherfenberg 32
- Thorgau 32
Zwillinge 55